EAT A PEACH DAVID CHANG

吃顆桃子

廚界異類
的料理哲學與人生獨白

張錫鎬

謹以本書
獻給葛蕾絲與雨果，我愛你們
紀念喬・張
也獻給所有的落水狗

《吃顆桃子》推薦序：創意的來源是掙扎與矛盾

Liz 高琹雯／美食作家、Taster 美食加創辦人

你不需要吃過張錫鎬（David Chang）的餐廳，也能被他圈粉。

就如我，從未嚐過一口桃福（Momofuku）的拉麵或刈包，卻對張錫鎬的一舉一動如數家珍。二〇一一年，《福桃》（*Lucky Peach*）雜誌創刊，我特別託美國的親戚寄回來一本，對其新穎設計與精妙企劃愛不釋手；二〇一三年，張錫鎬與另二位國際名廚瑞內・雷澤比（René Redzepi）、亞力克斯・阿塔拉（Alex Atala）一同登上《時代》雜誌的封面，我也完好珍藏，主廚稱霸的震撼感鼓動依舊。我追看他的電視節目《大廚異想世界》（*Mind of a Chef*）、《美食不美》（*Ugly Delicious*），因爲那是眞正的寓教於樂；我收聽他的podcast《戴夫秀》（*The Dave Chang Show*），也因我屢屢採集到金玉良言。

嘴巴不必動，腦袋卻吃飽。張錫鎬輸出美食，更輸出文化，餐廳早已裝不下他的影響力。其影響力的根，卻牢牢扎在餐廳裡。

作爲主廚、餐廳經營者與企業家，張錫鎬無疑成就斐然。自從二〇〇四年創辦「桃福麵

店」（Momofuku Noodle Bar）起，其餐飲帝國橫跨紐約、拉斯維加斯、洛杉磯與多倫多，擁有九個餐飲品牌、十二間餐廳，且不包括已發展成為連鎖快餐店的炸雞品牌「Fuku」，目前在全美國有三十八個據點；若非 COVID-19，桃福版圖還更廣，疫情肆虐下張錫鎬關閉了四間餐廳，其中包含華府的「桃福 CCDC」（Momofuku CCDC）與雪梨的「桃福西王母」（Momofuku Seiōbo）。

別為他擔心，他還賣許多吃的、穿的、用的商品，以桃福之名。餐廳該多元化收入來源，這個他在疫情期間大聲疾呼的觀念，他早就以敏銳的商業意識身體力行。

他怎麼能如此一心多用？

《吃顆桃子》這本回憶錄，就在解釋各項來龍去脈，以及他這個人的求生本能與運作方式。如果有什麼始終推動著張錫鎬前進，那動力是憤怒，是一顆看這個世界不爽的叛逆心。想要顛覆的意志熊熊燃燒，縱然璀璨光亮，引火自焚卻總不是一件舒服的事。

而張錫鎬總能用一貫的戲謔口吻娓娓道來。

張錫鎬改變了美國餐飲

張錫鎬之於美國餐飲界為什麼重要？一言蔽之：他改變了美國人吃飯的方式。

這番說法，或可歸咎於美國知名食評家亞當．普拉特（Adam Platt）。二〇一四年，桃福十週年之際，亞當・普拉特在《紐約》雜誌旗下美食網站《Grub Street》上爲文論述，認定張錫鎬與艾波・魯菲爾（April Bloomfield）是十年以來改變美國餐飲的重要主廚。有鑑於艾波・魯菲爾後因其合夥人的性醜聞而黯然退場，此刻再讀該文，張錫鎬更顯一支獨秀。

亞當・普拉特有加上但書，他認爲美國餐飲從獨尊法式走向多元開放，絕非單靠張錫鎬一人之力，而張確實貢獻良多。文中他特別提及和桃福麵店同於二〇〇四年誕生的餐廳，湯瑪斯・凱勒（Thomas Keller）的本質（Per Se）、高山雅氏的雅（Masa）、丹・巴柏（Dan Barber）的石倉藍山（Blue Hill at Stone Barns）、丹尼・梅爾（Danny Meyer）的Shake Shack，全都在紐約持續引領風騷（張錫鎬自己在書中也有提到這點），他卻認爲這些餐廳的影響力與顚覆性都不及桃福麵店：多虧桃福，餐廳空間變得更親密、更熱鬧了，食物也變得更眞誠、更濃郁，而非一味強調精緻與輕盈；桃福也打破了餐廳前場與後場長久以來的界線，並向新一代的食客正式介紹過去被藏在暗處的美國廚房文化：刺青、嘻哈、豬五花。

張錫鎬的崛起也未循名廚養成的傳統渠道，他是厭倦高級餐飲（fine dining）的局外人，做事方法非正規，卻烹調出專業廚房工作者愛吃的食物。他開創了較爲簡潔的餐廳形式與美感，並恰好抓住網路資訊爆炸、美食愛好文化蓬勃發展的時機。在張錫鎬之後，年輕有爲的廚師們，敢於捨棄過去法式高級餐飲的養成道路，而更相信自己的品味與直覺，回到自身的飲食根源，創造出讓客人頻頻想回訪的親密場所。

亞當・普拉特的美言，固然爲張錫鎬的成就定調，那仍是一種外人的觀察。張錫鎬本人在此書中，才公開他創業的內心世界：他看不慣美國外食文化在九〇年代末期仍是高級與平價逕渭分明，法式餐廳舒適卻昂貴到令人卻步，異國料理好吃卻上不了檯面。爲什麼無法花小錢就吃得好？就像任何亞洲街頭小吃，就像一碗東京巷弄內熱騰騰的拉麵，「打工仔可以跟身價數十億的大老闆坐在一起，誰也不會覺得自己走錯地方」。

桃福麵店正是此等願景催生出的產物。講願景似乎太正面，一來張錫鎬當時自覺他與紐約高級餐廳的廚房格格不入，二來他心底有怨有怒。「我對主流美國文化的不信任與怒氣正在與日俱增，此時若我能以某種辦法證明我被灌輸的一切美國餐飲文化都是錯的，那麼或許我就能一併把矛頭指向某些更大的文化謬誤。」

張錫鎬所謂的文化謬誤，就是他身爲亞裔美國人，在美國主流社會所遭受的種族歧視。而這點，白人食評亞當・普拉特在那篇爲張錫鎬歌功頌德的文章中，並未明確指出。

於是，張錫鎬想搞的顛覆是有層次的。第一層是推翻美國餐飲的既有框架，打破食物貴賤之分；第二層，作爲支撐第一層、埋在深處的眞正理由，則是他對於文化有分尊卑的徹底反動。

美味具有普世吸引力

文化碰撞與種族矛盾，向來是張錫鎬餐飲事業的主旋律，也貫穿本書前後。我認為張錫鎬在論述食物的「正宗」、「傳統」、「融合」是非常強而有力的。如果美國是文化大熔爐，台灣也是文化小熔爐，張錫鎬的振振有詞完全值得我們參考。

他說，他並不刻意把不同的料理送作堆，「那就會變成『融合』料理了」，融合的原文是fusion，而fusion在美食界是做菜沒有邏輯的髒字。他主張，桃福想鼓勵的是一種「自然而然的匯合」，例如巴西的酥脆餡餃（pastéis）是「誕生於歐洲、亞洲、南美文化的互動中，恩潘納達（empanada）與餃子的混血」；又例如北義大利一種名叫bollito misto的水煮肉，與韓國一種名叫suyuk的水煮肉，都是「把較韌的肉用高湯燉煮，然後切片盛盤的經典料理」。「從這兩點中間的哪一個點開始，bollito misto不再是bollito misto，suyuk也不再是suyuk了呢？從哪一個點上，會出現一種具有普世吸引力的自然混血呢？」

張錫鎬發現，桃福最有影響力的菜餚，「都正好是身處在那個過渡點上的菜餚」。亦即，那是一種普世的美味。而有關「美味」，張錫鎬有這番詮釋：「美味是一種迷因，一種文化的最小組成分子。美味的吸引力是普世的，它的傳播不會因為人為的邊界或偏見而停歇。」

那麼，為什麼西方人會閃避韓國泡菜，而接納德國酸菜？張錫鎬認為，即便「人類有與生俱來的生物性偏好，但決定我們口味的關鍵，永遠是社會性的因素。」他以「文化的制約」來概括稱呼那些社會性因素。而他想解開的謎團是，「誰有權力決定把價值賦予特定食物？」「一樣東西可或不可接受的標準在哪？」

作為讀者，讀到此處你將發現，這是張錫鎬自始至終的問題意識，也是他餐飲人生的自問自答。

對於張錫鎬而言，食物無所謂正不正宗、道不道地，「我們煮的東西既不能歸在這裡，也不能歸在那裡，由此它只能是我們的。」而與正宗綁在一起、時常被美國左派掛在嘴邊的「文化挪用」，張錫鎬身為亞裔也不見得認同，理由就在於他的「美味普世論」：「人的口味，要比我們想像中的更像。即便從完全不同的工具與食材出發，我們也註定得出趨同的結論。」

這就是桃福「廚房裡的創意引擎」，如此隆隆作響。

咬一口桃子

張錫鎬曾希望這是本「關於領導能力或企業經營策略的自學手冊」，或者是「寫給年輕廚師的建議」。在他十足張氏風格的自序中，他開誠布公他很不想寫自己的回憶錄。

在一篇《紐約時報》關於本書的報導中，他則透露他願意接受這本書是回憶錄的關鍵在於，好友安東尼・波登之死。他改述馬克・吐溫的名言：「如果講出眞相，你就不需要時刻惦記著其他所有事情。這樣比較簡單。」而他希望這本回憶錄能眞正幫助到人。

於是，本書也充滿張錫鎬作爲躁鬱症患者的坦誠分享與自我剖析。他的暴烈性格深深影響他的管理風格，以及他的創業歷程，那些站在懸崖邊的時刻在在發出危險訊號：「叔叔有練過，小朋友不要學」。

可以怎麼閱讀這本書？

首先，如果你是一名年輕廚師，本書最後「三十三條成爲主廚的守則」非常可讀，値得細思。

再來，無論是否爲餐飲業者，只要是任何對於餐飲與美食感興趣的人，都可以從這本書看見美國二十年來的餐飲脈動；從張錫鎬這位代表性人物的第一人稱角度觀看，更別具意義。他講起米其林、世界五十最佳餐廳、部落客的崛起與傳統食評的影響力，無疑是有趣且具有洞見的；他提及其他名廚（例如NOMA與瑞內・雷澤比）的過往也予人揭開內幕的獨家感。

最後，本書有關食物的身分認同的探問，很有啓發性。張錫鎬源源不絕的創意來自掙扎與矛盾，摩擦能生熱，燃燒能發光，想對世界表達些什麼的渴望，總能驅動前進。這提醒了所有正在從事些什麼的人，不要忘記問問題。

有意思的是，在這本解釋前因後果的回憶錄裡，張錫鎬卻沒有說明「桃福」（Momofuku）的由來，雖然這已是公開資訊。Momofuku 一名是爲了致敬泡麵之父安藤百福（Momofuku Ando），也因爲日文裡 momo 音同「桃」，fuku 音同「福」，才有了喜氣洋洋的桃子形象。又恰巧，張錫鎬最喜歡的「歐曼兄弟樂團」（The Allman Brothers Band）的一張專輯，就叫做《吃顆桃子》（*Eat a Peach*）。

諾貝爾文學獎得主T・S・艾略特（T. S. Eliot）著名的情詩〈J・阿爾弗瑞德・普魯弗洛克的情歌〉（*The Love Song of J. Alfred Prufrock*）當中一名句「我敢吃顆桃子嗎？」（Do I dare to eat a peach?）——而「吃顆桃子」多被解讀爲敢於冒險吃一個難以優雅的食物（也是慾望與禁忌的化身），以得到多汁甜蜜的快感，藉此隱喻張錫鎬的人生，狼狽卻敢於追尋自己的渴望。

張錫鎬的故事不如蜜桃甜美多汁，也無礙好好咬上幾口。

自序

我幾乎沒有說服不了自己的事情。

四年前，我簽了約要寫這本書。我對天發誓我告訴出版社說，這會是一本關於領導能力或企業經營策略的自學手冊，不然就會是我寫給年輕廚師的建議。結果讓我有點糗的是，他們似乎不太苟同我發的誓。後來是到了我原始截稿日後都過了好多個月，我經紀人她才終於對我撂了重話：「你要怎麼自欺欺人都行，戴夫。但這就是本他媽的回憶錄。」

我要特此聲明，我仍當這是本教科書，一本教人創業時什麼不能做的課本。我的大腦就是這麼抗拒，就是這麼不想想起受邀寫書來講自己的人生，是如何尷尬到泰山壓頂；再來就是我的大腦也不想去想我究竟是多看得起自己，才會還眞的答應。

而且老實講，我也完全不懂自己有什麼吸引力。

怎麼會聽我滔滔不絕講了十五年食物怎麼樣，餐廳怎麼樣，還有各種跟食物餐廳比起來，我非常沒有資格說三道四的主題怎樣怎樣，大家竟然還沒聽夠？我的意見眞的會比隨便一個誰的看法更有價値嗎？怎麼會有人覺得我懂得比他們多？

我這都不是假設性的問題。我眞的拿這些問題去問了出版社。

我該不該把食譜加進去？

不用，那不是這本書的重點。

你確定嗎？不能讓我靠些烹飪的內容來衝一下書的厚度嗎？

我們確定。

過了好些時日，書終於進入設計階段後，封面該放什麼圖又讓我跟出版社有了些不同意見。出版社提議放我的肖像，因爲那是回憶錄的慣例。但我實在不敢想像自己的臉被放在書架上，是幅什麼景象。

最終我們妥協的結果是用畫的。出版社生出了以英國男星伊卓瑞斯・艾巴①的肖像爲封面的範例，好讓我對出版社想追求的風格有個概念。我對那個樣本非常滿意，滿意到我直接提議把艾巴的臉放到我的書上，只可惜我沒能說服出版社。爲此我們想出了幾個替代方案：溫和不刺激的地景加上水彩畫的桃子兩幅，就像你來到了牙醫診所裡一樣；拿薛西弗斯神話來發揮的圖畫兩幅，話說薛西弗斯始終在我心目中是很具啓發性的故事；還有吾

① Idris Elba（1972-），非裔英國型男演員。

原版《吃顆桃子》封面插畫。

友崔大衛②幫我畫的肖像兩幅，包括有個版本裡的我沒有任何五官（我還不是很清楚那有什麼象徵意義）。

我喜歡出自崔之手筆，那張上頭眞的有張臉的肖像畫，我覺得那是個不錯的折衷。那一方面確實畫的是我，一方面又印象派到足以讓我接受它被做成書封。當然，此時出版社又換成主推其中一幅薛西弗斯，因爲他們覺得那會是消費者比較能接受的一個選項。我擔心的是把我的人生旅程跟神話角色的生平相提並論，會不會有點太自以爲了不起（雖然如果靠近點看的話，你會發現技術上來講，那個推著桃子上山的人不是我，而是奧德賈伯③，電影中深植人心的典型亞洲反派）。我們來回拉鋸了一段時間，但沒有根據的意見或泛泛之論的智慧是無法輕易動搖我的，我是個虔誠的數據派，於是我們委託人進行了調查。

在我們訪到的數百人當中，多數人是第一次知道有我這個人，約百分之七的人對我有「相當程度」或「極高程度」的了解。整體而言他們一面倒地青睞各位手上握著的這款封面，而對此我也沒有意見。我沒有自負到不能改變想法。你可以想成我主見強烈但又有點隨便。

我覺得很受用的是這份調查可以做得如此徹底。比方說，所有受訪者都應邀在他們評價最低的封面上，把他們不喜歡的部分圈出來。接著他們的偏好被做成了圖表，你可以一目了然地看到哪裡是最多人圈——也就是最多人看不順眼——的封面區塊。聽不太懂嗎，我們來看圖：

方塊重疊處爲最常被選取的地方。

② David Choe（1976-），韓裔美籍藝術家，以塗鴉聞名。

③ Oddjob，一九六四年〇〇七電影《金手指》（*Goldfinger*）裡大反派金手指的私人司機兼保鑣與總管，專門替他處理大小事情，也就是各種 odd jobs（零碎的差事）。

我們還請了受訪者從他們青睞的封面中選出他們最不喜歡的部分。結果喜歡無臉男封面的人覺得我的名字很礙眼。

好吧，所以我的臉跟名字是問題的癥結。我必須承認這結果讓我有點頭暈目眩，畢竟我這個人：（一）從小到大都對自身外表的細節，也對我長相跟名字裡的整體亞洲風味，都非常敏感（二）早就在爲了誰想看這本書而百思不得其解。但話說回來，我尊重數據。我們低調處理了姓名，拿掉了人臉。只要有助於您的閱讀樂趣，我完全不在意您想像這本書出自一名叫作大衛・強斯的白人作者之手。

關於這本書我唯一不能妥協的，就是文中的視角。好也好，壞也罷，那都是屬於我的觀點。

我不會假裝自己有辦法用文字敘述重現每一個現場。我不是監視錄影器。誰的角色在我的記憶裡被誇大了，或是被輕描淡寫了，我一併在此致歉。全書的內容我盡量寧缺勿濫，並使用了很多假名來保護同事跟朋友，免得事情在我記憶裡的模樣讓他們感覺不舒服。細節怕是不時也亂了套。毫無疑問，本書後半部的事件排序亂七八糟。我確信書裡有些地方自打嘴巴，跟我以前說過的話不一樣。那要麼是因爲我改變了想法，要麼是我之前講話不負責任，再不然就是現在的我記錯了。總之，各位只要知道這是我能力所及，最最誠實，也最最眞實的版本就行了。

萬一這點你看不出來的話，那我這麼說吧，我這樣在紙上「清喉嚨」就是一種拖延戰術。我就是想讓各位晚一點進入這本書，因爲老實講，你們要讀它讓我非常緊張。

這回憶錄的存在根本沒有道理。我一路上看走眼那麼多事情。

朋友說我應該停止這種假謙虛，他們說我早該可以做我自己。

但我出現在這裡眞的毫無道理。

第①部 上坡路

關於經年累月，我在我精神科醫師陪伴下省察過的種種事件，

一次有點直線又不會太直線的敘述：

一位復仇心切的上帝；其他的孩子；一點點的高爾夫；

一份最後通牒；不見天日與大雅之堂；開幾家新餐廳；

被害妄想；有逃跑傾向的早期徵狀

第1章　茶葉

住在北維吉尼亞，以前的雪比現在多很多。遇到降雪不是普通多的時候，我兩個哥哥跟他們住在同條街上但更裡面一點的芬蘭朋友，湯瑪斯，就會打造一條將就著能用的無舵雪橇坡道，然後從丘頂出發，一路滑過我們家的房子。每當有人問起我的童年，我第一件想起的就是這事。

不下雪的日子裡，湯瑪斯跟我哥他們會在同一條坡道上用卡丁車賽車。說是卡丁車，但也不過就是個裝了輪子的木箱，僅供一人乘坐。很偶爾哥哥們邀我一起玩的時候，我會飛撲把機會抓住。大我十歲的湯瑪斯會用他比我重八十磅（約三十六公斤）的身軀，將我們發射出去，為此他會先助跑，然後再適時向前躍入卡丁車。我一向都是緊緊地被他擠在車的前半部。

七歲還八歲的時候有一回，我嘗試在前進的卡丁車中把腿抬到空中，就像有人會在坐雲霄飛車時把兩手舉起來那樣。結果我不知怎麼搞的把左腿卡進前輪下方，整個人從座位上被扯了出去，跑到了車底。湯瑪斯把我輾了過去，一路滑到丘底。

等我恢復知覺，人已經攤躺在客廳的黃色大沙發上，我媽、我姊、我外婆居高臨下地圍成一圈。不知誰開給她們的療法如下：每半個小時，她們會拿一種赭色的神祕藥膏，大抹特抹在我膝蓋上。接著她們會把我像木偶一樣立起來，看我能不能走上幾步。門都沒有。我每踉蹌一步都比前一步更痛。我哭得像個淚人兒*。

我爸下班回來看到我，就像他沒見過人受傷一樣。他用命令的語氣要我從沙發上下來走路。我又哭了起來。

在發現命令我好起來沒用之後，我爸才勉爲其難地把我放進車裡，帶我去看了個韓國的針灸師，結果對方拿針把我從頭插到腳趾。我不知道怎麼辦，只能拼命哭。爸愈來愈氣餒。他原本相信痛是我的心理作用，唯一的辦法就是咬牙撐過。

「走走看。」

沒幾天，他便去忙別的事了。我總是扮白臉的母親一次次等我哭完，一次次幫我重新抹上同一種無效的藥膏。她開車帶我去看了麥克林①的一家小兒科，醫生幫我照了腿部X光。結果一道閃電狀的裂痕就停在骨頭邊緣，差一點點就要貫穿大腿骨。

醫生固定好我的腿，我們便回了家，自此生活又回歸了日常，沒人再提起過這場意外。

在當時，爸就是那種直到今天，非亞裔美國人都還會覺得非常陌生的韓國人原型。沒錯，就是那種會爲了成績不好或一丁點行爲不當就斥責與處罰我們的爸媽，但那不光是愛之深責之切。那是一種讓人明確覺得帶有條件的愛。虎爸或虎媽的說法進入主流語彙，導致了一個問題，那就是這說法太可愛，但實際的過程卻充滿了痛苦與打擊。再就是虎爸虎媽的概念助長了一種「亞洲小孩都很會讀書，因為他們的爸媽會這麼要求」的成見。這個嘛，老實說，與事實不符。不是所有亞洲爸媽都是虎爸虎媽，虎爸虎媽的教育並非不會失敗，也不是每個亞洲小孩都很會念書。事實上，亞洲小孩根本不會「都」怎樣怎樣。在美國當個年輕的亞裔往往意味著一件事情，那就是你得在多條戰線上與覺得「他們都一樣」的看法作戰。

卡丁車意外的大約一年之前，爸跟我說我不能再繼續左右手並用了——即便那是我少數引以為傲的天賦——他說我從此只能使用右手。他擔心左撇子的身分會妨礙我將來說不準可以在職業高爾夫界擁有的發展。就這樣，這件事拍了板。質疑他的威信，永遠比我咬著牙把現實吞下肚要付出更大的代價。

我們家中的互動氣氛固然遠遠談不上完美，但也不是沒有亮點。爸媽一天到晚都在工

---

* 我是出了名的愛哭鬼。每次我大哥、二哥的朋友想找點樂子，他們就會跑來把我弄哭。他們會壓低聲音胡說我媽跑了，不回來了，然後我的水龍頭就會應聲打開。真是混蛋。

① McLean，北維吉尼亞州的社區名稱。

作，所以我幾乎是由外公外婆帶大。這兩位老人家和藹又溺愛我到讓人幾乎想發笑的地步。我外婆會把我揹在背上煮飯，然後拿用剪刀剪下來的魚乾或爐烤地瓜一口口餵我。我外公出身富貴人家，但家裡在日本佔領韓國期間失去了一切。當時很多韓國人都被洗腦到自認是日本人，我外公也不例外*。他會帶我搭公車去鄰鎮吃壽司。

說起兒時的食物體驗，我小時候最討爸媽歡心的一個故事，是以我們家有特殊場合會去的中餐廳——維吉尼亞州維也納市的「吳園」（Wu's Garden）——爲舞臺。肯定是在我弄斷腿前後不久的那一晚，我哥哥姊姊都沒一起來，原因不外乎是他們在教會有活動。晚餐慢慢來到尾聲，我問大人要不要幫他們帶些菜回去。爸媽答說他們去哪兒都不會餓到的。照理講這應該就是最後的結論了，但我很不開心沒人擔心哥哥姐姐。他們怎麼就確定三個小孩吃過了？我開始繞著餐桌跑來跑去，笨手笨腳地把每個人盤子裡的剩菜都收到我的盤子裡，準備帶回給哥哥姊姊。大人都笑翻了。

小時候吃東西的可愛故事，大抵就到此爲止了。媽媽的手藝很好——但我當時很不識貨。兒時的我會因爲家裡廚房的味道跟韓國食物的外表而覺得丟臉，所以只要雪莉・張②不在，我果腹大多就靠莫札瑞拉起司棒、雞柳條、「飢餓人」（Hungry-Man）牌冷凍晚餐、微波墨西哥捲、墨西哥餡餅③跟一蘭拉麵與辛拉麵。全都是鑰匙兒童的菜色，但我可以接受。

我日子過得沒什麼不好。我會跟兩個哥哥踢跆拳道跟打籃球，家庭聚會固定而開心，外加有一群好朋友。但同時我的平庸不但徹底，而且還經過認證。我的學校參加了一個尋找「資賦優異」學生的計畫。只要測驗分數夠高，你就會被分發到湯瑪斯・傑佛遜④這所全美等級的高中名校。我整群朋友都通過了測試，唯一的例外就是我。我們學校裡唯一另一個沒有被選上的亞裔小孩，叫布萊恩・朱，而布萊恩・朱，我總是不厭其煩地點出，是個笨蛋。

不論用任何指標去看，我都是個爛學生。我考SAT⑤從沒高於一千分。我考試的時候會緊張到都在煩惱成績太差的後果，眞正答卷的時間反而比較少。我畢業於三一學院⑥——那是在我進得去的學校裡，離家最遠的一所——學業成績平均積分也是畢業班中倒數的二點

* 想進一步了解我在說些什麼，可以去讀韓裔美籍小說家李珉貞（Min Jin Lee）的作品《柏青哥》（*Pachinko*）。
② Sherri Chang，作者母親的英文名字。
③ Quesadillas，用墨西哥薄餅夾起司或蔬菜等餡料烤製而成，有半月形，也有裁切得跟披薩一樣的。
④ Thomas Jefferson High School for Science and Technology，湯瑪斯・傑佛遜科技高中。
⑤ 申請大學用的學力測驗，二〇一六年前的舊制滿分是兩千四百分。
⑥ Trinity College，位於康乃狄克州，美國最古老學院之一。

七八分。

一如我所說，我父親會生氣，但那也改變不了什麼。我非常想要讓他跟我母親高興。只是我做不到而已。跟老虎住在一起但又沒辦法討好牠的下場就是你會一直提心吊膽。日復一日的時時刻刻，你都在親生父親的身邊坐立難安。

我之所以跟各位說這些，只因爲這些東西是回憶錄必備：杯底的茶葉。那些精挑細選出來，能預示我將來會變成哪種人的小故事。但我其實不太想強調這些生活軼事有多重要。日子比我苦得多，父母管教比我家嚴格多的，大有人在。對在美國出生長大的第一代亞裔來說，他們內心的嘀咕很可能是：「說完沒。長大好嗎。」

韓國移民有兩條大相逕庭且基本上井水不犯河水的出路，他們會以各半的機率加入其中一個陣營。他們要麼當醫生或律師，要麼開洗衣店或便利商店。惟不論靠什麼營生，他們上起教堂都很拼命。

我的大家庭成員要麼賣聖經，要麼從事跟聖經能沾上邊的生意，比方說木工之類的。有些親戚我一面都沒見過，是因爲他們的正職是大老遠去到各個天涯海角，宣揚基督之道。在移民到美國之前，我父親的媽媽是第一批皈依基督教的韓國人。在我心目中，她怎麼樣也不會高過四尺七吋（約一百四十公分），但她究竟多高我也無法確定，因爲她一天到晚穿著及地的韓服，腳在哪很模糊。惟不論是高是矮，她都是個令人望而生畏的存在。蝕刻在她臉龐上的痛苦、哀愁與堅忍，說明了她是個什麼亂七八糟的事情都見過太多的人。我之所以成爲基督徒，也是怕惹她老人家不高興。

我們是長老宗的人。我們的教會有合作的實作農場，你去那可以買到水果跟傳統糖果。假以時日，我們會發展成美國前幾大的韓裔教眾，但在當時，我們想做禮拜得等到下午。那裡上午要讓白人做禮拜，是大家的默契。

宗教，就像是我被祖母、爸媽與姊姊輪流施加的水刑。我從來沒想過要鬧家庭革命，但我確實記得自己曾看著爸媽跟他們的教友，腦中閃過一個念頭，那就是如果他們是玩真的——如果他們真相信來世才是唯一重要的事情——那我們為什麼不去外頭把更多人拉進來？我們光坐在這裡計畫烤肉能有什麼用？

當然這並不是說我們不是一個「信仰視同作戰」的家庭。就跟很多韓裔移民家庭一樣，教會也是我爸媽日常生活的重心。那裡除了作爲實體的社區中心，還有一個更重要的意義是提供他們在新國家生活的安全感。媽跟爸會在我們家裡舉辦聖經研討會。他們會徹夜禱告。我姊會每週末把她的青少年團契挪到我們家裡。我們會在教堂度過整個主日：先跟我們爸媽參加韓語禮拜，然後跟青少年團契一起參加英文禮拜，最後是聖經研討會。我會看著周六晚上還爛醉如泥的家庭成員，隔天主日早上就變成敬畏上帝的基督門徒。每逢家庭聚會，不論是為了感恩節或新年或誰的生日，我們都會順便辦一場兩小時的聖經研討會。起碼食物是都很好吃啦。

長途公路旅行時，我們會在假木紋鈑金的克萊斯勒廂型車中放講解聖經啓示錄的錄音帶，而回頭想想，我們聽的根本就是非常激進的內容。末日總是將至。宗教將我團團圍住，沒有分秒的空檔——而有那麼一段時間，我也自認為是信徒。我對末世論的一切內容都認眞得很，只是看到旁人不信也讓我心生懷疑。我總是會在家庭禱告時偷瞄幾眼，看有誰在摸魚打混。

逐漸地我開始敢於問出：「但為什麼？」我想這對我將來會成為什麼樣的人，算是重要吧，但那不是每個小孩都會做的事嗎？有一次上主日學的時候，他們搬出了絨布背板，並在上頭用小小的人形立牌來演示在天堂的每個人是如何看著地獄裡的非信者。那是我第一次覺得心裡不舒服，讓我不舒服的是有人會只因為不接受耶穌基督是救主，就得在永世在煉獄裡烈火焚身。

所以，你是在跟我說只要相信，我就可以安然無虞？你怎麼知道我真的相信？我只要把該說的話都說了就行？耶穌怎麼知道我說話是發自內心？萬一你離群索居到不知道有耶穌基督這個選項呢？活該下地獄嗎？

我覺得這都太扯了*。

時間久了，我的滿心狐疑燒成了熊熊怒火。我姊姊艾絲特首當其衝，但那也是她自找的。大我八歲的她已經對讓我兩個哥哥跟她一樣虔誠之事徹底斷念，於是她便把全副精力都用在我身上。大學畢業後，艾絲特去讀了神學院，還帶領起青年團契——簡直把事都做絕了。她甚至還跑到蒙古去傳教。她愈是想把我引出來，我就愈是退縮。每到星期五晚上，我就會一不做二不休躲到我爸高爾夫用品店內的展售架裡面，免得被抓去青年團契的聚會。我爲此很受不了她，慢慢進入青春期，我對她講話就愈來愈難聽。

*讓我莫名有點爽的是二〇一八年，美國傳教士約翰・艾倫・周（John Allen Chau）設法上到了北哨兵島（North Sentinel Island）——那裡住著一群遺世獨立，斷絕聯繫，並歷時數百年讓外界清楚知道他們希望繼續遺世獨立、斷絕聯繫的民族。周視死如歸去那裡宣教，結果也眞的求仁得仁。哨兵島民殺了他這名入侵者。這傢伙問過跟我一樣的問題，而他苦惱的程度，大到讓他無法眼睜睜看著有人只因爲沒聽說過基督，就得活生生在地獄裡受火刑之苦。要是小時候我身邊都是跟周一樣的堅定信徒，我絕對有可能還是他們當中的一員。周的計畫蠢到極點，但我不得不佩服他的信念。

**就跟大法官布瑞特・卡瓦納（Brett Kavanaugh）還有皮傑、托賓、史奎伊（PJ、Tobin、Squee）同一所學校——只差我是比他們晚大約十屆的學弟。（譯按）喬治城預備中學（Georgetown Prep）。卡瓦納是美國最高法院現任九位大法官之一，但之前曾傳出在一九八〇年代涉及性侵與酗酒等醜聞，在二〇一八年的任命投票前夕鬧得沸沸揚揚。皮托史三人皆爲他在高中時代的酒友。

中學我念了一所耶穌會的寄宿學校，喬治城預備中學**，而我也是在那裡才知道長老宗其實上承天主教。當時我就像是地平說的信衆第一次從太空中看到地「球」。我壓根沒想到一間教會可以來自另外一間。原來它們都是人爲的建構，都是政治而非神性的產物。

我一開始就有疏離感。開學的第一天，我注意到有個想進教室的同學等在門口。我嘗試對老師指出那裡有個人，但老師只回了我一聲，「**扎格！**」

「什麼是札格？」

「兩個扎格！」

札格的拼法是JUG，Judgement Under God的縮寫，字面意思是「依神意做的審判」，實際上就是記過。爲了讓不知所措的同學被老師注意到而使得授課中斷，竟然是一種可以記過的違規行爲。被記札格代表我會趕不上一年級新生的美式足球練習，練球遲到又代表我得在練習前後分別跑個幾圈，跑完幾圈我就會因爲晚餐遲到被記札格。晚餐遲到記的是住宿生的札格，那又牽涉到另外的處罰——以上帝爲題寫篇作文，或拿著聖經罰站一段長到莫名其妙的時間，再不然就是去校園裡撿垃圾。每天待在這間學校，都得重複一遍這永動機似的循環。

我知道高中的情緒創傷，多多少少是所有人的共同回憶，但那地方留下了一個我直到今天都沒能完全甩開的印記。我曾經是個高爾夫神童，而這打開了一扇門，讓我有好幾間一流的中學可以挑選。等喬治城預備中學來訪時，我爸就把我交給了他們。這學校離我家近歸近，校內卻與我來自的地方是兩個世界。那兒的學生被捧成是菁英中的菁英，而那也是我選擇這裡的另一個主要原因，惟我始終無法融入那裡。我一個可以追溯到曾祖輩的遠親也是預備中學的學生，而他曾經因爲我不肯加入韓裔的小團體而把我痛打一頓。要跟其他亞裔生混在一起，我不夠「亞」，要跟上其他任何人的步伐，我又不夠會念書或不夠有才華。我吸收了瀰漫在校園裡的那份優越感，消化出一種令人喘不過氣的自卑感。我在那裡不管做什麼，都非常掙扎，只有宗教研究是唯一的例外。那時的我已經把聖經讀得滾瓜爛熟，就算要親自授課也難不倒我。

後來，在三一學院，我原本打的如意算盤是修習比較經濟學、亞洲研究，或是哲學，但我很快就發現想在這幾條路上眞的走下去，我得認認眞眞去上課才行。我每學期都換一門主修，直到最後選定了宗教學，原因是那些東西對我還是非常輕鬆寫意，而且我也喜歡在書本中了解各種非基督教的信仰——道教、印度教裡的吠陀經與薄伽梵歌、古猶太教，還有大乘佛教的觀念是你對世間萬物的同情要強到你寧可放棄涅槃，也要化身回到凡間來普度衆生。這些對我言之成理。從宗教的學習出發，我進一步接觸起哲學文本——柏拉圖、康德、尼采，還有你想得到的所有大學課堂常客。只要是艾利森・班克斯・芬德利⑦與霍華・德隆⑧開的課，我全都包了。

我給自己的要求是盡量累積宗教的知識，而這一方面是因為這有助於我在與艾絲特的唇槍舌戰中獲勝。大二那年在歐洲遊學時，我在瑞士跟她會合。我跟她有陣子沒見了。我應該已經跟她提過我受到佛教的感動，或是跟她解釋過我終於發現世俗的人文主義才是我要的信仰。但艾絲特對自身信仰的那種篤定讓我火冒三丈。她倒也不是說多得意洋洋，但就是天殺的非常**確定**。我在對她的憤怒裡，感覺到自己代表正義。

有備而來的我想把這兩年大學生活累積的世間智慧，一股腦倒給她。我告訴她若她的全能上帝任由饑荒與悲劇發生在世間，也不阻止史達林、波布⑨跟種族滅絕，那我寧可在地獄當大王，也不要在天堂服事祂。作為壓軸，我告訴她說若我是兩千年前的人，我應該也會把基督徒釘上十字架。

我覺得她應該從來沒有把我們之間視為對戰關係。這場戰役只發生在我的腦裡。

我九或十歲的時候，我們家從麥克林搬到了同樣在維吉尼亞的維也納，而我童年記憶中的創傷若說這個排第二，應該沒什麼能排第一了。我們在西邊的新家距離舊家只有二十分鐘車程，但當時的維也納大體非常鄉下，牛比人多是常態。家一搬過去，我犧牲掉的是相當堅強的社交陣容：週一到週五有學校的朋友，韓國小孩跟是鄰居的朋友則負責週末。我的社交排程原本相當緊湊，如今卻變得一無所有。

你要是想，儘管可以腦補我之所以學會發揮想像力，是因為搬家後的那些年，狼阱國家公園（Wolf Trap Park）有森林讓我在裡頭跑來跑去。沒人陪我玩，爸媽要工作又沒空管，代表我很多時候得自得其樂：堡壘、玩具槍、打電動、變形金剛。我不記得自己有無聊的時候。

我們搬這個家，是因爲我爸想要住得離他在泰森角（Tysons Corner）的高爾夫球用品店近些。在上世紀八〇年代初期，他決定脫離在餐廳裡打滾的上班族生涯，把人生賭在了一小群跟他一樣打拼的韓國商人身上。他們說好了一起組隊，把華府地區的高爾夫用品生意通通吃下。

沒錯，我父親早先也在餐廳業工作。這一點並不是太重要。像我說的，我討厭賦予這些人生早期的瑣事太多意義。人在美國走到窮途末路了，去餐廳做菜或送餐理所當然。就跟許多移民父母一樣，爸任勞任怨在藍領工作上，懷著的就是孩子不用再這麼辛苦的希望。但不同於他在在地韓國社區裡的朋友，喬・張⑩並沒有顯赫的出身背景，也沒有去

⑦Ellison Banks Findly，三一學院的宗教與亞洲研究教授。
⑧Howard DeLong，三一學院的哲學教授。
⑨Pol Pot（1925-1988），七〇年代柬埔寨共黨獨裁者，率領紅色高棉大屠殺異議分子。
⑩Joe Chang，本書作者的父親，於二〇二〇年過世。

讀商或學醫。家中的傳說是他在肯塔基州某採礦小鎮上進了所學院，靠的是闖進教務主任的辦公室，竄改了他的成績。爸祖上長長一串都是騙徒，他母親跟放高利貸的沒有兩樣，他小時候在戰後的韓國是餓著肚子長大。他最早開的是熟食店，後來慢慢將之擴張成在華府記者俱樂部（National Press Club）樓裡一間可以坐下來吃飯的餐廳。有趣——或起碼諷刺——的，是我父親明令不准他的孩子走他的老路。他在離開餐飲業之前，都不曾覺得自己有能力養家活口。

這不叫茶葉，什麼才叫茶葉？

回到那群韓商跟他們的高爾夫計畫：他們決定要各自專攻大華府地區內的某一塊。作為一夥人當中教育程度最低，身價也最低的成員，喬．張分到了泰森角。波托馬克、貝塞斯達與銀泉這些肥肉則被艾迪．朴等本錢較粗的人挖走。

泰森高爾夫用品中心一開始的定位，比較像是高爾夫界的「低價俱樂部」⑪。店址藏身在巨大而難以親近的鐵皮機棚深處，沒去過的人幾乎找不到。進到店裡是滿滿的綠色爛地毯跟紙板箱子，箱子裡全都是高爾夫球具，這當中的生意經是裝潢能省多少，我爸回饋給客人的優惠就有多少*。媽也開始在店裡幫忙，同時還要四個小小孩一起養。我也有不少時間在店裡打各種雜，從疊箱子到操作收銀機我都做過。

接下來發生的事情，進一步證明了世事無常。誰也沒想到泰森角會搖身一變成為華府地區的現代購物重鎮，但事實是短短幾年間，事情就這樣發生了。艾迪・朴反而羨慕起我父親的店址。喬・張的努力當然不容小覷，他是個相信有志者事竟成，並會為此去拼命的人，但他眞的也很幸運就是。計畫再多招，都比不上人福星高照。

說起運氣，我的也很好。我五歲時因為父親的緣故接觸高爾夫，而如我前面簡短提到過的，我有段時間展露了相當之高的天分。貨眞價實的神童，其實。剛開始我完全不用去鑽研什麼打法或鍛鍊任何一塊基本動作，一切都可以無師自通。某天我爸叫我去打高爾夫，然後我就空降成為所有小孩裡的最強。我的揮桿自然就超棒。我知道這些話很欠揍，但任何人說起自己在高爾夫球上有多厲害，都不可能不欠揍。

當時的高爾夫舞臺上，還沒有老虎伍茲，沒有維傑辛，沒有魏聖美，也沒有崔京周。高爾夫還是很純正的白人運動，一個韓國小孩想卡位仍然有點奇怪。另一方面，在南方巡迴比賽，讓我看到了某一面在華府郊區看不到的美國文化。我嘗試並愛上了布朗斯威克燉肉、鄉村炸牛排，還有紅眼肉汁。我結識了一起巡迴比賽的同齡孩子，跟他們打成一片眞

---

⑪ Price Club，一九七六年成立的倉庫型連鎖量販店，為今日好市多（Costco）的前身。

* 我爸是那種會盡可能剷除各種旁枝末節的人。他上餐廳吃飯會先用電話點好菜，然後飯吃到一半就預先買單。

的很開心。我們的緣分，都要拜這種不酷到了難以想像，但我們又莫名都擅長的運動所賜。

我當紅的時候，曾有某韓國電視臺派了組員到維吉尼亞州，在當地的巡迴賽中跟拍了我一個禮拜。我當時看起來，一定就像個眼睛長在頭頂上的屁孩。高爾夫是我天字第一號的才華，也是有人誇我時會提到的第一件事，而我也照單全收。我喜歡把人通通打敗。

九歲時我就連拿了兩屆維吉尼亞州冠軍。我打敗了按年齡分組、跟我同組的所有選手，外加往上一組的所有選手。有一年在高爾夫夏令營裡，我打敗了全數的高中生，單槍匹馬率領我所屬的隊伍，在替我加油的群眾喝采聲中拿下勝利。當時我每天除了高爾夫，還是高爾夫。現在你去到青少年高爾夫巡迴賽場上，你會看到一票亞洲家長從邊線對著他們的孩子大呼小叫。他們全都要叫我爸一聲前輩。他宣揚的是班・霍根（Ben Hogan）的福音，這人先歷經了一場幾乎致命的車禍，然後於隔年拿下美國公開賽冠軍*。一年大概有三百六十天，我不是在比賽，就是在跟我爸、我兩個哥哥、或是我兩名教練的其中一人練球。入冬後我會待在室內對著網子練球，旁邊還有攝影機記錄我的揮桿。我會一直練習到水泡長出來、破掉、流血。

既然我現在不是職業高爾夫球選手，那聽到我說我的高爾夫生涯後來整個崩毀，應該也就沒什麼好值得驚訝的了。眼看著要升入高中，我開始胡思亂想並且走不出來。原本我習慣痛宰的孩子開始後來居上，然後把我甩在後頭。用美式足球比喻的話，我就是那種練習時完美無缺，但一正式比賽就會踢歪的射門手⑫。

從八或九歲開始，爸就會在我每次巡迴賽打不好的時候讓我坐下，對我分析我在場上犯下的每項錯誤，指出我該怎麼打，並強調我不應該表現這麼差。看著我的表現開始走樣，他堅稱我只是需要集中注意力。我聽到他對人說：「戴夫只是不能接受別人現在開球比他遠。」那段時期的李奇・柳（Richie Yu）像道如影隨形的陰影。我爸會一天到晚拿我跟李奇比，他當時已經是全美知名，且在業餘層級首屈一指的高爾夫奇才。他第一次取得 PGA 的某場巡迴賽資格，年紀才十六歲，基本上我做不到的一切，他都做到了。多跟李奇・柳學學，成了在我們家不斷跳針的話題。二十年後我偶然跟李奇・柳見了一面，我跟他說他徹底毀了我的童年。那當然是句玩笑話，大致上。

這給了我價值與身分的追求，不斷地在溜走。等進到喬治城預備中學，我已經連校方找我來加入的球隊都進不去了。我報廢得如此徹底。我對高爾夫產生了恨意。

---

* 我個人比較崇拜的是布魯斯・利茲克（Bruce Lietzke），他看似幾乎不怎麼練球，巡迴賽也一向只參加起碼的場數。他打完前兩輪四十八洞都能晉級到後兩輪，但又都從來沒贏過四大賽——美國名人賽、美國公開賽、英國公開賽、職業高爾夫協會（PGA）錦標賽——的冠軍。

⑫ goal kicker，美式足球達陣後，負責加踢射門的選手。

「高爾夫一成打的是身體，九成打的是心理。」爸老是這麼說。我自身的心得則要比這簡單得多：我的實力不夠。

如此不堪回首的遭遇，在很長一段時間裡定義了我。但就像我面對童年裡的大部分其他事情，我傾向於不繼續糾結在自己闖不出名堂的高爾夫生涯上。不是因爲那回憶太痛，而只是因爲你本來就不該一直放不下沒結果的事情。

是吧？

第2章 理性的選擇

大學畢業後有一小段時間，我去當了上班族。那是份你可以形容爲金融業敲門磚的入門差事，只不過這麼說，或許又太往自己臉上貼金了。我是個紅過一陣的過氣高爾夫選手。在朋友的朋友替我跟這份工作牽上線之前，我已經被紐約跟舊金山所有的私人財富管理公司、證券行、投資銀行，通通拒絕過一輪*。

我已經無法一一想起我要負責的事情，但反正都是些很卑微的東西——有時候是冷不防打給客人做電話行銷，有時候是幫執行長準備會議室，而最主要的還是輸入資料。這份工作是如此地吸噬人的靈魂，以至於我最終在節日的派對上，醉醺醺地跟公司裡的每一個人講出了我確切有多看不起這份工作、多看不起這間公司跟他們。我其實也沒待在公司很久，但我實在忍不下去了。我從自己的隔間，望著四周一個個聰明過人的大學畢業生，看

* 不開玩笑，前幾天才有一位女士在紐約翠貝卡區（Tribeca）的街上攔住我說：「嘿！我二十年前面試過你。」

著他們活生生被這個地方活剝生吞，我便可以想像五、十、二十年的光陰從我身邊悄悄溜走，如果我不出手阻止的話。

結果你知道我的暴衝換得了什麼下場嗎？我加了薪。

我對天發誓那跟《上班一條蟲》（*Office Space*）電影裡演的一模一樣。一名顧問先生讓我坐下進行評估，而我告訴他說我在公司多沒有發揮的空間，還有我多厭惡自己的工作。他表示很欣慰我我願意坦誠相告，並懇求我留下來繼續努力。他表示可以提高我的待遇。但我已經不行了。我已經擠不出動力把這份工作做到更好。我跟顧問說我要去上餐飲學校。

朋友與家人無一不勸我不要這麼做。他們已經告誡過我大學別念宗教了，結果現在我要去當廚師？拜託一下好不好，戴夫。我沒辦法跟他們吵這個，但不管做什麼，都好過在坐辦公桌的工作上朝著平庸狂奔。

餐廳業對我的吸引力，是早在我見識到「美國大企業」內幕之前就存在的東西。大學時期我曾在在地的酒吧當過調酒師助手，後來還在家附近的牛排館當過打雜的。我想在廚房裡工作，但喬・張對我有這種想法並不是很高興。在我與牛排館的主廚面試前，爸去跟餐廳老闆咬了耳朵。我準時赴約，結果他們讓我在「沙羅曼達」①烤爐前枯等了好像一輩子那麼久。等主廚好不容易出現，我已經滿臉通紅，衣服因爲汗而全部濕透。

「廚房不適合你這樣的孩子。」主廚隔著他厚厚的鬍鬚說。「但我們倒是需要打雜小弟。」

讓爸失望的是，我不屈不撓地在大二那年申請了巴黎的藍帶廚藝學校。結果其他申請者都上了，就我沒有。那之後我便暫且收拾起對烹飪的熱情，一放就是幾年，直到我這輩子要以什麼爲生的存在主義恐懼，將我再一次逼到了那股熱情面前。

美國烹飪學院（Culinary Institute of America）是全美首屈一指的廚藝學校，但我才剛大學畢業，並沒有馬上又要再花幾年念大學的心理準備。法式廚藝學院（French Culinary Institute）相對之下，地點就在曼哈頓，而且我進去出來只要六個月。我不清楚這地方究竟適不適合我，但我還是付了第一期的學費，並一從金融公司離職就開始在那上課。

從新生訓練的第一天起，我就開始注意到幾種不同的學生。我有一定人數的新同學於近期從科技業離職，想要轉換跑道。這群人有錢有閒。然後我們班上也有幾名在職的廚師——他們已經在經營小型的社區餐廳但想更上層樓。他們一天到晚掛在嘴邊的一句話是：「我都不知道自己來這幹嘛。」爲數不少的其他學生是想來圓一個夢的長輩。而最後，就是一些像我這樣的年輕人，想要在廚房裡找到救贖*。

①Salamander，即火蠑螈，歐洲傳說中具有火屬性的生物；沙羅曼達烤爐是西餐廳常用來給食物上色的設備。

*包括喬書亞・史金斯（Joshua Skenes），他日後會成爲美國一名不按牌理出牌的偉大廚師。

就算是跟班上其他想要轉換生涯的人比起來，我也是災難一場。還眞是不讓人驚訝啊——事實證明教室不是我最理想的環境。我好像總是會讓蔬菜從我手中飛出去，搞砸一次又一次的備料。我的同學們可不覺這有什麼好笑。在法式廚藝學院，我們是兩人一組上課，而我的搭檔已經是紐約兩家當紅餐廳的老闆。她來學做菜，只是爲了從她擔任餐廳主廚的母親手中接棒。隨著第一學期慢慢來到尾聲，她提出了更換搭檔的要求。她跟我們的老師們說再繼續跟我困在一起，她寧可放棄。最後她認定與其跟我合作，眞的還是退學比較好。

其實應該退學的，還有我。在法式廚藝學院畢業前的最後兩級課程，基本上就是在學校的餐廳裡無償工作。換句話說，是我付錢給他們，換得能替客人做菜的榮幸。（究竟誰會想到廚藝學校的餐廳裡吃飯，我百思不得其解）。但我已經迷上了。做菜的過程並不浪漫，也沒有讓我大澈大悟什麼，但我至少找到了一樣我不討厭做的事情。我迷上了這個產業，我開始喋喋不休地跟同學們聊餐廳——雖然大部分我都沒有去過。在紐約，我喜歡丹尼・梅爾②跟湯姆・柯里奇歐（Tom Colicchio）合開的「感恩酒館」（Gramercy Tavern）。如果現代饕客只認識實境節目《頂尖廚師大對決》（*Top Chef*）裡的柯里奇歐，那就太悲慘了。他作爲OG③一般的大前輩，早在外界吹起流行前就擁抱了各種烹飪技巧，包括使用燒柴的直火。他參與定義了現代美國的廚藝品味，而我的第一志願絕對是替他而不是替任何一名歐系的主廚效力。我願梭哈亞美利卡納④。

眼看要畢業，我開始每天行程爆滿：白天排滿了課，晚上全職在瓊恩・喬治・馮格里奇頓（Jean-Georges Vongerichten）的墨瑟廚房（Mercer Kitchen）上班，週末當輪班的接線生，地點是克拉夫特（Craft）這間外界引頸期盼，柯里奇歐即將開幕的全新餐廳。馬克・薩拉非亞（Marc Salafia）跟我是三一學院時期的朋友，是內定為克拉夫特領班的他替我引薦了這份工作。

我的夢想顯然是在克拉夫特裡找一份像樣的廚師工作，但他們自然不需要——也可能是不想要——我來多事，所以我便接下了訂位人員的職位。以二十二歲的年紀，我覺得自己遠遠落後那些從十六歲就開始做菜的人。我急著要用人類極限的最快速度來累積經驗。我工作的地方旁邊就是備料廚房，所以食材會在我的注目禮下進入餐廳。肝、兔肉、各種菇類——舞茸、藍腳菇、口蘑、龍蝦蘑菇、羊肚菌、雞油菌。看著備料廚師用巧手把這些原材料處理到「各就各位」⑤，讓我大開眼界。

---

② Danny Meyer（1958-），美國餐飲集團大亨，旗下知名連鎖店包括 Shake Shack 美式奶昔漢堡店等。
③ OG 是 orginial gangster 的縮寫，在嘻哈界中意指教父級的元老人物。
④ Americana，意指有形無形的典型美國文化。
⑤ mise en place，字面意思是讓東西就定位，也就是把食材處理好，「備料」的意思。

等我終於找到縫隙溜進廚房，眞正的教育才剛要開始。

我第一次輪班一報到，面對的就是一群強大的廚房組員：阿克塔・納瓦伯、凱倫・德瑪斯科、丹・掃爾、布萊恩・瑟納廷格、麥克・可恩、詹姆斯・崔西、蘿倫・道森、阿爾帕納・薩特尤、史黛西・梅爾、艾德・希金斯、莉茲・查普曼與戴蒙・懷斯，至於主掌廚房的則是馬可・卡諾拉與強納生・班諾*。然後就是我，提著下廚工具就從烹飪學校來上第一天班的我。

「刀不錯喔，老兄。」有人忍著笑著說。很顯然學校給了我一組垃圾刀具。我就像是第一天上學，白色內褲露到牛仔褲外面的小學生。我完全不知道自己在做什麼。

我的第一項任務，按照班諾的指示，是準備九夸脫的切丁調味蔬菜⑥——洋蔥、紅蘿蔔與芹菜各三夸脫。請切成完美的四分之一英寸方塊，麻煩了。對一名還過得去的廚師而言，這大概是四十五分鐘可以完成的工作。我搞了一整夜。技術上我完全知道怎麼弄，但心理上我僵了。我嚇壞到感覺自己在考SAT。直到凌晨一點，我才設法摧殘了兩箱蔬菜，產出了各一夸脫我自認爲能用的三種小丁。

班諾看了眼我的成品，手立刻拍到額頭上。

「這個嘛，這些通通不能用。」他邊說邊將小丁通通倒入一鍋小牛肉的二次高湯⑦中。

我不知道自己爲什麼沒有當場辭職。自尊心吧，我猜。畢竟我已經跟所有人說我要當廚師了。所以隔天我還是正常到班，後天也是。事實上我連續一整年都沒有請假。我一直分文未取地工作著，直到六個月後神奇的那一天，馬可把我找去談話，意思是要給我一份有薪水的工作。

我一直在後頭苦追，但我很享受廚房給了我每天都能夠重新來過的機會。在廚房環境中（相較於在高爾夫球場上），我在內心找到了純粹而頑強的意志力儲備，可以供我彌補天分上的欠缺。站在砧板前，我可以看到緩慢但確實的成果。那給了我生活的目標。我會在輪完班後回到家，往沙發上坐定，然後一邊觀看預錄的 PBS 公視料理節目，一邊練習技巧。我會一連幾個小時，都坐在那裡練習轉圈把馬鈴薯、胡蘿蔔跟蕪菁切成橄欖形的刀法。那段時間我不記得除了料理跟研究料理，自己還做過什麼別的事情。

我在克拉夫特的第一年，馬可曾問我爲什麼還沒有去餐廳用過餐。大部分廚師都從來

---

* 組員：Akhtar Nawab、Karen Demasco、Dan Sauer、Brian Sernatinger、Mack Kern、James Tracey、Lauren Dawson、Arpana Satyu、Stacey Meyer、Ed Higgins、Liz Chapman 與 Damon Wise；兩位主廚：Marco Canora 與 Jonathan Benno。認識我的人應該知道這些名字是我的口頭禪，彷彿這些人是我最喜歡的棒球隊先發名單。他們幾乎每一個人——外加我確信我漏掉了的一些遺珠——後來都有了屬於自己的廚房。這在餐飲業是極爲罕見的例外。

⑥ mirepoix，西餐料理常用的調味基底，地位類似中菜的蔥薑蒜。

⑦ remouillage，用已經熬過高湯的材料進行第二次熬煮而得到的湯底。

不在工作的餐廳吃飯，那要麼是因爲餐廳本身不鼓勵，要麼是因爲被自己的上司服務太尷尬。但在克拉夫特，馬可卻慫恿我這麼做，而我找不到理由推託，所以我就選了一天哥哥來紐約的日子訂位。我們在自身預算內點了餐，但廚房出的菜卻多到把我們輾壓，我是說眞的輾壓。就算是VIP來用餐也不會有這種招待。用完餐我把帳單打開一看，裡頭有張馬可的親筆便條寫著：謝謝你，辛苦了，這頓算我們的。

我哭得像個嬰兒。

我的工作表現仍然很差勁，這點大家心知肚明，但他們不吝對我展現耐心。我記得在餐廳哭過另外一次，是因爲熱食線⑧上一個空缺的升遷機會，把我跳過了——我只能繼續困在garde manger，也就是負責開胃菜的冷盤區。我在鍋爐間裡一把眼淚一把鼻涕時，馬可走進來安慰我。我冷盤做得很好，他說，但我還需要更好。他說我會沒事的。而出於某種原因，我相信他。他留我一個人冷靜一下，然後班諾走了進來。

「冷盤區是你想要工作的地方，」他說。「別人怎麼說別放在心上。」

在班諾於丹尼爾（Daniel）、法國洗衣店（The French Laundry）與感恩酒館等餐廳歷練的歲月中，沒人比他在冷盤區待得更久*。結果就是他完備了廚師的基本功。我要學的還有很多。班諾對我的發展非常關心。他一有機會就會推著我離開舒適圈。回首過往，我意會到我眞的應該要好好感謝他。但在那個當下，我只覺得他想讓我的日子像地獄般難過。

我在克拉夫特待了兩年半，期間我盡可能在晨間備料與晚餐上菜這兩班之間輪替。晨間備料給了我更多實務經驗，讓我對「廚藝」一詞代表的是什麼意義，有了最純粹的體悟。我學會做的每一樣東西，都是在早班。我尤其珍惜輪到週六的早班，因爲週六全天就只有我跟阿克塔・納瓦布（Ahktar Nawab）負責備料。我會超級早到、打開中島的開關、把所有的高湯鍋與淺湯鍋一把抓。沒有人會在那裡跟我爭爐子、搶備料桌的空間。我覺得我在那些週六早班的收穫，比我這輩子任何其他時刻都多。蔬果的處理，肉類的屠宰、去骨、切塊，各種油醋醬的調配，冷盤肉的醃製，一樣樣醬料的預備——全都是備料班教給我的。至於晚餐時段，你去問任何一個業內人士，他們都會告訴你說那只是最後的執行階段**。餐廳到了晚餐時分，能準備的一切早就都準備就緒。你的工作只是跟不斷從外場流入的訂

⑧ hot line，指餐廳烹煮熱食的生產線。

* 不知怎地，當代的冷盤區形象淪爲了卑微的沙拉站，但在世界著名餐廳的歷史上——我是說像日本的料亭菊乃井，或是法國的三胖之家（La Maison Troisgros）這種等級的餐廳——冷盤區都是優勢與榮耀之所在。關於當名廚師該會的事情，冷盤區能教你的比廚房裡任何一項工作都多，須知比起一整晚把六十塊牛排烤到三分熟之類的事情，冷盤區所牽涉到的技術與備料工作，變化要多得多。

** 曾經餐廳裡輪班是不分備料跟上菜的。在傳統的法式料理廚房中，你兩樣都得做。包括午餐也不例外。勞動法改變了這一切。不令人驚訝的是在餐飲業中，你仍能聽到某些廚師把現在餐廳「很爛」怪到這件事上。

單比手腳快。

不論是備料班還是出菜班，我都喜歡。我從來不會因爲漫長的工時或身體操勞而覺得氣餒。那都是意志力可以克服的事情。

◌

等我去到布魯咖啡廳工作之後，意志力也一直支撐著我。我其實想在克拉夫特待久一點，但克拉夫特的大家庭鼓勵我去那種始終讓我未戰先怯的法式風格廚房試試。事實上布魯咖啡廳有一道菜，已經讓我戰戰兢兢：法式焖雞（poularde en vessie）。這道菜的製作已有百年的歷史，創始者是金字塔餐廳（La Pyramide）的費南・普旺⑨。其做法是取全雞塞入松露與肥肝，接著把雞放進充氣的豬膀胱裡——豬膀胱這食材你還無法從美國本地進貨——然後浸入馬德拉紅酒、雅馬邑白蘭地與松露汁裡文火慢熬。豬膀胱會在桌邊切開，帶著雞肉與松露香的蒸汽便會像朵雲似地翻騰而出。我從來沒有看過那樣的光景，於是內心深處我知道我非去把這道菜學起來不可。懷著這種心情，我以正式成員身分加入了安德魯・卡梅利尼（Andrew Carmellini）那硬得像釘子一樣的廚房。

那年是二〇〇三，我借住在大學同學提姆位於中央公園對面的住處，他那可以拉長的沙發就是我晚上的床。這種安排於我無妨，反正我大部分時間都待在餐廳裡。我會在上班十八個小時後的返家公車上，掙扎著要沖個五分鐘澡還是直接睡覺。光想這件事我頭就很痛。

紐約市才剛慢慢走出九一一⑩的茫然暈眩。民眾普遍還沒開始上餐廳吃晚餐。但你隨便找個在場而且在乎的人問問，他們都會告訴你卡梅利尼經營著全美國最棒的餐廳。我們當然都一致認爲此言非虛。

我們是一支走斯巴達風格的小團隊。我們沒有備料廚師，沒有助理廚師，沒有實習生，沒有任何幫手。那意味著全部的備料工作都要靠我一個人完成。這乍聽之下也沒什麼大不了，但就以義式生鮪魚片（tuna carpaccio）這道菜來說好了。直到今天，那都還是我這輩子做過最挑戰體力極限的一道菜：每天早上我都會把半邊黑鮪魚解體，且成品必須完全沒有筋。我會把魚肉捶成薄如紙張，且擺盤時大小剛好的圓形，然後把碎肉跟筋連同香料袋油封在爐子上（這東西不論我上菜時段多忙，都要時時盯著，免得它溫度過高）。再來，我會清洗鹽漬的酸豆，一條一條把幾磅鯷魚的肉片取下，並將之醃好。然後把酸豆重洗一遍。

⑨ Fernand Point（1897-1955），被外界認爲是現代法國美食之父的第一代法國廚神。
⑩ 指二〇〇一年九月十一日發生在美國本土的恐怖攻擊事件，紐約世貿雙塔在事件中遭到被劫持的客機撞擊而倒塌。

我得自製瓦片麵包：把冷凍麵包切片，將之放在三分之一尺寸的蒸氣桌鍋⑪背面塑形，最後烤出完美的U字形。這些小王八羔子大概有半數會在這過程裡破掉陣亡。再來我會開始把青蔥跟蝦夷蔥片出賞心悅目的「蜷曲髮尾」，並用切成細丁的紅蔥、紅黃彩椒、蘿蔔、尼斯橄欖做出可以吃的「五彩紙片」。你試過切出完美的八分之一英寸橄欖丁嗎？祝你好運。喔，別忘了還有會讓人切片切到發瘋的小黃色四季豆跟綠色四季豆。趁某個空檔，我會用鮪魚碎肉做出鮪魚醬。然後作爲壓軸，我會挑出蔬菜的綠葉，調配檸檬油醋醬，組成安坐在盤子上一個小窩的沙拉。用廚房的行話說，這道菜是「十四個九分之一尺寸蒸氣桌鍋的隨手小菜」，意思是它需要用到十四個獨立的容器來裝各種經過處理的食材。最慘的是義式生鮪魚片之於上東區的紐約居民，就像貓薄荷之於貓咪。我一晚接到幾十筆訂單是家常便飯。

再來說到法式凍派，但我們做的可不是你去隨便一家餐酒館會吃到的鄉巴佬肉塊。在布魯咖啡廳，法式凍派是層層疊疊的煙燻肥肝、馬鈴薯與杏桃，可優雅了。賣相美不勝收，做起來痛不欲生。我的廚站還要負責生蠔、法式小點⑫、不斷推陳出新給每位客人的開胃前菜⑬，包括另外爲VIP準備的特殊開胃菜（我們製作開胃前菜的唯一方針，就是要以食材剩下的碎料來製作、要一口大小，要美味得不得了，沒有預算考量）。「浜地」⑭料理。海鮮沙拉佐哈密瓜果泥。還有那些天殺的甘蔗串蝦。一週有三次，我會看見眼前出現仰之彌高的甘蔗森林，兩把剁刀，外加一把楔刀。我首先必須把甘蔗削好來做串。

布魯咖啡廳給了一群吃粗飽的客人全世界，但其實不修邊幅的法式凍派跟牙籤上的冷凍蝦就多半能讓他們吃得心滿意足了。熱前菜站的廚師得一層層把小千層麵疊起來，符合客製要求。那眞的是太過火了。

如果你能從這一切中活下來，而且還能在過程裡展現一些幹勁，你的獎勵就是獲得直接在卡梅利尼面前端出特色菜的榮幸。你將能在同儕面前炫技，但前提是你要能在下一次用餐時段之前完成料理的構思、備料與烹調，期間還不能讓分內工作被耽誤到。這種張力流動是高階廚房裡的日常——你愈是厲害，工作就愈難——只是這現象在布魯咖啡廳裡格外明顯。

我曾經夾雜著佩服與嚮往的心情，眼睜睜看著一名分線廚師⑮——順道一提她還是哈

⑪蒸氣桌鍋式廚房或自助餐常見的不銹鋼桌臺，上面各種尺寸的容器就是蒸氣桌鍋，蒸氣桌鍋分不同尺寸，最大的是全尺寸，往下有三分之二尺寸、半尺寸、三分之一尺寸，四分之一、六分之一、九分之一。

⑫canapé，原意是法式傳統沙發，點餐後讓客人在等待時所吃的點心，通常下面是糕餅類的基底，頂端是鹹的餡料。

⑬amuse bouche，原意是給取悅嘴巴的東西，主菜前開胃用，不另外收費。

⑭Hamachi，指體長三到四十公分的鰤魚幼魚。

⑮line cook，商業廚房中的 line，是指由一群（主廚以外的）廚師各司其職的出菜生產線，線上的每一個廚師固然也分階級，但都屬於分線廚師。

佛畢業生——在上菜期間直接罷工。她任由醬汁在爐火上燒焦，褪去圍裙，然後頭也不回地走出了後門。

老一輩的廚師會斥責說：「這比起我們以前在歐洲吃的苦，根本算不了什麼。」也沒錯，我知道廚師回憶錄的叢書裡描述了多少複雜到令人髮指的菜餚。但即便如此，我還是每天都在布魯咖啡廳做得非常掙扎。在那兒任職六個月後，我的韌性開始青黃不接。之前我總是懷著做了再說的心情，憑著一股幹勁橫衝直撞，我相信什麼問題都可以迎刃而解，只要我願意一直拚，一直拚，一直拚。只要我能擁抱廚房裡那種重複到讓人麻木的工作內容，生活裡所有其他的事情就會被擋在外面。但此時懷疑開始滲進了我的內心，廚房與現實世界的界線開始崩潰。

媽病了。我大三曾經休學過秋天那學期，爲了是照顧得了乳癌的她。如今她的病又回來了。我相信媽之所以會復發，是一種身心症的反應，而起因則是我爸跟我大哥俊（Jhoon）爲了生意上的事情吵得不可開交。所有人都在無理取鬧。那是一個很糟糕的時期，張家被弄得分崩離析，而我一直有的想法也得到了證實：即便是摯愛的家人，也會讓你失望。

我用我少得可憐的自由時間，盡量當著我媽的後盾。在職場上，由於卸下了心防，我開始混熟了一些曾被我轟出心房的想法。*我為什麼在煮這東西？這不是我會想吃的東西，而*

且這些全部都感覺誇張得太沒必要了。何況就算我堅持下去，又能有什麼前途？有待我解鎖的只剩下一道關卡，湯瑪斯・凱勒（Thomas Keller）的「本質」（Per Se），這家預定要在哥倫布圓環上一棟光鮮亮麗的摩天大樓裡盛大開幕，而且組成了傳奇性廚房團隊的餐廳。班諾將任其行政主廚。他其實給了我一個職位，但我婉拒了。

我知道我在像「本質」餐廳這樣的廚房裡，是混不出名堂的。我前面有一長串更好的廚師，而且他們當中許多人在出人頭地之前，就會被絡繹不絕的生意消磨殆盡了。在此同時，我母親依舊拖著病體，而家裡又要我在大哥跟我爸的角力中選邊站。此時從迷惘與困惑的霧霾中，有個念頭開始反覆浮現：我想死。

憑藉多年來與專業治療師進行的諮詢，我可以告訴你我在離開布魯咖啡廳之前所歷經到的，正是我對躁鬱症中的鬱期的第一次完整體驗。用最簡單的話來說，躁鬱症的特點在於病患會在高潮（躁）與低潮（鬱）之間劇烈擺盪*。這一次的低潮，維持了幾個月，也是

* 且讓我強調我不是專家。我甚至不能告訴你我得的是躁鬱症的第一型或第二型——我記不得了。所以請不要看了我寫的東西，就去對你或任何人的躁鬱症導出任何看法。每當我處於憂鬱期，我的治療師都會在每次療程的最後說道：「你要是感覺到自己需要接受治療，請馬上打電話給我，或撥九一一報案。」這只是要讓你知道醫師把躁鬱症看得多嚴重，還有我說的東西若讓你產生任何共鳴，尋求專業協助有多麼重要。

我這輩子承受最久，症狀最嚴重的一次。但話說回來，我是事後才能這樣告訴你。在病發的當下，我只覺得每件事都爛透了，但又指不出特定的理由。不論於私於公，我都覺得自己不在該在的位置上。曾經能讓我依靠的東西，像是我的味蕾，也辜負了我。這種感覺似乎不正常。

我最初注意到自己不對勁，是在高中時期。我跟校內的治療師談過幾次，但並沒有長此以往，理由是對著會一週七天都跟我的老師們吃午餐的人掏心掏肺，我感覺並不太舒服。作爲代替，我把腦子裡的東西通通寫了下來。有一天，我室友去我的電腦裡尋寶，然後用他找到的東西，毫不留情地恥笑了我。我在大學看了另一名輔導老師。他從把處方籤拿出來到開了百可舒（Paxil）給我，只花了兩分鐘。我沒吃藥，也沒再去找過他。

我覺得很尷尬。我不覺得自己有正當理由去看治療師或服藥。原因之一是我不認識任何亞洲人也在看治療師。我不少朋友都在大學時有心理醫師，但他們的狀況不同。他們是有錢人的小孩，是眞的在威徹斯特（Westchester）或紐約東北某個富人區的家裡有亂七八糟的事情。有錢人的小孩總是特別亂。我在任何人身上都看不到自己的問題。

在三一學院，我開始強烈察覺到自己是異類。校內的女生大多是白人，因此我碰不得。我見過哥哥姊姊嘗試跟非韓裔交往時，我爸媽的反應，我只能說那場面不是很好看。但倒也不是說他們不反對，我就能如何。校內的白人女生都明說了絕不會跟亞洲男人出雙入對。

於是除了喝醉亂約不算，我沒在大學交過女友。數年間我任何有意義的交往關係，都發生在暑假或國外。我只是換個地方覺得比較自在。

有陣子我想著要在從三一學院畢業後去念神學院，但我的成績不夠好，上不了研究所，更不可能像同學一樣在紐約找到那些錢多事少的工作。我不知道還能拿自己怎麼辦，於是我出現在辦給畢業生的就業博覽會上，報名了要去日本教英文，只因爲那是離門口最近的攤位。我慢慢有種想法是我的問題都在美國，而我想要過過看外國人的生活。離開家鄉，於我會是個新的開始，會是個重新來過的機會。我懷著再也不回來了的想法，逃離了美國。

◯

鏡頭切到和泉鳥取一間高中後面的越野跑道，方圓三十英里內最高大的亞洲男人正跑在上頭，一圈又一圈地繞，感覺很享受：我與躁症高潮的第一類接觸，而躁症便是躁鬱症的另外一端。我有著無邊的能量。我感覺自己天下無敵。晚上我讀字句密密麻麻的俄國文學經典，最後啃掉了其全集。我只花兩天就讀完了《戰爭與和平》。

我要求被派到寒冷的北國札幌。公司卻派我來到和歌山縣這個燠熱的小鎮。你可以想像一下傑克森維爾⑯，只是更熱。夜裡我能聽到想加入極道⑰的傢伙騎著他們的越野或普通摩托車，在被我當成後院的稻田裡繞來繞去。我大部分的學生不是組織犯罪分子的妻子，就是準備大學入學考的孩子。他們一發現自己的英文文法比我還好，就開始把我的課堂當成補眠的機會。我跟老闆住在同一棟公寓，就在耶和華見證人教會宿舍的隔壁，而我不覺得我在日本期間睡過一整晚好覺。

我曾想在日本找到些什麼東西——一種歸屬感吧，或許。但我想太多了。日本的女人比起三一學院的女生，並沒有比較想跟我約會。日本女孩感覺全都跟白人男生送作了堆。就算沒有，她們也絕對不會屈就於跟韓國人交往。

我趁著在日本期間去旅遊了一番，期間我看到許多在日的韓國人受到踐踏，或是陷入賭博或更見不得天日的職業中無法自拔。在廣島死難韓人的紀念碑上看到破壞跟塗鴉，讓我初次體會到種族歧視的無所不在。

我一直以為日本是個極端守時的國家，但和泉鳥取的火車會偶爾誤點。我後來得知那是因為有人跳軌⑱，即便政府已經盡了一切努力去避免這種事情。他們說他們會對死者的家屬罰款。他們把車站漆成能舒緩身心的粉黃。但似乎都效果不彰。

在托爾斯泰與杜斯妥也夫斯基之間，我讀了卡繆。我花了很多時間思索他說在自身中找到了「無敵的夏天」⑲，是什麼意思。我納悶著那場結束了他生命的車禍，那場開車的人是個出名爛駕駛的車禍，是怎麼回事。他們檢查遺體時，在他口袋發現一張火車票。或許他是故意要出那場車禍？

我不知道是不是每個有輕生傾向的人，都會沉迷於自殺，但我會。我在梅爾・吉勃遜的《致命武器》（*Lethal Weapon*）主角身上，看到了自己，我就像他一樣每天醒來，都在孤獨玩著一場俄羅斯輪盤。我知道這聽起來有多蠢，但我還是要這麼說。我的情況就是那樣。

那不能看起來像想表達什麼。雖然擔心死了以後別人會怎麼看我，是很無聊的事情，但我最不希望的就是給雙親添麻煩，讓他們因爲兒子尋短而抬不起頭來。那不能有戲劇張力，不能有遺書。我會讓那看起來像是一場意外，又或者我可以卯起來跟爛駕駛同車。

⑯Jacksonville，位於美國佛羅里達州的城市。
⑰yakuza，指日本社會中從事暴力或有組織犯罪活動的人士或團體，即所謂的黑道。
⑱日本稱之爲「人身事故」。
⑲出自《異鄉人》（*L'Etranger*）的原句是「在深深的冬日中，我終於發現在我的體內，躺著一個無敵的夏天。」（In the depth of winter, I finally learned that within me there lay an invincible summer.）

從東京回到紐約後，我開始了在金融業裡的死胡同工作。我會騎著我的蓋瑞・費雪牌腳踏車跑遍曼哈頓，穿梭在車流裡進進出出，遇到紅綠燈也直闖而過，彷彿街上只有我而沒有別人。我有次跟朋友去滑雪，結果他們不得不叫我冷靜一點，因爲我實在太接近樹林了。我不聽勸，徹底讓自己在消失在樹葉交錯中。某天我在中央公園踏出了路緣，正好一輛巴士在倒車；車子撞上了我，非常痛。

二〇〇〇年我有場新年派對始於煩寧（Valium）、快速丸⑳、大麻、這個、那個、另外一個，全部被用大概二十杯酒沖送下肚，結果是我跌倒砸穿了一面巨大的玻璃桌。血弄得到處都是。玻璃碎片嵌進了我的手腕。急診醫生說我差一點就劃到動脈。我在想我的橫衝直撞是看似年輕不會想的呼救聲，或是我也許盼望著能在酒瓶底找到往火車前面一站的勇氣。

感覺這樣，並非我所願。我並沒有病態地想知道自殺是什麼感覺。我寧可把時間花在其他事情上，也不想整天瘋狂地想著死亡，嘗試讓死神現身在我面前。最後我試著用理性面對問題。步驟一是捫心自問我是不是眞的想死。我已有的結論是「想」，但說不定專業人士可以讓我打消這個念頭？如果他們做不到，那步驟二就很明顯了。

關於治療師，我唯一的參照點是《歡樂一家親》㉑與《心靈捕手》裡的羅賓・威廉斯，外加我針對憂鬱與躁症做過的一些輕度閱讀。（卡繆是我第一個資料來源。後來我慢慢愛上了威廉・史泰隆的《看得見的黑暗》（*Darkness Visible by William Styron*），並且最終把心理學者凱・雷德菲爾・賈米森㉒的作品通通看完）。我主要的心得是我不覺得佛洛伊德的心理分析適合我。我不想讓某個穿著呢料西裝外套，肘關節處有塊補丁的傢伙，拿我有個難搞父親的事情提醒我。我更不想讓人把「測試過」的療法嫁接到我的案例上。

我去免費要來了一疊過期的《紐約》（*New York*）雜誌，爲的是從「精選醫生」（Best Doctors）的夾頁廣告中找尋精神科醫師。只要你在近二十年的某個時間點上住過紐約，你大概就知道我在說什麼。但我實在分不出心理醫生的好壞，一切都那麼模糊。我原本應該可以針對每位醫師的專長與風格多蒐集到一些資料，但每間診所的電話一接通，就被我掛斷了。

隨著在布魯咖啡廳的狀況愈來愈惡化，我決定去看紐約上東城的一名治療師。依約抵達後，我眼前出現的是一名銀髮的紳士——果不其然——手肘有補丁。他就像喬治・普林普頓㉓的雙胞胎。第一次療程一結束，我就確信他不適合我。但我還是繼續跟他見了幾個

⑳ Speed，安非他命的一種。
㉑ Frazier，情境喜劇，同名主角在劇中是心理醫師。
㉒ Kay Redfield Jamison，約翰霍普金斯大學醫學院精神科教授，著有《瘋狂天才》、《躁鬱之心》等書。
㉓ George Plimpton（1927-2003），記者出身的美國名人，以貴族氣質與口音著稱。

禮拜的面，試著鼓起力量敞開自己。既然計畫決定了，我就得有始有終。

○

我來到了另一個在網路上找到的醫師辦公室。他大學唸的是一間小型的文理學院，醫學院念的是西南部的一所州立大學——這些都是我希望自己能念到的大學。但我欣賞他的還不只這些：他過去很多工作跟兒童所受折磨，或是跟創傷後壓力症（PTSD）有關，而且他才剛完成住院醫師的訓練，所以我知道他頂多比我大上幾歲。

我用電郵聯絡他，他很快給了回覆，我們討論出費用方案，約好了門診。簡單又有效率。

我們初期的療程感覺不是很舒服。他幾乎隻字不語，而我也盡說些不痛不癢的事。我不斷追問著療程會以什麼樣的結構進行，但他只是用空洞的眼神瞪著我。不論我如何攤牌，都得不到回應。聰明如我知道他刻意這樣留白，是要讓我去填滿，只是在當時，即便只是要表達最基本的心情——我說的不是內心深處的感受，而是像在餐館裡用菜單點菜這種等級的東西——對我都極為吃力*。

「所以這是要怎麼進行？」

但艾略特醫師（Dr. Eliot）在我們第一次療程尾聲所說的一小段話，讓我決定留下。

「嘿，我真的很擔心你。我想我們應該要設法在我辦公室進入某種節奏，且或許讓你開始服些藥物。」

這幾句擔心我的話說得很乾，甚至幾乎有點機械，但於我卻是全新的體驗。我從來沒有真正對親友吐露過心聲。知道有人願意傾聽，而且他還察覺到我可能傷害自己，讓我覺得不可思議。

我不打算接受的是服藥。某部分的我是擔心一旦開始服藥，我保持健康的唯一辦法就剩下當個人造人。這是很常見的一種遲疑原因。但比起這個，我更單純覺得吃藥的是娘們。

總之，艾略特醫師想要節奏，我就給了他一個節奏。在那的頭三個月裡，我開始對著他「卸貨」。我話說得很慢——這點沒有改變——但他想知道的我都能說給他聽。就在那診間裡，我開始摸索出如何用口語表達出自己的經歷，而那些經歷就跟我內心深處所感覺到的一樣陰鬱、一樣狗血。我很樂於給各位一點概念：

---

*你仍可以在一些舊影片裡看到節目主持人拿像「你的『無人島菜式』是什麼？」之類的問題問我，而我擺明了是很掙扎地把字句推出我的口中。看著自己如此費勁回答著自己最喜歡哪一道用剩菜做成的菜色，我真的驚訝他們沒有喊卡問我：「你沒事吧？」

我的憂鬱會變形，會適應環境。有時候我以為憂鬱離開了，沒事了，卻只是在幾個月後發現它用前所未見的心機在幕後操縱。回顧某些日子，或某幾個星期，我會赫然發現自己躁症發作卻渾然不覺。憂鬱有時候會顯而易見且咄咄逼人，有時候會只以小火悶燒。那是種不休的痛，不休的煎熬。任何正向的事物都會徹底而完全地窒息。理應產生喜悅的刺激誘發出相反的東西。生命裡的任何與每一件事，都在提醒我人生的荒謬。憂鬱重擊了我的自信，但也不知怎地推動了我的自尊心，而這組極度危險的內心波動，也讓我感覺彷彿身邊的每件事都很腐敗，彷彿每個人都知曉我的慘況，也都拼命要讓情況惡化。我的悲傷門檻低得出奇，因為悲傷是我僅有的安慰。

我花了不少時間拒答艾略特醫師問到我童年的問題，但事情終究還是通通攤了開來。那當中有對被拋棄的恐懼，主要是我兒時太常被一個人放著。那當中有暴露在我爸跟我媽之間的張力與衝突中所留下的後遺症。關於上帝那些事的話題也出現很多次，尤其是我如何跟爲何對其如此認眞。然後就是「融入不了人群」這個最固定的主題：融入問題不在我家中、不在其他韓裔當中，不在 WASP ㉔色彩濃厚的高中或大學環境中，也不在廚房裡。我告訴他我覺得自己矮一截，是因爲站在社經出身尊貴的白種美國人，或是法式餐廚編制的階級旁邊。

我聊到了九一一恐怖攻擊，聊到我三年級時有同學拿他爸的手槍自殺，還聊到我大學剛畢業就失去了三個朋友——一個自殺、一個服藥過量、一個死於離奇的意外。我感覺被死亡包圍。

我聊到了事情總是會發生在我身上。我告訴艾略特醫生說在喬治城預備中學，我認識人生要什麼有什麼的那種人，而他們跟我一點也不像。我止不住人生是如此愚蠢、如此無常的想法。表面上是個壁花的我，對全世界充滿了憤慨。我覺得每個人都在對我說謊，都在讓我失望。我不夠好，我非必要，我恨我受到這一切如此大的影響*。

我在艾略特醫師的辦公室，第一次將之大聲說出了出來：能讓狀況好轉的唯一辦法，就是把一切關掉。

㉔White Anglo-Saxon Protestant，白人盎格魯－薩克遜新教徒。

*就算到了現在，我也仍有股衝動想不顧編輯的阻攔，替我的憂鬱症開脫，我從來沒有赤腳橫越沙漠，沒有失去手腳、沒有打過仗。但這些想法就像根刺卡在我的胸中、腹內、眼睛深處，還有每一平方公寸的大腦上。而如果在讀這本書的你希望從中撿拾到我成功關鍵的點滴，那請讓我告訴你，你眼前所見就是我成功的原因。憂鬱與我選擇抵抗憂鬱的決定，就是你現在會知道有我這號人物存在的唯二原因。

對我來說，憂鬱具體表現在了我對工作的癮頭上。我拼命工作，好控制住我控制得了的部分。由此我與艾略特醫師的一次次對話，並不僅限於虛無飄渺的抽象事物。我們也會討論餐廳——我們很常如此。我會丟出在我腦中翻來覆去已經好幾年的想法。我一直怯生生不敢跟人討論這些想法，因為我怕被其他廚師嘲笑。但別誤會，我覺得自己的想法很棒。我是個自信低下的自大狂。

所以，我一開始或許只小小聲說著，但我確實說出口了：「我覺得那些不見天日的食物應該要登上大雅之堂。」這種事在樂壇、藝術界、時尚界，也在歐洲與亞洲，都發生過。那餐飲界有何不可？這裡有何不可？我無法與我為之下廚的人產生共鳴。在當時的紐約，上餐廳仍是有錢有勢者的禁臠。起碼在我朋友圈確定是這種看法：每當晚餐時分我提議去外頭吃頓好料，他們的眼神就像是我提議把鈔票放進碎紙機。但是在亞洲呢？天啊，亞洲的觀念與此可說是南轅北轍。從日本的雜貨店到燒鳥㉕處，到北京胡同邊上的攤販，享受食物是基礎。外食近在眼前，而且大家花得起這錢，那是不可少的生活日常。即便在維吉尼亞，中下階層的亞裔家庭也會每週找一晚在中餐廳打打牙祭。手頭拮据點的人就不懂美食，是一種謬誤。

我告訴艾略特醫師說我想要走一條跟傳統大廚生涯不一樣的道路，但那並不是因為我害怕失敗。我已經失敗了。我必須要嘗試一條不同的軌道。繼續追求在高級餐廳做菜，於我無益，但除了做菜以外，我生命已沒有其他的意義。我離開布魯咖啡廳，不是為了拯救自己。我一心求死，我只是有件事在死前不吐不快。

我之所以成為廚師，是因為只有這份工作收我。各種機緣作用下，我的成績與個性讓我——這個前高爾夫神童暨文科畢業生——跟其他邊緣人、坐過牢的人、酒鬼、還有廚房總會吸引的新移民，落到了同一個職場。在此同時，我成為廚師也是因為餐飲是我可以理解、可以控制，一份眞實而坦誠的工作。就跟許多容易被感動的大學生一樣，我也曾被愛默生與梭羅俘虜過，由他們在我心中埋下了美國實用主義的種子。我解讀他們作品的意思是人的目標，是要具體活出自己的哲學，是要透過行為而非研究或討論來測試自身的信念。下廚就是我實踐這一點的方法。所以要是不能做我自己相信的食物，那我是在忙些什麼？

我們對餐飲的記憶很短暫，而如今我們活在一個非常不一樣的餐飲世界。你多半已經

㉕焼き鳥（yakitori），意即直火串烤料理。

不記得在上世紀九〇年代末期，餐廳基本上是多數美國人的禁區，但當時就是如此。我們的外食文化，大致上一分爲二。其中一邊你會看到的是昂貴到令人卻步，基本走法式風格的餐廳，他們的服務無懈可擊，用餐環境舒適無比。至於在另外一邊，你可以選擇在不太講究的環境中接觸到價格親民甚多的亞洲、非洲與拉美料理——這個流派自一九六〇年代起，就被送作堆地統稱爲「異國料理」。但好吃歸好吃，這些風味料理卻往往被拘禁在傳統中，也被拘禁在其初代移民老闆的時代中。你幾乎找不到哪裡有兩全其美的折衷：一種既未嫁作法國人婦，也沒有套上祖國食譜枷鎖的創意料理，用高品質的食材做成，然後花個比方說二十美元就能吃到。我看得出種族問題是美國遲遲無法接受這種觀念的一大原因，而這也讓這件事更往我心裡去*。

很多人聽說我是待過日本才回紐約開麵店，就開始腦補。我可能也推了這種論調一把，畢竟我曾在《桃福》（*Momofuku*）食譜書中暗示我老早就有開拉麵店的念頭，而我到日本就是特地去研究拉麵。沒錯，那個地獄小鎮上確實有家拉麵店，但我其實只得空去吃過一回。

我每天都會經過那家店，憧憬又小心翼翼地往裡瞧。大家花小錢就能吃得好，吃得開心。店內沒有誇張的派頭，沒有轉移人注意力的煙幕彈。進店沒有門檻，也沒有奇奇怪怪的花招讓店家難經營，讓顧客傷荷包。打工仔可以跟身價幾十億的大老闆坐在一起，誰也不會覺得自己走錯地方。食物會精心料理而成，至於其他的一切——裝潢、擺盤、服務——就都開心舒服就好。

我在從克拉夫特轉到布魯咖啡廳的空檔，去日本進行了二訪。我想要再嘗試一次——我第一趟日本行太短了，我想——所以我辦了簽證，由我爸牽線介紹了一名韓國傳教士，名叫保羅・黃（Paul Hwang）。保羅在機場接到人後，就帶我去了東京九段下一間髒兮兮的舊商辦。商辦的七樓有牧區㉖跟教會。三到六樓夾雜著辦公室與無家可歸者的棲身之處**。一樓被改裝成居酒屋，由一名跟韓國女人結婚的日本廚師經營，而日韓聯姻在當時仍會招來強烈的異樣眼光。居酒屋另有一名思覺失調的主廚。整棟大樓就像是避風港，收容了各種遍體鱗傷之人，須知這種人在日本很容易求助無門。兩名主廚的技術高得令人難以置信，煮出來的食物美味得無可挑剔。

---

* 還在法式廚藝學院當學生的時候，我曾提議某道菜用豬油，那是很普遍的亞洲料理元素。我的老師訓斥我說：「豬油是野蠻人吃的。」垂頭喪氣的我一邊走遠，一邊希望自己有告訴他「你錯了」的勇氣。

㉖ Ministry，意即牧師辦公室。

** 事隔多年我曾為了拍攝電視節目《美食不美》（*Ugly Delicious*）而重返日本。我們找遍了四處，都找不到保羅的那棟樓。我感覺自己好像被魔術手法騙了。難道當年我只是做了場夢？

有很短暫的時間，我在隔壁的骯髒拉麵店打工，但我很快就轉到了一樓的居酒屋上班。我住宿在保羅的辦公室後面，睡的是豆枕頭跟單張塌塌米。我報名了日文課程，而開課的單位正是我外公在日本佔領韓國時期所念的同一所大學。我考試都拿二十幾、三十幾、四十幾分。滿分是一百。不用說我的日文需要加油。

我在紐約時結識了一位有名的醫生，並在東京蒙受了他一家人的照顧。他的姪子開了家蕎麥麵店。那是我唯一眞心想要過的工作，也是我唯一被開除過的工作。接下來我在克拉夫特的前上司們拉了我一把，替我找到了份工作是在「紐約燒烤」（New York Grill）這家開在凱悅花園酒店（Park Hyatt Hotel）頂樓的餐廳。我們用日本食材製作美式食物，而這鐵證如山地向我證明了標籤都是虛的，而美味是普世的。

但在這一個接著一個的打工中，眞正讓我開了眼界的吃食經驗，發生在住家中、路街邊，還有（便宜又穩定好吃的）麥當勞裡。在付完在牧區的房租與日文課的學費後，我手頭已經相當吃緊，但這並不妨礙我吃得像個國王。這對我來說是貨眞價實的頓悟。我可以在價錢不會貴到像在懲罰人的地方吃得極好。我指的不只是「廉價小吃」。我指的是有技術，有對食材的尊重，有廚師對手藝的執著在後面推動的餐廳，要知道這些廚師對自身廚藝的投入，一點也不輸給他們在西方高檔餐廳的同行，而那些高檔餐廳在我心中，曾經代表的是唯一的正道。爲什麼我在紐約看不到這樣的餐廳呢？就連歐洲人都已經在像 Wagamama

這樣的連鎖餐廳中，擁抱了受到亞洲影響、不分貴賤的餐飲。為什麼多數美國人還沒有被引薦這樣的飲食風格呢？

一般而言，讓我想效法的亞洲偶像並不容易出現。我愛李小龍，而在體壇，我崇拜的有高爾夫選手尾崎將司（Jumbo Ozaki），有美式足球選手尤金・鍾（Eugene Chung）。尤金・鍾是史上第一個在 NFL 選秀裡被首輪挑中的亞裔美國人。

在選擇如此有限且分散的狀況下，我不知道有誰可以去請益。在家裡，我有兩個哥哥沒錯，但他們會讓我想要模仿的特質只有體型。關於這點我一直執著於想追上他們。有五年之久我每天都灌下一加侖的全脂牛奶，還吃肉吃得像隻餓壞了的熊*。高二那年我抽高了四英寸，體重也增加了約一百磅（我的高爾夫球技之所以垮掉，然後我開始打美式足球，部分原因就是瞬間發育讓我的揮桿徹底走了樣）。

* 我這裡說的牛奶不是吃草長大的母牛所產。我家買的是那種用化學成分強化過的便宜貨。每當被問到我為什麼胖成這樣，我都說我是牛生長激素的產物。

我想像中其他的亞洲大個子可能也可以作證，我們總模模糊糊地覺得只要自己能與亞洲人都是溫順小動物的刻板印象劃清界線，那我們想要打進屬於白人的美國世界就總會容易些。但長了身高跟體重並不能眞的讓你在融入之路上前進一點。眞要說，個頭只讓我跟自己人的距離變大了。我的親戚開始把我當成怪物看待，但又繼續拿食物往我這送，完全是亞洲人的風格。他們會說我太胖了，然後再求我多吃點各式各樣，他們放在我面前的韓國家鄉菜，中間都不用換氣。

等我開始做菜了，我也無法在我敬佩的廚師身上看到自己的身影。當時我聽說有名華裔美籍的亞力克斯・李（Alex Lee）在丹尼爾・布魯的旗艦餐廳內掌理廚房。長相跟我差不多的人能在世界一流的法國餐廳裡掌舵，讓我簡直難以想像。經由口耳相傳，我得知了他是個認眞與執著都非比尋常之人。身爲廚師他能爬到這樣的巔峰，用的是傳統的老辦法：除了堅持還是堅持。能在他手下工作會是我人生的一個目標。

李從丹尼爾餐廳離職，前往郊區接下某鄉村俱樂部廚房的那天，於我是個重大的瞬間。他連四十都不到，職涯追求就已告一段落。坊間傳言他轉職是爲了讓生活與工作更平衡，是爲了把自己照顧好。當時我也已經來到了在布魯咖啡廳任職的尾聲。但我絕不會成爲亞力克斯・李。他的故事——一個超猛的亞裔廚師，靠廚藝打敗了身邊所有的對手，管你是什麼膚色——永遠不會是我的寫照。

我要澄清的是，同樣在為後人鋪路的亞洲廚師還有其他人。在我宣布桃福開張的同時，羅慕娟（Anito Lo）已經在她的安妮莎餐廳（Annisa）裡端出真的很特別且具有個人色彩的亞洲食物（她一直沒有為其成就獲得應獲得的肯定）。但羅慕娟活在上流，就像以折衷主義亞洲餐廳 AZ 獲得《紐約時報》三星的派翠西亞・劉（Patricia Yeo），也是一樣。對我這樣一個前途黯淡的低賤廚師而言，開家不去管夠不夠豪華的美國餐廳無疑是個很有吸引力的念頭*。透過放鬆特定的用餐傳統，我們可以讓更多廚師跟饕客加入我們，讓美國的餐廳文化向亞洲靠攏。也許這可以成為我對世界的貢獻。我對主流美國文化的不信任與怒氣正在與日俱增，此時若我能以某種辦法證明我被灌輸的一切美國餐飲文化都是錯的，那麼或許我就能一併把矛頭指向某些更大的文化謬誤。

我有一種感覺。我告訴艾略特醫師說去世界各地看過後，我發現人其實沒有那麼不同。在亞洲行得通的事情，在這裡也應該行得通。我們只是需要提供一個供其呼吸的處所。

將這種種想法在艾略特醫師面前梳理，感覺非常有建設性，但我對自身的憂鬱，還未

* 我必須補充說明的是我非常喜歡豪華餐廳，但在當時的美國餐飲界，豪華已經蓋過了一切。我記得有名餐廳經理曾在我們準備替《紐約時報》評審員做菜時告訴同仁說，按照重要順序來排，評審員會考慮三點：(一) 服務 (二) 裝潢 (三) 食物。也就是在差不多同一個時期，我開始思考，去你的，我才不要讓我的工作成為地毯跟椅子的附屬品。

出現讓我說出「啊哈」而頓悟的明顯瞬間。我的病情沒有任何好轉。回顧我兒時的種種，似乎並沒有造就什麼差別。我唯一的突破，是不足爲外人道的一個想法：如果一切都無所謂了——如果我無法打敗憂鬱，也沒辦法在高級餐飲的世界中出人頭地——那我還有什麼好損失的呢？我爲什不至少去嘗試創造一個我可以接受的世界呢？

梭羅說：「我所知道最令人振奮的事實，莫過於人類有不容質疑的能力，以有意識的努力去提升自己的生命」。曾在我內心縈繞著自殺念頭時，這句話深深打動了我。用有意識的努力去提升自己。朝著某個目標努力。開家餐廳。如果實在不行，另一條路永遠等在那裡。

第3章　不自量力

一天到晚有第一次開餐廳的年輕廚師跑來向我請益，而他們的問題大概有三種「口味」：

一、成功需要哪些條件？

二、我應該找哪種人合夥？

三、有沒有什麼你起步時沒人跟你說過，但事後證明改變了一切的金玉良言？

我不見得每次都能抓到問題的重點。如果你也是許多來求助過我的有志者一員，那你就知道我此言非虛。我針對你們憂心的事情，可能給出過讓我們一起變笨的答案。

通常我最後開始闡述的，都是當下我念茲在茲的課題延伸，只有到了時間快不夠了，才會模模糊糊地跟問題沾上邊。該講的東西真的太多了。你很難挑出哪一門學問或知識領域，在餐廳的催生與經營上派不上用場。首先，你必須懂合約、懂不動產、懂管理，懂公關——更別提你得有料理好食材的本領。我想這就是大家所說的「複合藝術」。

有時候，如果是私下的不公開對話，又遇到我較有閒暇，那我就會尖銳地問：「你眞的想開餐廳嗎？」

然後我會給出這樣的菜單：

一、把所有答應拿錢出來的人都請到其中一位股東的家中，在那裡進行私下而非常特別的試吃。別忘了提醒他們每個人都要帶上面額五千美元的支票。

二、等人到齊，在桌子中央放個大碗。客氣地請你的賓客把支票放進去。用火把碗裡的內容物點上。

你的親友不能有任何的幻想：非常有可能，他們對你的投資會打水漂。或許比起直接投資你，他們可以拿著錢用別的、更好的辦法來幫助你。果眞如此，你應該要請他們說到做到。非不得已，請不要開餐廳。

我的建議管用過嗎？好像沒有。我的失敗率是百分之九十九。幾乎每一個我試圖勸退的人，最終都不顧我的警告開了餐廳。

但我是哪根蔥？有什麼資格叫人不准進這行？我自己開始時，還不是對開餐廳需要什麼一無所知，何況我還經常點名那份無知是我成功的主因。

我當年既沒有場地，也沒有錢，但至少沒有人跟我一起想不開。那就是我在二〇〇四年春天的現實處境。沒錢沒場地是必經過程，但找不到廚師可就是種徵兆了。大部分廚師要開餐廳，都會提前很久把在進行的計畫告知志同道合的同事。然後晚上一起喝著啤酒或休假日吃著中國菜，他們就能嗅出誰有意思換個環境工作。

我的理念沒有人上鉤。所有在克拉夫特跟布魯咖啡廳讓我佩服的廚師，都說了不。我試著招募我哥的高爾夫球友，他在匹茲堡開了家高檔食材店。沒門兒。我甚至問了我的朋友布蘭登要不要，他連廚師都不是——他是教書的。

我比預期提早六個月離開了布魯咖啡廳。直到今天，我人生的一大遺憾都是沒有在那裡完成修業。按照餐廳廚房的慣例，我應該要麼徹底離開業界，要麼起碼在大廚底下磨練至少五年，才好稍微產生自立門戶的念頭。沒有誰想要替一個半途而廢去耍寶追夢的傢伙工作。

我形單影隻到一個不行。

重新提醒大家一下，我的餐廳大夢是要賣拉麵。現在要在美國開麵店，已經是稀鬆平常，但回到二〇〇四年，那可徹底是個詭異的提案。說起這想法讓人卻步的原因，你可將之想像成一個「力場」。就算是我是保羅·博庫斯①，大家還是會一聽到「拉麵」二字就裹足不前。不在少數的人以為我說拉麵，指的是要用微波爐加熱的餐盒。我會知道這點，是因為剛開店的時候，上門的客人問了我一堆拉麵問題。

回過頭看，我或許像是個傻子，但那其實是我在廚師生涯中，唯一一次相對整個行業擁有領域專業優勢的期間。而那純粹是運氣所致。我的兩次日本行，正巧趕上了拉麵在日本開始爆紅的時間點。拉麵匠人在全日本如雨後春筍般開店，民眾不惜排隊幾小時也要嘗上一口。那裡有一大群人對食物的一切知之甚詳，而他們全都為了拉麵瘋狂。那是因為他們是日本人，所以才這樣嗎？我是很懷疑這一點，畢竟我不是日本人，但我也覺得拉麵美味的不得了。

同一時間在美國，我們也可以從一些小地方看出日本食物慢慢引起了大家的興趣。還在克拉夫特工作時的某天，我路過在紐約聯合廣場（Union Square）上一家我已經路過上千次韓國雜貨店。他們的冰箱裡擺著各種便利商店常見的食物：優格、水果沙拉、柳橙汁，不新鮮的三明治。但就在此時我看見了。遠遠地在冰箱的角落，一個塑膠盒裡裝著壽司。我把這事告訴了我認識的每一個人。有雜貨店賣壽司了！要開始了，各位！要開始了。

我所有的廚師朋友都興趣缺缺，但在理論上，我知道麵店做得起來。我擱下了人手問題，先去忙別的事情。

選址倒不是那麼困難。我短暫考慮過要把店開在維吉尼亞，以便離我在養病的母親近些，但有樣東西——我的自尊心——不容許我放棄紐約。我要麼失敗，要麼活下來，但我一定要讓我尊敬跟憎恨的人都看得一清二楚。

我在蘇活區跟西村看了兩處地點，但最終還是被東村吸引過去。我已經跟東村培養出了些感情。白天只要路過當地，我都會去維尼耶洛（Veniero）這家空調超強的義式百年烘焙老店，帶一杯他們家的超稀咖啡。我會一天到晚跑到那裡的露西的店（Lucy's）、磁磚酒吧（Tile Bar）、國際酒吧（International Bar），或是任何一家散發霉味且曾經可以在裡頭抽菸的地方喝酒。要是不想一個人喝悶酒，我會去維洛切酒吧（Bar Veloce）待著，那兒有留著八字鬍子的調酒師跟我作伴。話說維洛切至今還健在。

從在克拉夫特時的恩師，變得有點像我大哥的馬可・卡諾拉，也於不久前偕保羅・格里柯（Paul Grieco）在第十二街跟第一大道口合開了他的第一家店——壁爐餐廳（Hearth）。我心想如果他們可以接受東村，那我絕對沒有問題。那裡房租便宜，地方有個性，對亞洲小餐館也夠友善。愈來愈多年輕人在被價格逼著從其他區域出走之後，都集合到了這裡。但我想要是沒有壁爐餐廳在前面鋪路，我恐怕不會搬進這裡。還在他的廚房裡工作時，我從沒給

① Paul Bocuse（1926-2018），被喻爲二十世紀最偉大的廚師的已故法國名廚。

過他足夠的理由把我當回事，但等我的店開了，我會去拜訪他，並試著趁他休息的空檔向「先生」②請益。能看到他的廚房裡一個個都是我在克拉夫特共事過的副主廚與分線廚師，對我是種安慰。

東村有個如今已經歇業的地標，是第一大道一六三號的「鄉村雞」（Village Chicken）。還是叫「鄉村烤肉」（Village Barbecue）啊？總之，那是個賣烤雞的地方——廚房外加用餐區有六百平方英尺大（約十六坪），月租六千美元。比起我勘查過的其他位置，這裡比較小，還比較貴。我之所以鎖定這裡，看上的是人潮。我當場就跟仲介說我要提出申請。

發現這個小小窄窄的狗窩，讓我十分開心。同一天我就簽約租下了對面的公寓。

店址敲定了。人員八字沒一撇。還有資金也成問題。

我不太有理由認爲我爸會在開店的事上金援我。大學畢業後因爲成績太差，我一個稱頭的工作都沒找到過，而如今我竟想在他唯一不能接受的行業裡求發展。爲了跟他提這件事，我先設法讓自己嗨了起來，並爲了壓抑內心的恐懼而採取了一種「焦土」的態度：這事有你沒你我都做定了，爸。我是禮貌性跟你打聲招呼——你想投資我，這是最後的機會，不然我就要出發了。

事實上我走投無路。

在電話上，我劈哩啪啦說出了那些用來打腫臉充胖子，演練過的臺詞，完全不給他插嘴的餘地。我把計劃跟他說了個概要，而他只回了我一個字。

「OK。」

「什麼叫OK？」

「你要多少？」

爸同意在貸款跟請會計師推薦的事情上幫我。他三兩下就跟他那一小圈在維吉尼亞地區的韓國有力人士商討完，借了我十萬塊。這筆貸款加上我那兩萬七千美元的積蓄，開店的錢算是湊足了。

關於爸爲什麼答應得這麼爽快，我在想是不是他想專心跟我大哥長期抗戰，不想爲了我這點事情分心。爸跟我展開了新的相處模式——他會定期關心一下我新店的修建進度與各種柴米油鹽的生意經。除了他，沒有人可以在專案管理上給我任何建議。事實證明這段

---

② Sensei，有老師之意，是日文中對專業者的尊稱。

期間的親子關係，是我跟他所共同體驗過，最接近心理治療的東西：我們有正當理由彼此聯絡，而且立場一致，只不過我不確定這種互動的好，他或我當時有沒有體認到。

但有件事我很確定，那就是我不會把老爸的幫忙當作理所當然。做兒子的會跟父親的關係出問題，不會是因爲我們故意想讓他們失望。回憶起我們父子關係中那些燦爛的片刻，最耀眼的就是這段時間。我們倒是沒有相互道歉，也沒有在對話中掏心掏肺，我們聊的只有錢，只有創業的各種細節。他脆弱，我也脆弱。我們相互倚靠，就像家人那樣。

要不是爲了寫書，我都忘了我登記的公司名稱是 JCDC 有限責任公司——Joe Chang 跟 David Chang 在一起的公司。

○

在艾略特醫師的建議下，我終於決定吃藥看看，而我起初的某些恐懼也因此成眞。立普能（Lexapro）讓我什麼都感覺不太到。

醫生跟我說藥物會像是種「情緒大統領」，而他的意思我完全懂。藥物的效果會讓你持續想要感受到更多情緒。一切感覺都變得那麼單調與被調低了音量，包括我自己。我覺到受到控制，而那持平來講，是一種進步。

我的新公寓是個潮濕而讓人沮喪的垃圾場，而且經過我一番「心理變態巢穴」風格的裝潢，氣場感覺又更加沉悶而無望。我睡在公寓裡原本就有的「布團」③上；我有張茶几、一盞燈，跟一臺電視，全都購自那種開在街角，你路過時會納悶「誰買這些爛貨？」的店裡。我關上了爐子的瓦斯，拔掉了冰箱的插頭，理由是我不打算在家開伙。地板上隨時都東半瓶西半瓶我下班順路帶回家的水。三不五時我會去喝一口，然後發現蟑螂在瓶底等著我。我把冰箱當成文件櫃，儲藏室裡的食材空空如也，但永遠不會少了的是棕色烈酒：布雷特（Bulleit）、伊萊賈・克雷特（Elijah Craig）與帕皮・凡・溫克爾（Pappy Van Winkle），當時這些威士忌都還相對沒沒無名，買起來也便宜。我幾乎每晚都會喝掉半瓶，只為睡著。我怎樣都無法讓冷氣機正確地卡進窗口，所以我把書本墊在進氣口的周圍，然後用絕緣膠帶把冷氣黏在窗臺上。我沒見過大學航空炸彈客④的公寓，但我在裡頭住了五年。

我之所以選擇這個地方，完全是因爲它離餐廳近。我爸看到我住得離生意如此之近，他對我說這會是我成功的關鍵。於是我開始全心投入眼前的任務。在瘋狂走訪包厘街上與中國

③ futon，成套的日式被褥。

④ Unabomber（university and airline bomber），本名爲泰德・卡辛斯基（Ted Kaczynski）。他從一九七八到一九九五年間，在美國各地以郵寄或放置的炸彈犯案，造成許多死傷。

城裡的餐廳設備行，努力讓老闆幫我印出招牌跟打造器材的空檔，我開始在菜單的研發上土法煉鋼。稱我在做的事情是「研發」，實在是太客氣了。我的麵體看起來可憐兮兮，而且完全無法突破。我手邊有日本拉麵食譜，而且已經花錢在 Craiglist 分類廣告網站上找人翻譯過了。但即便必要的知識有了，我還是做不出我要的效果。我歸納出的問題是少了鹼水，這種鹼性溶液可以讓拉麵麵體Q彈，爲其賦予微微的硫磺香氣，還有一種獨特的口感*。

時至今日，廚師只要一通電話打到紐澤西州的「太陽製麵」（Sun Noodle），這家供應商隨時都很樂意幫你代工訂做的鹼水麵。十五年前，我得去勿街上一家「廣東麵業」（Canton Noodle Corporation），對著兄弟檔老闆死纏爛打，拜託他們告訴我鹼水是怎麼回事，還有他們有無門路可以採購鹼水。每回我一進入大樓，他們就會立刻揮手趕我走。他們不想蹚這渾水，他們怕的是用鹼水做麵會毀了機器。最終我進了非鹼水麵，然後透過熟成的方式來得到我想要的麵體質地。我就像是摸著石頭過河。

終於出現的救兵，名叫瓦昆・「奇諾」・巴卡（Joaquin "Quino" Baca），他找上我，是因爲看到我發在怪獸人力網（Monster.com）上的廣告。有個家族朋友提到過起他在泰森角的「起司蛋糕工廠」上班，而他們的廚師都是從怪獸網上找來的，於是我也在那兒貼了個馬上就被我忘掉的廣告。所幸那則徵人廣告被奇諾的女友看到，還被她轉傳給奇諾。

我們在露西的店進行了面試。奇諾最近的足跡是在新墨西哥州，但身爲外交官之子的他曾以世界各地為家（我曾開玩笑說他爸媽是替中央情報局做事，因為他們每次任期的所在地，都會恰好發生政變）。他這次來紐約，為的是在位於翠貝卡區的法國料理殿堂布雷餐廳（Bouley），謀得一個職位。但布雷提供給他的工作並非他的理想。這讓他耿耿於懷，並只能無奈地回了我的電話。

他之所以會成為我的首選，只是因為他應徵了。奇諾是個帥哥，你就想像他是個肌肉沒那麼大的拉丁版馮迪索。我沒有看過他做菜，但他輕鬆自在到一個令人羨慕的程度。有件事我沒有辦法證明，但我相信曼哈頓只要有廚師在二〇〇〇年代去刺了青，都是因為他們看到奇諾進城時，那刻在他手臂上的超猛藝術品。

面試完，我們一起去打掃了我接手的那間免訂位餐廳，那裡頭還滿滿是爛掉的烤雞。

* 當時要取得資訊，比如今難上許多。我知道沒有 Google 的日子大家很難想像，但總之就是比起有手機可查，樣樣都難一點。相信我，我也很希望事情能像滑手機一樣簡單。只為有機會看一眼跟我的目標沾上點邊的東西，我去紐約一家有賣拉麵的壽司餐廳無償實習，還去大西洋城某複合酒店賭場裡的拉麵吧打工。一有空，我就會用嘴巴做功課。還在克拉夫特工作的時候，我發現有家蠻不錯的店在賣博多拉麵（濃郁豚骨湯頭搭配細麵）。我去了幾十趟，仔細觀察了那兒廚師的一舉一動，心想他們後頭爐子上那超大一鍋在熬煮的，究竟是什麼神奇的仙丹妙藥。等我好不容易鼓起勇氣，問店家在鍋子裡加了什麼，廚師告訴我：「那只是水而已」。原來他們的高湯，只不過是水加上現成的高湯粉。你可能以為這會讓我洩氣，但這只是讓我知道了當前的日本拉麵有多麼走在紐約的前面。我開始覺得自己想做的東西，根本還不存在於紐約。

間奏　關於工作成癮

我的畫家朋友崔大衛說得最一針見血：工作是僅存社會可以接受的癮頭。

我同意。工作狂一詞對於一件非常眞實，也非常激烈的事情而言，是一個很搞笑的名字。廚師常形容開店的激情就像腎上腺素泉湧。但對我而言那不只是腎上腺素，那是海洛英。我知道有這種感覺的不只我。不久前有位名叫喬安娜的小姐傳訊息給我，她是我podcast節目的聽衆，而以下是我徵得了她的同意，要跟大家分享的部分內容：

我忘不了的，是你在節目中對工作成癮的描述。我一直很習慣聽到憂鬱症會讓人什麼都不想做。但挑戰極限成了我的止痛藥。那等於是一種變相的自虐。我十八歲，每天不間斷工作二十個鐘頭。我不社交。主修資訊工程的我整天面對筆電。太常盯著螢幕讓我如今戴起了眼鏡。有工作得完成讓我無暇照顧自己。我單純地「太忙了」。你當成重點在講述的那些掙扎故事，有百分之九十六都讓我不禁想：「喔，天啊，原來不是只有我這樣！」老實講，你讓我意識到這麼努力的工作，是我憂鬱症的副作用，是因為我需要感覺到掌控，但不知情的旁人只當那是我值得佩服的理由。

我記得著手開始進行桃福的開店事宜後，眼前的每樣工作都讓我有不知從何開始的感受。營業許可怎麼辦理？空調系統怎麼搞定？我們的麵條怎麼做？煮麵爐要去哪兒採購？為什麼他媽的沒有人要跟我一起賣麵？每個問題都是不可能的任務。那種咬緊牙關、拚盡全力，該完成的事情終歸還是完成了的感覺，讓我獲致一種原始的興奮。

我渴望那種阻力，不論跟我唱反調的是紐約市、是房東、是員工，還是我本身的不足之處，都沒有關係。這些阻力於我不只是有幫助，而是不可或缺。你眞以爲鮭魚想要逆流而上然後一命嗚呼嗎？牠們是不得已，而我感同身受。

我年輕時很討厭工作。我唸書時不是個好學生，上班時也不是個好員工。但廚房不一樣。只要在做的時候懷著某種意圖與目的，那我就能從重複的任務中找到意義。所有的削、拔、切、剁，都能給人一種無聊瑣碎之感，但我能做到不這麼想。當一切都在失控之際，做菜是我的北極星。它不會讓我失望。把食材放到盤子上，是有終點的任務。我看得見眼前的備料，看得見在餐室期待上菜的客人。我看得見鍋子、爐子、看得見把菜送到外場、送到客人桌上之前所必須完成的一切流程。我看得到銷售數字，看得到評論。每一道步驟都對應著具體的聯繫窗口。而隨著成功而來的，會是認可——得到認可的不只是我的菜，也是我這個人。有天早上我想到這麼個簡單的點子，那就是要做「刈包」——豬五花、海鮮醬、醃小黃瓜、饅頭——來當作店裡拉麵的配菜，結果單週不小心賣了一千份。這種事情眞的會上癮。

就跟其他會上癮的事情一樣，我需要的劑量愈來愈大。隨便一個屁孩在派對上，都可以抽空去廁所隔間裡吸一小撮白粉（到鼻孔裡），但眞正的毒蟲可沒這麼爽。那點毒品滿足不了他們。性成癮者會持續需要愈玩愈大——更多伴侶、多P、人妻（或有婦之夫）。從馬拉松畢業的跑者會去參加超馬跟鐵人比賽。工作狂沒有不一樣。

比方說，我把桃福開幕前那段每天都感覺「這怎麼可能」的日子，跟我如今的行程做了比對。我們開始向外投資，意思是這兩年以來，我們每幾個月就要開一家新餐廳，包括本週就有一家。我手下兩位頂尖的廚師已告知要離職，而我同時還有洛杉磯餐廳的危機要處理。我有電視節目要錄影，有podcast要錄音。我家裡有個剛出世的兒子，然後還卡著這本書要找時間寫。焦慮與恐懼跟我初次有這兩種感覺時一樣鮮明。我對艾略特醫師是這麼形容的：曾經我想學會拋接兩顆球，而如今我球依舊要拋，只是變成要在摩托車陣中、在電動鏈鋸中，還有在嬰兒之間這麼做。

等終於可以往後退一步了，我才意識到自己幫自己造了間牢房。我在物理意義上無法承擔更多的責任。再多做一點什麼的空間已經沒有了，而那對我癮頭的意義讓我心生恐懼。

我是多麼想要拋下所有，一走了之，但我不確定自己是否有放棄一切的勇氣。恢復中的酒癮者會說他們得先眞正觸底，才能反彈，弔詭的是對各行各業的工作成癮者而言，他們的谷底其實是事業的巔峰。

第4章　信任練習

「**我先生是真懂拉麵，而這不是拉麵。**」

這名女士湊到我面前，是在桃福拉麵開張幾個月後的某晚。她沒有報上姓名。她在該自我介紹的時候說了句**我跟你講**，然後單刀直入地說：「我本身是業內人士，我先生是日本人，我們花了好多年吃遍世界各地。」

我點了點頭，噘了噘嘴。我試著用心電感應告訴她：好的，有話快說，說完我們有各**自的人生要過**。

但她把我的沉默解讀爲「願聞其詳」。

「麵體糟透了。跟眞正的拉麵或我在亞洲吃過的任何拉麵，都不一樣。你要是以爲這就叫日本料理，很抱歉，那就大錯特錯了。事實上我得問你一句：你去過日本嗎？這種東西你好意思收錢？」

其它讓她受不了的還有音樂太大聲、坐凳不夠舒服，服務不夠禮貌。

「眞有人覺得好吃嗎？」她問我。

很遺憾的，在桃福拉麵開幕的頭幾個月，她代表的是主流顧客的意見。我立志要開的，是一家讓習慣外食等於貴跟豪華的客人能花小錢在這樸素的環境中吃完飯，然後覺得美味不輸名店甚至更勝一籌的餐館。我想給那些覺得廉價又不衛生的拉麵只能用來果腹的人，一記當頭棒喝。由此這家店的基本理念是：使人人走出桃福，都能覺得開心，覺得驚喜，覺得錢沒白花。

我們還差得很遠。

我們開幕的菜單上有煎餃、幾種湯麵、一些小點，稍微能被誤認成某種獨特訴求的東西，完全看不到。客人點餐要塡紙單子，但這不是我在裝模作樣，而是眞的有必要。在奇諾於開店前一週出現前，我根本不知道能不能招到人，所以我必須確定餐廳一個人也開得下去，就像日本的拉麵店那樣。只不過我的店不在日本，人也不是眞的拉麵師傅。要不是加入了奇諾，我確信桃福絕對撐不過那頭幾個月裡接踵而至的任何一場橫禍，早就嗚呼哀哉，入土爲安了。那就像現實版的環球影城雲霄飛車，沒完沒了地從一場災難橫衝直撞到另一場災難。

有天晚上，我們正樓上的租客醉暈在浴缸裡，水忘了關，我們花了一個月才從淹水的影響中恢復過來。另一回是凌晨時分，我們對流式烤箱裡的恆溫控制器在通霄慢烤一批豬肉時故障。所幸有人不知道爲什麼，跑來我的公寓提醒說整間餐廳都在冒煙。

失火造成慘劇的風險持續存在。大熱天的供電會短路，而且開著的空調會從電路板上射出火花到牆邊一排垃圾袋，或射向下水道裡的截油槽。我們跟鄰居們共用一個汙水池幫浦，定期得去清理，否則我們就得等著看餐廳淹沒在汙水之中。那工作讓人很提不起勁——尤其遇到下雨天——但不做不行*。

我還發現一名意外的敵人是在街區轉角，有棵樹開出來的花像棉花，我是開了餐廳才知道有這種東西。我不曉得那是什麼樹，我只曉得它跟我們的空調系統犯沖。每天我都得爬上梯子，翻越兩棟建築間的間隙，抵達空調的壓縮機處去清理一個個通風口。那棵樹堪稱我的鬼見愁。

然後是有天夜裡快要結束營業時，有個男人進店裡問我們打烊了沒。我們說還沒。接著只見他走到奇諾面前，對著他的臉就是一拳。我追著犯人到了第一大道上，跑過好幾個街區，最後終於逮到了他。我短暫的高中角力隊生涯之所以畫下句點，是因爲我的錯誤造成了隊上的明星選手一整季報銷，爲此我眞的很希望我的前隊友們能看到我是如何在車來車往中使出完美的過肩摔，制伏了那個攻擊奇諾的傢伙。斑馬線的白色條紋上匯集了一攤血。隨即跟上的奇諾舉著一張凳子在頭頂，活像是把混戰帶到擂臺外的 WWE①選手。警察來到現場後，代表我跟他們交涉的是我住在對街公寓的房東，而他也說服了員警放過我跟那個原來才剛出獄的假釋犯。

前後有幾個月，奇諾跟我的伙食都是披薩包餅跟大力水手炸雞。我們實在沒有閒工夫去做家庭料理。我永遠不會忘記那天，我們終於煮了些東西給自己吃。那種成就感，讓我像是來到了人生巔峰。那看似只是一頓飯，背後卻得付出那麼多。

我原本一週跟艾略特醫師的三次見面停了，因爲我實在沒時間，而且費用愈來愈貴。我在餐廳裡不領薪水，而我們買的醫療保險只給付限量的看診次數。於是自行用藥取代了專業治療。我會隻身在公寓裡一坐就是幾個小時，喝著波本酒咬牙切齒。我懷疑我們跟紐約其他地方的亞洲餐廳沒有兩樣。我們都買了冷凍水餃回來賣，甜點也都提供從轉角雜貨店進貨的冰淇淋三明治——賣冷凍水餃是因爲我們沒有時間從頭開始包，提供冰淇淋三明治是因爲我們不清楚自己究竟想當哪種餐廳。

* 讀者裡如果有紐約市衛生局的同仁，向您報告我們把所有問題都處理好了。

① World Wrestling Entertainment，美國職業摔角比賽。

許多個夜裡，奇諾會一肩挑起料理上菜的工作，因爲我實在太不善於與客人互動。同一時間，我會待在樓下準備食材或爲我們慘不忍睹的業績數字所苦。奇諾擅長的還有其他沒有人感激的工作，包括嗅出我們可以在哪裡找到我們下一臺二手的電器。有個人跟我一起待在壕溝裡，眞的不錯。有時候我不想一個人喝酒，就會找他陪我。

我們通常會就在附近找個地方，但因爲拉麵店奄奄一息，而我們的錢已幾乎燒光，所以有天晚上我們決定把剩下大部分的錢一次砸下去，讓自己喘一口氣。我們前往了一家衆人爲之瘋狂的新餐廳，吃了一頓既是慰勞，也是考察的晚餐。

這頓飯的前半段，奇諾跟我天南地北地聊，但就是隻字不提面前的食物。我們都很享受能暫時脫離拉麵店的美好時光。我壓抑著想要問他覺得這地方怎麼樣的衝動：突然停下來評論這頓飯的好壞，你冒的是讓這一夜晚節不保的風險。

奇諾顯然不來這一套。他在開胃菜與主菜的中間就做出了判決。

「這地方眞的還好而已。」

我簡直想站起來，隔桌給他一個擁抱。

「是啊，這爛透了！」我大喊在初次約會男女要麼暢飲雞尾酒，要麼對盤中那週當紅食物滿心期待的吵雜喧囂中。那種失望讓人有著雙倍的挫折感，因爲我們週遭的每個人都吃得很開心。

這種垃圾話通常沒有任何實質意義——那只是廚師的消遣——但奇諾在最後爲其安上了一個具有建設性的結論。

「拜託，我們可以痛宰這些笨蛋。」

我在奇諾鑽進計程車前一把抓住了他，告訴他桃福拉麵必須活過來。

接著幾週，我們重新決定了一些事情。我們從開店以來就只收現金，因爲我不想爲了收信用卡而增加額外的文書工作。是時候我們該拋下以務實之名而做的愚蠢決定了。我們安排購入了一臺二手的阿囉哈收銀系統，我原本以爲一家沒有外場人員的麵店不需要這臺多餘的設備。說起外場，我們也有了要開始找人的共識。我們開車到了澤西去添購了更爲堅固、不會輕輕一碰就裂開的餐具。這些決定會讓我們口袋眞的見底，但反正我們已經是死馬當活馬醫，再揣著剩下那點現金又有什麼意義？

也許那頓晚餐，並沒有我們想得那麼糟糕，也或許我們將其評得一文不值，只是爲了讓自己好過一點。但無論如何，我們看到了我們需要看到的東西。桃福拉麵之所以快要完蛋，是因爲我任由自己被東拉西扯到各個方向，但就是那個最要緊的方向被落下了。我就像隻無頭蒼蠅似的到處打轉，刻意讓自己焦頭爛額，只爲了不讓自己有一秒鐘的空檔停下腳步，面對那些眞正的難題。

比方說：我們到底在賣什麼鬼食物？

我們一直不敢勇於面對現實。多數美國人的心目中，都還沒有日式拉麵店的概念，但我們卻擺出一副客人是懷著期待，專程來吃拉麵的態度在開店。我們把煎餃放進菜單，是因爲我覺得那是大家想要的東西。但那並非事實。事實是客人並沒有想吃煎餃，而我也並不想做煎餃，結果就是沒有人開心的主客雙輸。

我們之所以沒有死透，是因爲廚師喜歡我們。我們僅有的常客是本質餐廳、瓊恩－喬治餐廳，還有丹尼爾・布魯名下各餐廳的廚房組員。他們全都來了，甚至連我以爲在恨著我的布魯咖啡廳前同事，都沒有缺席。收班之後的他們會突擊跑來我們這裡大啖刈包——說實話那也是我知道我們菜單上，唯一值得吃的東西。

一想起那些來桃福麵店捧場的廚師同仁，我就不禁哽咽。那就是這個行業最暖的一面。內心深處，我們都會想要彼此幫助。丹尼爾會送他的晚餐賓客來我這兒吃午餐，此外幾乎每兩個頂尖的紐約主廚，就會有一個來賞光過，而且往往後頭還拖著某位在紐約餐飲界響叮噹的鑑賞家。

我們在餵食這些眞正懂吃的客人時，表現特別的好。而了解到這一點，拯救了我們的餐廳。在最後關頭，我們抹去了中間那條線，不再去區分「我們覺得自己應該端出什麼給客人」跟「我們想要爲朋友煮些什麼」。我們拋開了所有聞得到恐懼氣息的東西，開始想怎麼做，就怎麼做。

對於這對我們的料理代表什麼意義，我依舊戒愼恐懼地不敢細說分明，因爲我們的料理哲學仍持續在改變與成長。但我會盡量在這裡給大家一個交代。

其他人什麼都不懂，所以你想怎麼做就怎麼做吧。我從小吃東西，多少就跟數以百萬的亞裔美國孩子有過相同的經驗。而那經驗中有很大一部分，是不能讓白人朋友看見我們覺得丟臉的食物。當然我喜歡我媽做的泡菜鍋甚於美式燉牛肉或肉卷，只是爲了融入美國，我會卯起來壓抑這種感覺。

但這股想要融入的衝動，卻也阻礙著我跟（在墨西哥裔美國家庭長大的）奇諾展現出身爲廚師的特色。但那到此爲止了。我們此後會讓我們原生家庭的不同之處，帶著我們前進。而如果我們家吃的東西跟其他韓裔或墨西哥裔家庭不一樣，那就不一樣吧。比方說我還是小朋友的時候，我外公秀過一手用日式風格把年糕煎得酥脆，那相對於其他張家人都擁戴的韓式煮年糕是一種改良。我媽跟外婆會說：「韓國人不這樣吃」，但他喜歡脆脆的口感，所以我也喜歡。桃福的炒年糕佐洋蔥、芝麻、苦椒醬，就是這麼來的。我們的泡菜用的是我母親的做法，只不過我加的糖比她多，而且顧及食品安全規定，我們不能用生牡蠣在室溫下發酵泡菜*。

從四面八方蒐集靈感。在我目前的生活中，我很有福氣地可以比幾乎地球上每一個人都吃得更廣泛。這對身爲廚師的人是很不公平的一大優勢。但在當年，我的見識並不比普通二十來歲的美國廚師多多少。我跟他們的差別在於我願意承認所有食物的價值，即便那些食物來自我瞧不起的地方。我也不諱言自己喜歡別人覺得吃了會有失身分的下層食物。我想要知道別人喜歡吃某樣東西，*是為什麼*。

我不害怕參考來自餐飲宇宙另一隅的素材，並將這些元素調整爲我的口味。我加了蔬菜跟醋到我們山寨版的「利口福」②薑蔥麵中。我放了慢燉的水煮蛋（溫泉蛋）到拉麵裡來取代熟蛋，因爲在東京的電影院，我曾用羨慕眼光看著一名女子敲開完美的溫泉蛋到她的拉麵碗裡。我說過我們學會了將原生家庭與文化裡的元素運用到料理中。任何有助於我們存活跟取得競爭優勢的東西，我們都會用上。如果我擅長的是法式凍派與舒芙蕾，那我就做這兩樣。只不過恰巧我是亞裔，比較看得懂亞洲食物而已。

我不會爲了要承認這些靈感而有任何遲疑，因爲我一向該給人的功勞就會給。我給廚師的建議是盡量透明，不用遮掩自己的無知，面對靈感來源要永遠懷著敬意。

餐室就是你的教室。我們營運的第一個夏天，就開始提供一道菜是用味噌跟班頓牌培根（Benton's）做成的炒玉米。從我在廚房的「前排」位置，我可以清楚看到人，而我也以一整季的時間注意到了用餐者的各種不同反應。我學會了把食材視爲活生生的主體。爲了跟上食材的變化腳步，我必須隨機應變調整烹調手法。隨著玉米的澱粉含量升高而甜度降低，我發現吃得津津有味並將之一掃而光的人變少了。也許這道菜會需要多一點奶油或更多味噌，而那又代表胡椒可以多放一點。也許培根可以少點，豬大骨湯多點。也許我應該收汁收久一點。也許我應該加入醃紅蔥頭。喔，有效果了！大家開始吃起來了。更重要的是，我稍微懂得了酸度在這類菜餚裡的價值。我這麼做的極限在哪裡？怎樣是恰到好處的酸度？說不定我多放點豬油，那這道菜整體能接受的酸度就會提高？但那樣我就需要辣椒了。任何時候，我都在跟自己進行這樣的對話。有時在一週之內或甚至一天之內，某道菜就可以演化爲完全不一樣的模樣。

在桃福拉麵，我學到的另一課是亞洲人吃麵會喝湯，而白人只吃麵。如果我們的麵送

* 多年後累積了一些基本的化學與微生物學知識，我才發現泡菜裡的海鮮跟發酵無關。不過說起發酵，這道程序還眞的在日後成了桃福料理中不可少的一環。

② Great NY Noodletown，曼哈頓包厘街上的港式餐廳。

上去，湯只有溫溫的，亞洲客人是會抱怨的。但如果我們的湯太燙，那白人顧客就會一直等到湯涼了才開動，到時候麵都糊了。身為廚師，你與食客的共舞會永遠持續下去。

忘卻一切所想，擁抱眼前所見。奇諾跟我也針對那份半隨機半創意的菜單做了改進。我們原本都是按照所學，用高湯去燉煮豬肉，但那樣很花時間，成果也不怎麼好。某天我一個不小心，瞬間讓五花肉暴露在華氏五百度（攝氏兩百六十度）的超高溫下爆煮，結果卻漂亮地得到了外表金黃，內裡半熟的豬肉漂浮在自身的豬油中。我把溫度調低，讓豬肉繼續在豬油中煮熟，一如油封的作法。這麼做不但比較快，而且成果也好上一大截。人在廚房裡，你不能把傳統的智慧當成一切，很多傳統都是建立在似是而非或過時的假設上。開放，是你對所有想法該有的態度。

融合。大體而言，桃福最有趣的料理，都來自於將看似不同的世界橋接起來。當各地移民來到一個新的國度，各種創意、口味與技巧就會自然融合，而桃福餐廳就是嘗試去複製這個過程的場域。把奇諾跟我看作是初來乍到，邂逅在桃福拉麵的兩個新移民，並不算太離譜。我們的目標，是設法讓新食材與新互動帶著我們從小就知道的菜餚進化。

奇諾從小吃的是墨式玉米粥③跟炸蛋，而我則習慣吃美式玉米粥④。他墨西哥祖先的早餐是墨西哥粽，而我的則青睞傳統的韓國粥。我們用對話激盪出的，是一道蝦跟美式玉米粥拼成的菜餚，外貌像是你會在查爾斯頓⑤看到的東西，但只要一口下去，你就會發現它只可能在桃福拉麵成立。我們把日式高湯用作爲味道的基底，但把熬湯的材料從傳統的鰹節（鰹魚肉乾刨片的柴魚片）換成火腿，主要是我想起了自己是如何在克拉夫特的廚房，第一次見識到班頓醃燻豬肉那醉人的香味四溢。在另一個日子裡，酸度與經典的卡布里沙拉相互撞擊，產生了一道由櫻桃番茄、嫩豆腐與芝麻油醋醬組成的菜餚。我們了解到任何東西都可以是韓式或墨式或日式或義式，而美式料理則可以是任何東西。我們沒有一樣料理稱得上「道地」。我們煮的東西既不能歸在這裡，也不能歸在那裡，由此它只能是我們的。

很顯然菜式的混搭不是我們所發明，只是在那段時間的美國廚房裡，只要有廚師嘗試把亞洲跟歐洲料理混合起來，就多半有兩件事中的一件會發生。如果受法國料理訓練的廚師把一段香茅加入湯裡，大家就會說那是「帶有亞洲口音的法國料理」。反之若有少許百里香跑到了亞洲菜式中，那外界就會稱之爲「融合」（fusion）。我痛恨亞洲菜永遠在西方料

③ hominy，墨西哥人以稱爲「鹼性化」的程序加工後得到的玉米食品，可煮成粥類。
④ grits，美國傳統將玉米磨成細粒後煮成的粥或糊狀食品。
⑤ Charleston，美國南卡羅萊納州的濱海城市。

理面前抬不起頭來。

「照別人的遊戲規則去玩，你必輸無疑。」說起艾倫・班頓（Allen Benton），不僅是他的培根催化了我們在桃福的許多料理頓悟，他還親身賜予了我這一句智慧的結晶。他這話一出口，我就明白了桃福不能想要說別人的故事。我們丟掉了煎餃跟一切不屬於我們的料理。我們開始致力讓別人來玩我們的遊戲。

等我們開始撰寫桃福食譜時，其他餐廳已經開始抄襲我們的料理了。讓我震驚的有兩件事：一件是竟然有人這麼把我們的料理當回事，另一件則是竟然有人會選擇抄襲——抄襲這條路，注定只能通往平庸。我料到製作食譜書會加速被抄的過程，便索性利用這機會去戲弄一下潛在的愛抄鬼。在桃福，我們有道菜是把前面出現過的烤年糕拌入基本上是苦椒醬（發酵辣醬）的醬汁裡——只是我們不叫它苦椒醬。而在食譜書裡，它被冠上了一個惡搞與荒謬至極的名號叫「紅龍醬」。我知道抄襲者會懶得去確認「紅龍醬」到底是不是真有其物。直到今天，我都還能偶爾在菜單上看到這三個字。我看一次笑一次。

第5章 一步登天

有天晚間，奇諾跟我人在一場向我幾名恩師致敬的派對上。那場活動辦在熨斗區①的一處餐廳兼俱樂部，裡面全數的桌子都換成了床。那地方──我沒開玩笑──就叫羽絨被。但免費的酒讓我們都去了。

桃福麵店從誕生到差點夭折，已經過了一年。直奔急診室的最後衝刺，讓我們活了下來。但其實我們不光是活了下來。突然之間，大家都想來桃福餐廳吃吃看，每家媒體都想拿它當報導的題材。

在去開放式自助吧拿了菜後，我們走向了一名獨自站著的女子。她是個美女，而我們是手足無措的兩個蠢蛋。我自我介紹是戴夫，還說了我是名廚師。我們發動了料理人慣常的閒聊攻勢：「你最近有沒有喜歡吃什麼？」但她更有興趣聊她最近不喜歡什麼。

① Flatiron，紐約曼哈頓的一個區域，因當地有一棟三角形的熨斗大樓而得名。

「桃福你們去過了嗎？」

去過，我們還蠻熟的。

「我覺得那裡眞的是過譽了。那裡根本都在亂搞，然後大家還猛吃。那不僅讓人覺得煩，而是根本讓人生氣。張錫鎬？拜託一下好不好。他只是個不被認可、沒有資歷，也不受人尊敬，不知哪裡冒出來的小子。紐約比他強的廚師多的是。他只是一時爆紅而已。」

奇諾問她有沒有實際去吃過。

「有啊，只是眞的是見面不如聞名。我老闆瑪麗亞・喬漢娜（Maria Johanna）——你們知道她嗎？——跟我說那裡不值得去，可是大家都在聊那裡。我應該聽她的才對。她老公是日本人。」

還眞是不意外。這名在我們剛出道時把桃福狠狠數落了一頓的女子，並沒有說謊，她眞的是業內人士。喬漢娜所經營的商會組織會每年會在紐約辦一場大會；他們會廣邀名廚到紐約來示範他們最酷的新菜給由內部人士構成的觀衆看。我當時並不清楚她到底做的是什麼。但從那之後，我得知了在餐廳周邊有各種這類外圍團體。你只要願意出人，或偶爾出點錢，他們就保證能透過活動或媒體人脈，讓你在公衆面前曝光。你的錢不一定會直接進到這些組織的口袋，但主廚往往會不計成本地去赴這些大會的約。主辦單位會提供住宿與機票，而主廚則要支付食材跟臨時人手的開銷，即便自家餐廳被弄到忙不過來也在所不惜。我們對這些邀約說好，是因為我們怕萬一拒絕，會得罪不該得罪的人，或是錯失寶貴的曝光機會。

好的廚師永遠不會忘記這是一門生意。在餐廳外頭一切有的沒的「課外活動」*，都應該以有助於增加客人為目的。當我們為了面子去參加活動，付出的代價往往是白花花的現金（好的廚師也絕對會記得獎項跟活動單位最終也是將本求利的企業，他們優先考慮的永遠是自身的獲利）。只是在那一晚，我們累壞了。我們卸下了心防。勝出的是自尊心。奇諾跟我都百分百確信眼前的女人沒有眞正吃過桃福。她只是在這樣的產業活動上「巡迴」，用她老闆告訴她的東西對我們噴垃圾話。事實上她垃圾話講得如此之頻繁，又如此的得意忘形，她根本不曉得自己在無意間撞見了誰。

「你知道嗎？妳去死吧。我們每晚在麵店幹得要死要活，妳根本沒去吃過。妳不喜歡關我屁事，我們餐廳也不是開給妳這種人吃的。我們才不替妳這種人做菜。」

我們的聲音大到全場都聽得到。

「去死啦。」

* 比方說寫這本書。

我們愈罵愈起勁。她掉下了眼淚。我們成了全場的焦點，包括人也在現場的喬漢娜。

我轉身對她把同樣的狠話說了第二遍，而且這次還比出了強調用的中指。那場面眞的難看——我們兩個男人粗野地針對一名女子——但我就是攔不住自己。

保全把我跟奇諾帶離了派對，來到了街上。

○

我們的某條神經被觸動了

一方面，我一點也不相信外界對我們的好評有所本；另一方面，我花了很多時間去思索各種流言蜚語。

但身在一個不利於表現精湛廚藝的地方背水一戰，奇諾跟我發想出了一道又一道純然的魔法。我們倆的心思合而爲一。我化身爲一名無所不用其極的編輯，連哄帶騙地讓奇諾跟自己交出登峰造極的作品，風格不夠連貫的菜餚則該砍就砍絕不容情。靈感相互衝撞，直到我們找到它們最無懈可擊、最美味無比的合成狀態。

我對桃福的信心源自於兩種推測：（一）亞洲人在火車站、購物中心、小巷弄、商店街，都比我們在紐約的高檔餐廳裡吃得好（二）比起天生的才華，更能讓人在料理這一行中獲得回報的，是反覆的練習與毅力。如今我針對兩項推測都有了些證據。也許，我開始覺得，發瘋的是我以外的每一個人。

我在廚房裡從不是個喜歡爭強鬥勝之人——畢竟輸多了，人自然會謙遜——但有了幾場苦戰獲得的勝利綁在腰間，我開始累積出肯定自身哲學的自信。我們好不容易上了軌道，我不想一個不小心亂了節奏，由此每天對我而言都是破釜沉舟，而我也期待團隊跟我一樣如履薄冰。說到團隊，此時的我們多了幾名新成員。一名叫做凱文・沛慕雷（Kevin Pemoulie）的廚師加入了麵店。第一次要輪班的他為了要順道去銀行辦事而提前了一個小時到東村，但他的第一天上班正好遇上我們開店以來最大的一次午餐人潮，於是我打了電話，大呼小叫地要他立刻給我滾來桃福報到。凱文在說這個故事的時候，提到了他隔著一個街區就聽到我的吼聲，比電話裡還快一點。

「**給我他媽的加味醂！**」是我把沛慕雷扔到線上後的指令。味醂是什麼他壓根沒概念，也不知道要往哪兒加。我確信他當下腦子裡曾閃過一走了之的想法，但他留了下來。有朝一日，他將成為桃福的行政主廚。

我不知道該怎麼指導或領導這支團隊，但我得到的結果是好的。我的辦法，如果那真能叫做辦法的話，是由恐懼跟怒氣合成，一種危險而短視的組合技。我的員工全得看我的情緒起伏度日。前一秒我們還在世界之巔，下一秒我就會嘶聲裂肺把拳頭往櫃檯上捶。我會刻意找碴，因爲衝突是我的養分。我的傲慢跟我的不安全感相衝突。我們的餐廳跟這個世界相衝突。

我們都還沒開幕，紐約市政府就不想讓我把餐廳取名爲桃福，理由是他們覺得 Momofuku 聽來有點猥褻。我花了幾天建立自己的論點，爲此我整理了一整張紐約現有的亞洲企業名，全都是可能在英文裡被誤會爲髒話的案例。環保署想讓我們關門大吉，理由是有人投訴我們餐廳飄出豬肉味，這在處於仕紳化過程的社區裡，是蠻常見針對亞洲店家提出的檢舉。善待動物組織（PETA）會在我們偶爾提供肥肝的時候跑來當糾察隊。當我們的暖通空調開始被人檢舉噪音太大時，我發誓是純素主義者②想讓我們大失血。我們花了幾千塊錢更換風扇皮帶，證明來自排氣的噪音無法被人聽見。

我們也經常跟自己的客人起衝突。某天午後，有一名男子上門點了螯蝦特餐。等餐點放在他桌上一、兩分鐘後，他開口說要埋單。然後他一邊簽名，一邊告訴尤金*——我們一名早期的服務生，現在還是桃福麵店的總經理——我們應該把甲殼類去殼後再上菜。

「那樣子賣相會好很多。」他說。

尤金把這反饋回報給廚房後，奇諾教了他該怎麼回覆。精靈（Genie，尤金的綽號）追到街上攔住了客人，用他一貫乾巴巴但不失誠懇的語調告訴對方，「先生，廚房說他們無法苟同你的評論。還有，他們說想勞煩你自己去死一死。」

衝突是燃料，而桃福是一輛超級耗油的運動休旅車。譬如這麼說吧，我可能會在某家新餐廳吃了很滿意，隔天早上我就會跟組員說跟那頓飯比起來，我們簡直都是業餘，但我明知他們都已經努力到不能再努力。又或許我會在某處讀到一種有趣的技巧——比方說像安東尼・路易斯・阿杜里斯（Andoni Luis Aduriz）那些可以吃的石頭——結果組員們都沒聽過的話**，我就會寧可對他們大發雷霆，也不花時間去跟他們解釋那技巧的概念***。

我從來不會去排解員工間的衝突。相反的，若聽說哪兩個廚師不合，我會確保他們必須合作得更緊密。我告訴自己要想讓餐廳保持生命力，這一招保證有效。你一走進餐廳，就能感受到我們的怒氣，而那正是我所希望的。

② vegan，以保護動物爲核心理念，杜絕飲食中所有動物性成分的素食者。

* 尤金・李（Eugene Lee）至今仍是桃福麵店的靈魂人物。

** 不要跟我說你們也不知道安東尼的「石頭」。

*** 好，我說就是了：在安東尼的馬加里茲餐廳（Mugaritz），開胃前菜是一堆光滑的灰色石頭，看起來跟西班牙巴斯克鄉間小溪裡那些不能吃的石頭一模一樣。很多用餐者都不敢吃，就怕一口咬下去會賠上牙齒。但那些石頭其實是烹煮過的馬鈴薯外面包上一層高嶺土（一種陶土），吃的時候要搭配蒜泥蛋黃醬。

爲什麼，會有人爲了食物氣成這樣？這問題值得我們停下來回答一下。

我還在布魯咖啡廳工作時，在一個睡在布團上的孤單夜晚，我讀到了一位法國廚師名叫費南・普旺。在他位於里昂的金字塔餐廳，每天結束營業後，普旺都會指示員工把所有食材丟掉，所有醬汁拿去碗槽倒掉，由此他們隔天就非得從零開始不可。沒有什麼會化身爲不同的菜色，沒有任何例外。考慮到他活躍在一九三〇年代的法國，我會說被倒掉的醬汁非常大量。

關於主廚跟他們難以捉摸的故事，數量多到一文不值。普旺的這段軼事還算是相對不怎麼離奇的，但我一直忘不了他的做法。在當下，我覺得他爲了追求完美能做到這種程度，算得上狠角色。但日後細想，你會好奇普旺在追求極致的狂熱中，是不是把別的東西也一起放水流了。醬汁不只是醬汁，那還是他手下廚師的時間跟心血，是他們原本可以在廚房外面度過的時間。他們在餐廳外的人生被奪走了。那可是他們的生命。

直到今天，多數西方餐廳的運作都還是根據普旺恩師奧古斯特・埃斯科菲耶（Auguste Escoffier）所發展出的軍階體制（La Brigade）。在設計理想的廚房結構時，埃斯科菲耶取用了他軍旅生涯的經驗。這種軍階體制將部隊裡的指揮鏈概念，應用在廚房內，不同角色會被委以不同的任務指派，以追求效率、精確，還有一種絕對到沒有彈性可言的急迫感。

就算沒有軍階體制逼著所有人覺得自己像是在打仗，餐廳裡的壓力值也已經高得不像話。統計數字顯示大部分餐廳活不過一年。你應該聽說過。爲了生存，你必須馴服那頭名爲創意、難以捉摸的多變怪獸，爲其安上轡索，同時還得安撫好那一、兩個可以決定你生死的個人或外圍團體。我忍不住想起伯納・盧瓦索（Bernard Loiseau）在二〇〇三年尋短，只因爲他耳聞自家餐廳可能從米其林三星被降爲二星。

我無意把料理這一行講得很聳動，或是將之與世界上其他極其困難的工作相提並論，但以廚師身分待在一家不以現狀爲滿足的餐廳裡，你每天受到的期待就是要一方面投入大量的時間，一方面付出大量的體力。你勞動的結果——不論你多麼以自己的操勞爲榮——都只是一坨屎。不是比喻，是眞的屎。你的作品，只是客人之後會在馬桶裡沖掉的東西。你簡直就像藏傳佛教的僧侶花了幾星期建構出一幅巧奪天工的曼陀羅③沙畫，然後將之在一瞬間抹煞。（遺憾的是，料理還不能像曼陀羅一樣，給你任何靈性上的報償。）

爲了堅持下去，你必須擁抱那賦予你存在意義的信條：你屬於以世紀為單位的一個古老連續體，你必須不計一切代價去弘揚它，保存它。你在廚房的每個動作、每項任務、每道食

③ Mandala 的音譯，梵語本意有圓、壇、道場等意思，原本是修行所需而搭建的平臺，後來慢慢演化爲一種藝術設計的形式，包括始自五世紀左右的沙畫。

譜，都是一行字，而包含這行字的那個故事，又可以連結回前一次的晚餐時段，連結回前一個跟你在同一個站點工作的廚師，也連結回在大海另一端，可能早已作古的另一名廚師，只因為你如今被叫來重現的蔬菜刀工，是他第一個想出來的。每次上菜，都是一次機會，都是在讓你得以向那之前的貢獻與表現手法致敬，也都是讓你說不定可以用你的方式去詮釋料理，讓一種新模式得以加入料理歷史的紋理。

你一面懷著這種觀念工作，一面看著你的朋友在外頭享受人生，也一面錯過生日，一面缺席喜酒。你在職場外幾無人際關係可言。你沒有時間省思、沒有時間運動、沒有時間跟醫師約診。你搞不好連爲了提升工作品質去研究資料的時間都沒有。

最好的狀況下，這種種壓力會催生出有分寸的行爲，跟符合專業的表現。但在許多沒那麼好的個案裡，壓力導致的是失控的瘋亂與施虐。各式各樣的欺凌行爲只要打著養成團隊精神的名號，就變得理所當然。那當中會有體罰——包括交代你不可能的任務，把你的備料搞得一塌糊塗，幾拳打在你的側腹——也有精神上的虐待。精明的主廚會隨時記錄他們察覺到下屬欠缺安全感的各種事情，以便日後藉此剝削他們。用種故作鎮靜而不見露鋒芒的聲音，他們會告訴你：「嘿，我不明白你是怎麼回事。我見過很多資質不如你的人都站這裡站得比你好」。或是更不加修飾的：「別跟人說你老闆是我。」

他們會拿你的內心與大腦開刀。若是你日後問他們爲什麼這麼做，他們會說那是爲了你好，是在把你打碎然後重新塑造，因爲他們關心你，因爲他們以前學的就是這一套。思辨能力、冷靜的溝通、理性、不偏頗：這些東西沒一樣是廚房裡的傳統價值。又或許他們眞在把我們打碎重塑，只是我們左耳進右耳出。廚房其實跟更衣室沒有多大差別，要狠與暴怒都會在這兩個地方，像是種迷人文化似的遭到美化。

就我個人而言，我不知道這樣的行爲是否眞能推著別人去達到極限，又或者那只是一個殘破體系的釋壓閥。那種種壓力、恐懼與負面情緒，總是要從哪裡宣洩出去。

無論如何既然身爲廚師，你只能把這些吸收進去。「沒辦法也要想辦法」是不變的要求，而「是，主廚」是唯一的答覆。

對於情緒經得起連番打擊的人——或是實在找不到其他工作的人——來講，廚房有可能最終成爲一個還算待得下去的環境。你學會了特有的廚房用語，開始適應地愈來愈好。被爸媽、師長跟教練罵了二十年，也吼了二十年，我算是爲餐廳生活做足了一定程度的準備。但如果你跟多數進這一行的人一樣，都年紀輕輕而易受影響，那你很容易就會在那底層生態系裡一待五年、十年，自以爲在這種環境下熬著是件光榮有尊嚴的事情，最後卻發現你的成長受到了惡意侷限，而這條路的盡頭也不保證看得到明天。

所以讓我再問一遍：爲什麼，會有人爲了食物氣成這樣？

因爲那確實只是食物。而當你懶惰又邋遢的同事好像不如你在乎時——當他們當食物就只是食物——他們質疑的是你的全副世界觀。他們讓你覺得自己是傻子才會信以爲眞。

年輕時的你是否曾經深深在乎過某份工作、某個人、某位作者、某個樂團、某支球隊？你是否被人當面嘲笑過，被對方說過你愛的那樣東西很蠢？那只是在玩而已——你那麼在乎做什麼？這種話是不是會讓人想朝著臉一拳下去？大概就是這種感覺，乘一千倍。

我現在跟你說的這些，都是眞心話，但那並不能眞正解釋我的情形。

我來自一個正常家庭，也享有過大學教育。大致上，我接受了沉穩、包容且用心栽培我的恩師訓練。我還挺早就脫離了廚房的輪迴，去做了些違反傳統的事情。但綜觀我的生涯，我始終在心中有把怒火。等開了自己的餐廳，廚師哪怕一點失誤或稍微漫不經心，就能讓我變成抽搐暴怒的一團。想讓我從怒氣中跳出來，唯一的辦法就是捶牆或一拳打在不鏽鋼的流理臺上，或是任何能讓我感覺到疼痛的事情。

我很想把一切怪到한（羅馬拼音 han 或 haan；漢字寫作「恨」）的頭上。「文化眞理」④出現在這本書裡的任何一處，我都會跳出來質疑其眞實性，但我必須說我眞的相信한的存在。한作爲一種韓文中的情緒，沒有完美的英文對應，但你可以想像它是某種結合了掙扎或躁動、哀傷，以及怨念，誕生於歷史上諸多不公不義與屈辱，並由大韓民族所概括承受的情緒。這個字進入韓語的詞彙，是在二十世紀，日本佔領了韓國之後，而它所描述的，是韓國人不論身在世界各個角落，都會帶在身上的那種典型的哀愁與憎恨*。這種情緒代代相

傳，定義了所有系出韓國文化的藝術、文學與電影。

我不否認身爲很多人所謂的「準白人」（what-adjacent）或少數族裔「模範生」，是有好處的。我從小就拚了死命要融入白人社會。但在關於模範少數族裔迷思的許多問題裡，有一項是，亞裔美國人生活經驗中的細微差別被抹消了。這種迷思還在韓裔社群內部跟我們與其它社群之間，散播了分裂的種子。現在，請容我稍微自我種族歧視一下，我就是你們某些人口中的「twinkie」⑤，外黃內白。亞裔美國人口中有各個不同派系，而我肯定落在那種看著像亞裔但活得像白人的派別裡。我有一次去韓國參訪，是跟著一團有各大學學生參與的營隊，結果我發現自己被排擠了，排擠的我都是韓國出生、會說韓文，整體而言比我更「韓」的小團體。然後等降落在首爾了，當地人一看我的身材就知道我是교포（gyopo），也就是「僑胞」，外國出生的韓僑，所以我只能去找其他奶油蛋糕。當時我還不知道該如何擁抱我傳承自韓國的身分，而那很諷刺地，深化了我對於「恨」的體驗。

④ cultural truth，奠基於特定種族文化，不見得適用其他文化的信念。

＊ 巧到一個不行的是漫威在二〇一五年宣布將接續布魯斯・班納（Bruce Banner）成爲新一任浩克的，將是一個名叫阿瑪迪斯・趙（Amadeus Cho）的韓裔美國人。

⑤ 在美國衆所周知的一種奶油餡蛋糕零食。

凡此種種，都讓我質疑起究竟是不是廚房的傳統，創造出了屬於我個人品牌的憤怒。我在想是工作的種種——恐懼、壓力、我累積的各種習慣、文化——解鎖了原本就在我內心翻湧的東西。

○

桃福的開幕，是我在對黑暗衝動投降之前，用最後一口氣在嘗試找到自己在世上的定位。我沒有考慮過的是萬一麵店做起來了，我接著該怎麼辦才好。餐廳很成功。我感覺自己就像那種末世的瘋子期待著世界末日，結果說好的日子來了又走。隨著第一大道一六三號的外頭天天有人排隊，我也愈來愈有壓力要開第二家店，一號店的複製品，但我就是提不起勁去行動。我依舊覺得自己開在一條單行道上，而我唯一的選項就是開得更快，更什麼都不管。

我貸了一百萬美元要開一家新的概念店，抵押品是桃福跟我的所有身家。

夾在新店的貸款與房租之間，我每個月要繳四萬七千美元。我不是什麼理財高手，所以每回開新店，我都盡量遵守一個大原則是：如果普通週一或週二晚餐的業績夠付貸款，那我應該就還過得去。按這個標準，四萬七千美元根本是天方夜譚。我們店還沒開，我就玩完了。

我現在可以非常篤定地說，我當時是想親手搞垮自己的事業。我曾經沒有一天不這麼問自己，我怎麼讓這一切停下來？惟在此同時，我也絕對可以說我想把二號店做起來。我希望新店能賺錢，好確保我不會把哪個家人一起拖進財務的黑洞裡。我知道這是兩種不相容的目標，但兩個目標都一樣眞實。這種矛盾的唯一解決之道，就是把我自己逼到牆角。我將只能拚了命地工作到人類的極限，藉此爬出這個絕境。

但去找貸款承辦人簽約的那天，我注意到了一個異狀。月繳金額一口氣降到了一萬四千美元。我問承辦人——他跟我爸也有生意往來——爲什麼月繳比原本說的少了三萬。他回我是我父親拿他自己的幾門生意設定了抵押權，好降低我的負擔。他沒跟我說就這麼做了。爸替我擋在了火車前面。

那我打算怎麼還爸錢呢？我打算靠一個餐廳概念，一個我可以用六個字來說明的概念：亞洲版奇波雷⑥。

我對用豪華的東西譁衆取寵，從來沒有興趣。事實上連桃福麵店，都很危險地在挑

⑥ Chipotle Mexican Grill，奇波雷墨西哥燒烤是知名的墨西哥捲餅連鎖店，在美加與歐洲都有分店。

戰我品味中對什麼是「太過講究」的忍耐極限。在我心目中，奇波雷創辦人史提夫・艾爾斯（Steve Ells）為了把好食物推廣給大眾所做的努力，其地位完全不輸費蘭・阿德里亞（Ferran Adrià）在其鬥牛犬餐廳（elBulli）中的各種創新。比起鬥牛犬這間開在加泰隆尼亞崖邊（而且多賺很多錢）的精緻分子料理餐廳，像奇波雷這樣的店家更加觸動了許許多多人的內心。我崇拜費蘭，但我絕對不會成為另一個阿德里亞。但如果有個像艾爾斯這樣的人可以靠著替白人做墨西哥食物來改變世間的飲食習慣，那我也想自己試試看。我是說，不開玩笑，我想賣墨西哥捲餅。

桃福菜包肉餐廳（Momofuku Ssäm Bar），我都跟朋友說，是瘋狂至極，人類歷史上最難產的一間餐廳。他們聽了都不相信，就像我相信各位讀者也肯定不相信，但我這裡有個例子可以說明這餐廳的誕生是何等的奇蹟。在簽下了第二大道二〇七號的租約後，我才發現那棟建築沒有相應的使用執照。市政府告訴我他們沒有在案的紀錄，意思是對紐約市而言，我們的餐廳並不能合法進駐。那棟建築始建於十九世紀末，原本是馬車的車棚，距今最近的形貌則是外帶中菜館兼地下室妓院。前任租客對我們連番的電郵電話都置之不理，所以我們怎麼也要不到他們的使用文件。

我跑了一趟建管局，找到了他們的歸檔室，那是一個黃黃的、滿布灰塵、讓我聯想到物證室的地方。辦公桌後是一位看似和藹但並不和藹的年長女性。

「我拿不到使用執照，就開不了餐廳。」我懇求著。「開不了餐廳，我就會傾家蕩產。很多人靠我在養。」

這話並不誇張。錢已經花出去了。我有廚師的薪水要付，裝潢也已經動工。而這些錢的抵押品是我父親一生的心血*。歸檔室的女職員示意她身後那數不清有多少個、層層疊疊的檔案櫃。在那令人望而生畏、沒有分類的文件海中的某個角落，就藏著我的救贖之鑰。也許。

「我的紀錄裡找不到。」她說。「東西有可能在這裡，但你說說我要怎麼找。」

我走了，但隔天早上我又回來了。同一位檔案室女士立刻揮手要我離開，我就像是創傷後壓力症的患者，腦中一閃而過我爲了鹼水而像隻焦急的大猩猩晃進廣東麵業的店內，結果被兄弟檔老闆噓走的畫面。

我隔天再去了第三趟，但情況還是一樣。

我之所以連著第四天走進她辦公室，是因爲除此之外我已經沒有地方可去，也再沒有

---

* 此刻我正在瀏覽那些古老的電郵——貸款文件跟銀行明細表——我看傻了。那就像那是另外一個人一樣，而我眞的好想告訴他沒事的——就算他那次失敗了，天也不會塌下來。只是最讓我痛心的是，我也不確定自己是不是眞的這麼相信。現在的我有更好的條件去應付開餐廳時各種狗屁倒灶的事情，但我仍覺得自己太常冒太大的險。

可以先辦的事情。我感到一種獨樹一幟的沮喪。我懷著的一絲希望是今天別再見到那位女士，而可以有某張新鮮的面孔想到某個新點子來幫我。甚至更好一點，可以有臺數位查詢機內建紐約市建城以來的建物目錄，每棟建築的紀錄都有。

但她還是端坐在那。我正要開口，她就先發制人地走到了文件櫃處，不耐煩地隨手抓起張紙。

「你要我怎麼辦？像魔術一樣變出來給你嗎？」

她把信手拿起的那張紙遞給我，我把紙翻到正面。我嚇了一跳。她也嚇了一跳。

那張紙，就是我餐廳預定地的建築使用許可。

momofuku
ssäm bar

ssäm (Korean for wrap)

Step 1: Choose ssäm or bowl

1.	**Flour Pancake Ssäm**	**$9**
2.	**Bibb Lettuce Ssäm** (with rice bowl)	**$12**
3.	**Toasted Nori Ssäm** (with rice bowl)	**$11**
4.	**Rice Bowl**	**$9**
5.	**Chap Chae Bowl**	**$9**

Step 2: Choose protein

- Berkshire Pork
- Organic Chicken
- Angus Beef Brisket
- Braised Tofu

Step 3: Choose extras

- bacon black beans
- red azuki beans
- kewpie slaw
- red kimchi puree
- white kimchi puree
- roasted onions
- pickled shiitake
- edamame
- bean sprouts
- whipped tofu

桃福（菜包肉餐廳）

Ssäm（韓式菜包肉）點餐流程：

步驟一：選擇您要的包材或碗裝飯／菜：

⑴麵粉鬆餅包・九元

⑵比伯生菜包（附白飯一碗）・十二元

⑶香烤海苔包（附白飯一碗）・十一元

⑷白飯（一碗）・九元

⑸韓式雜菜（一碗）・九元

步驟二：選擇您要的蛋白質：

波克夏豬肉／安格斯牛腩／有機雞肉／燴豆腐

步驟三：選擇您要的配菜

培根黑豆

紅豆

菜絲沙拉（使用日本 Kewpie 沙拉醬）

紅泡菜泥

白泡菜泥

香烤洋蔥

醃椎茸

毛豆

豆芽

豆腐霜

在韓文裡，菜包肉用的是쌈（Ssäm）這個字，而這個字的意思是「包（住）」。菜包肉有無數種變化，但只要你去過韓國烤肉店，你就會明白菜包肉的基本概念：拿一葉萵苣（生

菜），或是一片紫蘇（跟日文中所稱的しそ〔shiso〕是親戚），將之摺起包住些肉、蔬菜，也許一點米飯，然後在上頭點綴上쌈장（ssamjang，直譯就是「包醬」，亦稱「包飯醬」）。這就是所謂的菜包肉了。就概念上而言，它幾乎等同於以墨式豬肉絲、豆類、米飯跟莎莎醬爲餡料的墨式玉米餅。

我們在桃福菜包肉餐廳的開幕菜單除了欠韓墨兩種文化一份情，還要歸功於我點外送當宵夜的習慣。每回我深夜在公寓點中國菜外送，必點的一定有木須（豬）肉。然後我會用鬆餅包住所有食材——麵條、米飯、熱炒。誰不愛把食物包在其他食物裡呢？

正宗與否的問題，經常出現在料理世界裡，那既是一種理想，也是一種批評。在這種對話裡，問題永遠比答案多。一道菜要怎樣才算正宗？正宗一定比較好嗎？正宗是創新的死敵嗎？老實說，我聽這些問題已經聽到想吐，所以這整個話題我都提不起興趣。但這不代表這議題不重要。它很重要。只是每當有人開始聊起正宗，聊起文化挪用，我的心思就會開始亂飄。我會問自己，如果我的祖先跟你的祖先易地而處，交換食材呢？如果姓張、姓金、姓朴的一整代人在五百年前抵達了墨西哥，現代的韓國料理會是什麼模樣呢？墨西哥菜又會是什麼模樣呢？在我的想像中，兩種料理都會更加美味，而且我賭他們還是會繼續把肉跟菜包進玉米餅跟菜葉裡。人的口味，要比我們想像中的更像。即便從完全不同的工具跟食材出發，我們也註定得出趨同的結論。

我知道就政治上而言，這不是一個密不透風、毫無破綻的想法。它可以被拿來當成免死金牌，讓人想怎麼做就怎麼做，完全不去考慮料理的源頭。但比起一個白人廚師要解釋為何他的納什維爾辣雞肉甜甜圈，其實是在向黑人廚師致敬，我身為一名亞洲廚師若提出這樣的假設，會比較能全身而退。這就是黃種人的特權，寶貝！這就是身為亞裔，少數幾樣獲得的好處，就是，你知道，你的皮膚被說是「黃色」的補償。

總之，作為在廚房裡的創意引擎，這是種非常強大的思想練習*。

在菜包肉餐廳裡，我們有跟奇波雷相同的配置。食客看得見所有的選項呈現在他們面前，他們可以一面從排隊路線的起點走到收銀臺，一面在這過程中客製化餐點。他們會由貨眞價實的廚師服務，會坐在陳設有一定水準的用餐區，會聽著悅耳的音樂享受負擔得起但又製作得十分用心的食物，然後飽飽地回去工作。

我就問我們怎麼輸？

我們輸得一塌糊塗。消費者還無法接受我們進軍速食模式的嘗試。用餐者這麼看來，還是希望吃飯能是件特別的事情。我無法說服他們這不是間開來撈錢的市儈餐廳，也沒辦法讓他們相信我們是想讓更好的食物普及到社會各階層。

偶爾門外會大排長龍，但在遠遠更多的日子裡，我們會無聊到只能去把廚房整個重刷一遍。我們跟死已經沒有兩樣。別說什麼讓廣大民衆吃飽了，我們連桃福麵店的常客都不敢期待一週會來一次。

所幸，沒有重量級的評論跑來。也是，何必麻煩呢？他們的評論恐怕還來不及問世，我們就關門大吉了。

「就先等等看吧，說不定大家會回心轉意」。我想起電影《夢幻成眞》①裡凱文・科斯納的執念，一句有氣無力的自我激勵。

菜包肉餐廳除了讓顧客看得一頭霧水，也讓廚師們相當氣餒。靠著桃福麵店在媒體中聲名大噪，許多有頭有臉的廚師加入了我們的行列。他們每天在菜包肉餐廳裡做牛做馬，也露了兩手廚藝，但最終卻只能淪落到幫零星的客人挖幾勺墨式豬肉絲。

---

* 我常幻想有臺電腦可以計算出世間食材所有的排列組合，然後拿我們已知人類的味覺去測試這些可能性。我這樣會太過算計嗎？

① *Field of Dreams*，一九八九年的美國棒球電影，講述凱文・科斯納（Kevin Costner）飾演的愛荷華州農人在神祕聲音的慫恿下，在自家玉米田裡蓋了球場。那聲音說的是，你蓋了，他就會來。「他」指的是因爲黑襪事件而遭終生禁賽的白襪隊球員「無鞋喬」（Shoeless Joe）。

我給他們的承諾是走進「桃福宇宙」，代表不會再有體系或階級。他們可以一步登天，就跟我一樣。我曾經跟他們說：「我們沒有職銜，因爲如果你不知道自己該做什麼，那就代表你不屬於這裡。」說不清自己要幹嘛的我就是用這種山寨版的「孔夫子說」，在打迷糊仗。我確實相信太強調職銜跟體系，會讓一家公司窒息。但在此同時，也不是每個人都能在一個沒有組織、沒有方向，也沒有明確指揮鏈的環境裡如魚得水。

廚師在菜包肉餐廳裡沒有事做，而麵店又沒辦法繼續塞人進來。在菜包肉餐廳裡最大材小用的，莫過於我在布魯咖啡廳認識的何田（Tien Ho；音譯）。他做菜的本事比我大多了，但還是點頭答應要成爲我們開幕時的廚師。桃福會對一群自認在某方面是落水狗的人，特別有吸引力——這群人一聽到身邊同事告訴他們說跟我們成爲命運共同體是職業自殺，就高潮了。何田就是這種人無誤。這話拿來形容柯瑞・連（Cory Lane）也非常貼切。他打破我原本對頒發頭銜的指示，成爲了第一個在桃福擁有「經理」之名的人。沒有經理算什麼速食店，對吧？

何田、彼得・瑟皮科（Peter Serpico）與提姆・馬斯洛（Tim Maslow）——這些人都是貨眞價實的廚師。我做足了準備要讓他們大展身手。我購入了兩臺奧托－沙姆（Alto-Shaam）公司的產品——那種遊輪買來，一頓晚餐要餵飽幾千人的複合式蒸汽烤箱。

在我腦海中，有張通往成功的明確路徑圖：打造一間提供高品質食物的速食餐廳，大家一定會注意到。他們會從全美各地過來排隊。假以時日，他們眼裡將看不見韓式墨西哥捲餅上的跨文化縫線。到那時，韓式墨西哥捲餅會感覺跟漢堡一樣自然。

但躺在架上發餿的麵粉鬆餅證明了一切，人人臉上那副百無聊賴的神情也說明了一切。所幸廚房的組員們沒有跟我一樣對速食店的點子感情用事。沒什麼好損失加上沒別的事好做，他們用眞相叫醒了我。我們有手藝，有又大又舒適的環境。我們完全沒有用這些條件去做有意義的事情。我一天不肯承認失敗跟去改弦易轍，就一天在浪費大家的時間，一天在讓兩家餐廳岌岌可危。會計跟我說我們只剩六十天的資金可燒。

於是我們重新開始做菜，解決了問題。最終我把錢通通還給了爸，取得了徹底的獨立，菜包肉餐廳的資金週轉也不再吃緊。事情就是這麼簡單。我知道這樣交代有點草率，但菜包肉餐廳的起死回生，聽來就是一個跟你已經聽過的桃福麵店經歷，大同小異的故事。長話短說就是我們開始供應宵夜，至於菜單則是我們知道下班後的廚師會嘴饞的東西。

想翻白眼的人就盡管翻吧。天曉得這聽來有多陳腔濫調。但在當時，多數美國廚師做給客人吃的，都不是他們自己會吃的東西。我們收班後會吃的東西比較醜一點、辣一點，也鬧一點。那些是你一邊跟三五好友灌著啤酒與紅酒，一邊想要狼吞虎嚥的東西。那些是沒有別人特別想要、上不了檯面的東西，是你保留給自己，要在有如三溫暖的廚房裡拚死拚活十六個小時後，拿來慰勞自己的祕密。那是我們不相信外食大衆會點或能懂的東西：

用豬頭皮做成的酥脆炸物，佐上醃漬的櫻桃；鄉村火腿薄片*配上發想自南方紅眼肉汁，咖啡風味的蛋黃醬。我最喜歡的突破，從未列入桃福食譜書中：打發的豆腐霜裹進珍珠粉圓，然後頂端來上一坨肥滋滋的海膽。如此新鮮、如此冷冽、如此清爽，也如此遠離我們的舒適圈。菜單上有那麼多創意，是我們之前從未見過，也從未嘗試過的。唯一的共同脈絡，就是我們對端出的每一道菜都戰戰兢兢。

如我所說，這基本上就是在桃福麵店救過我們一命的同款哲學，只是多加了一層額外的巧思與修飾。這當中值得記住的重點只有一樣：沒有什麼想法是爛想法而不值得我們一試。如果團隊裡有人對某種想法充滿熱情，我們都會洗耳恭聽。我們不得不如此。

我們開始收麵包跟奶油的錢，因爲我們提供的麵包和奶油比其他餐廳好。這決定不光是與餐廳的常識反其道而行，這在法國某些地方甚至是違法的行爲。

另外一個看起來很蠢而被我們擁抱的做法，是讓有些菜色想點點不到。這種想法的種子，是在我還在克拉夫特餐廳替強納生・班諾工作的時候所埋下的。我當時負責做給 VIP 的超級開胃菜——層層疊疊的生蠔與生猛海鮮外加各種爲其增色的妝點，放在鋪滿冰塊的巨大銅鍋裡上桌。每次我被吩咐要組裝出這樣一鍋東西，我就知道麻煩大了，因爲只要我端著這極致的海鮮總匯從餐室中走過去，所有客人都會向我行注目禮。我心裡會有底要再多做個十份。

這就是所謂的天鵝絨繩效應。一旦有東西看起來尊榮不凡，就不會有人想被排除在外。我們在菜包肉餐廳想要利用的，就是這種人性。我們的招牌墨西哥捲終究從菜單上消失了，但作爲餡料的豬肩肉絲則美味到讓我們難以割捨。在其新的化身中，我們選擇讓它整塊上桌而不再切絲，外加用所有必要的配料去做成精巧的手握菜卷：米飯、萵苣、泡菜、醬料與新鮮牡蠣。那是我們對韓國菜包（豬）肉概念的詮釋。一開始，我們只把這道菜當成給朋友的招待。我們會在晚餐生意最好的時候，在用餐區中央的某張桌上投下這顆震撼彈。

就這樣，我們開始聽到與我們期待中一字不差的問題：那可以給我來一份嗎？

「喔，要預約喔，而且每天只有五點半或十點半供應。」

靠著這一招，我們讓餐廳在離峰時段湧入滿滿人潮**。這些沒有一樣是我對菜包肉餐

---

* 美國鄉村火腿的復活，應該要歸功於大衛・阿諾（Dave Arnold）這名瘋狂科學家型主廚兼發明家的出手。早在少有其他人知道鄉村火腿是什麼東西時的時候，他就第一個提議我們應該將之放在桃福的菜單上。有段時期美國人眼裡還都只看得上義式生火腿（prosciutto），但當時我們就開了先河，供應起了產自田納西、肯塔基與維吉尼亞，薄如紙張的煙燻豬肉，供應商包括班頓、布羅班特（Broadbent）、紐森上校（Colonel Newsom's）還有愛德華茲（Edwards）。

** 這招生意經的額外好處是我得以在美國人對什麼是韓式菜包肉還是一張白紙之際，就先讓我的詮釋卡好位置。十次有九點九次你在正宗的韓國餐廳裡點了他們的菜包肉，送上來的會是一打牡蠣跟一盤煮熟的厚切豬五花。我們的菜包肉一點都不正宗。我想到就不只一點開心的是有那麼多人在桃福吃過之後又跑去其他的韓國餐廳，滿心期待著裹層黑糖糖衣的豬肩肉，結果眼前出現的卻是嚼勁十足的室溫豬五花。

廳的設想，但我一點也不會抱怨這意外帶來的穩定人氣跟生意。我順其自然地跟著走，但也一如以往，我不斷在極度自信與讓人癱瘓的自我懷疑中搖擺不定。讓我感到安慰的是我發現到正面與失敗硬碰硬，是一種強大的激勵工具。那意味著你已經與最壞的狀況四目相交，也意味著你掌握了比誰都多的資料，而這一點也解放了你，讓你能去冒別人不敢冒的險。與失敗交手過，能讓你把恐懼從算式中抽掉。你不再會因爲某些想法看似不會成功，就與之劃清界線。你會開始開始思考一個點子之所以「爛」是因爲它眞的爛，還是因爲傳統上大家都說它爛。你會開始在有點奇怪的時候生龍活虎。你需要的，只是把不穩定、變化與大量的壓力當成家常便飯。

對此我跟我的廚師們是這麼講的：我們可以每天花二十三個小時擰手像在擰抹布，討論各種可能的新菜色。這段時間夠我們將做出各種不智且毫無道理的決定，以至於我們隔天早上恐怕會連一次都不想再試。但等到了最需要的時刻，在那最後的一個小時裡，我們將能看清該怎麼做，並當機立斷展開行動。

我這麼說並不是一種比喻。我發現研發新菜色最好的時機，就是開店前的那一小時，當所有的人員都在趕著一邊把食物往嘴裡塞，一邊完成最後的備料工作時；各種讓人分心的因素都會跳出來。所以理論上，這是最不利於人發揮創意的時候了，但也正是因爲種種不利因素，你會不得不去決斷並堅持到底。你先把料理介紹印在菜單上，然後再想辦法把東西做出來。想要把東西弄精緻些，來日方長，但想要讓腦子裡各種不必要的自我懷疑閉嘴，只有一個辦法，就是爲之安上一個截止時間，而我看不出下午五點半有什麼不可以。

○

我覺得自己解鎖了一個天大的祕密，如今我想要把它裝瓶。我們組織內有各種新的聲音，而來自外部還有更遠不止於此的雜音需要篩選。我們需要把對我們管用的做法記錄下來檢視。至少那是我現在會採用的講法。若是回到二〇〇七年五月，我對班底是這麼解釋的：

嗨，大家，

從今天開始，兩家桃福餐廳在供餐時間結束後，廚房經理都要傳電郵到這個收件人群組。郵件內容要包含在供餐或備料期間發生的大小事，以後除了廚房的備料清單外，我們還要用這封電郵作為交換餐點、食材等意見的辦法。*****我重申一遍，以後每一天、每次供完餐、都要有人他媽的給我寫 email！！！

現在沒有人沒有電子信箱，所以誰都沒理由不知道餐廳最新發生了什麼事情。餐廳人來來往往想法也多，我們非這麼做不可，好提升相互溝通的效率，所以請務必每天早晚檢查 email。

＊＊＊有想要黑莓機之類裝置的同仁，我們很樂於讓你全數報帳，包括月租費。我不強迫但高度鼓勵你這麼做。所以你還不每天查看 email，去死吧。

＊＊＊這是真的——我真的打了電話給在 Baldor ②的強，他完全不知道荷蘭豆③的事情，所以他答應會送上好的青豆④給我們，我們固定每周二跟四都會進幾箱，這個時間隨時會改。

廚房日誌電郵的範例——給我寫點這樣的東西……

桃福麵店——星期天，五月十三日，晚上十二點

今天晚餐供餐很順利，Kiss 合唱團的艾斯・費利⑤來吃了飯，提姆・馬斯洛招待他一盤醃菜。奇諾研發了一款新菜，味道很棒，我們用了熊蔥葉，還以此做了醬汁。史考特，麻煩你確保雞腿一早可以先行去骨，這樣我們才能拿它們去浸滷汁跟煙燻來做親子丼，主要是我們店裡只有四份的量。午餐應該沒有問題，但你絕對要一早先備料，晚餐才不會開天窗。

桃福麵店——星期一，五月十四日，下午四點五十六分

供餐沒出問題，但右邊烤箱的試烤一直跳掉，打了電話給 KRS，他們也在午餐供餐時間把東西修好了。德國人真的厲害，但傑佛瑞又腦袋裝屎了。Baldor 送來的百香果又是垃圾！！所以我跟凱文與奇諾討論過，我們決定暫且改用奇異果，等 Baldor 把品質搞定再說。我把問題跟大衛說，他給了我 Balder 老闆強的電話。

諸如此類……

②Balder Specialty Foods，食材批發商。
③扁的，連豆莢吃的那種豆子。
④豆莢已去除的青綠色豆子。
⑤Kiss 是一九七三年成立於紐約的搖滾金屬樂團，走華麗的視覺系，艾斯・費利（Ace Frehley）是其成員。

後來被冠上「圓桌會議」之名的這個電郵群組持續茁壯，成員達到十人之衆，討論範圍也包含各式各樣。除了交流銷售數據與食材的情報，我們也會分享在紐約各隅吃到難忘餐點的詳細食記，或是介紹我們可能會想招募進來的廚師。經常有人提到自己宿醉。奇諾跟我會盡量對我們在評估的各種可能性開誠布公。我會把最瘋狂的點子丟到群組裡，讓大家投票。比方說：

我知道供應墨西哥粽之類的東西，會有點荒謬，但就是因為夠瘋狂，所以有可能成功。再說，它實際上就是種菜包肉。

這種數位式的智囊團，跟你會在多數地方看到的上下體系完全不同。在垂直體系裡，領導者通常只讓少數心腹知道他們私下在推動什麼。電郵群組讓我們得以在忙翻了整晚之後暫停一下，並帶著新目標爲隔天重新開機。川流不息的這些訊息——睡過頭會讓你得往前爬文至少五十封回信——證明了我之前提到的哲學所言非虛，亦即任何想法我們都不會連考慮都不考慮。每件事情都是能爲我們所用的「資料點」⑥。多數人的 TMI ⑦，對我來說只能塞牙縫*。

我的班底使出了渾身解數要精進自己，精進桃福餐廳。我感覺自己對他們有一份責任。

我設計了一套我希望能優於法式軍階體系的替代品，一套沒有屁話跟欺凌，有明確溝通線路可供我們盡量無痛成長的安排。我提議把公司拆分成各個次集團——七組每組四人的團隊——每支團隊裡都有一名隊長、一個老鳥、一個菜鳥，還有一名備料廚師：

——每支團隊都要盡量每週開一次會或一起出去喝個啤酒什麼的，藉此討論餐廳裡發生了哪些事，還有我們可以用什麼辦法改善。基本上就是要無時差地取得員工回饋。消息不分好壞都該分享。我希望在公司規模擴大的過程中，此舉可以讓新人的融入變容易，不要在餐廳裡覺得暈頭轉向。

⑥ Data point，資訊術語，對應某個數值的點，代表一則獨立的訊息。

⑦ TMI（too much information），意思是過多資訊或「沒人想知道的事情」。

* 我的多數新同事都要花點時間跟上節奏，但我說我不想錯過任何一丁點資訊，並沒有誇張。很多人都會自然而然想要過濾資訊來替我「省下」信件太多或細節過多的麻煩。我對他們說：「什麼都不要刪，我自會決定怎樣叫做太多」。但沒有例外地，我還是繼續被跳過寄送或撥打那些被認爲會浪費我時間的電郵跟電話。我會拉高音量重申：「不要他媽的濾除任何東西」。終於他們聽懂了我的話，我的信箱開始塞爆各種報告、電話會議邀請，還有關於細節中的細節的對話，我才終於鬆了口氣。

——我認為這種新體制最重要的面向，就是「交叉訓練」，每個人都要能表示與解釋餐廳裡的每個人在做些什麼，或至少對這件事情能理解得更清楚。你們有些團隊裡的成員英文不太流利……請善用這一點，使之變成一個優勢。

——最後，就跟我們做的大部分事情一樣，我們很可能又會把這弄得一塌糊塗。奇諾提出想推動這個觀念，有個好辦法是用小組競賽的方式……像是菜單的新點子可以換得酒錢，或什麼的。

——請把以上事項解釋給團隊成員聽，我知道這整件事聽來既搞笑又荒謬，但我真心覺得這有助於團隊合作。

桃福演變成了一種介於委員會跟人民公社之間的東西。圓桌會議集合了一群嗓門小不下來，寫起英文錯字連篇的傢伙——我最常錯的就是把法文的四季豆拼成 haircoverts ⑧——這個議會裡不光歡迎每個人的意見，更要求每個人都要有意見。我應該是裡面發言最多的人，因為我非常重視得到的回饋。

寄件者：dave chang

日期：星期五，二〇〇七年六月八日，早上六點五十八分

主旨：食物心得

嗨大家，

感謝大家如此熱烈地參與圓桌會議討論，意見的流量非常健康，不僅兩家桃福餐廳之間有著持續的溝通，不同工作組別間也搭起了跨越隔閡的橋梁。但我認為我們的電郵中缺少了一項元素，那就是針對食材跟菜單的演進少了更為細緻的描述。所以就讓我們多花五分鐘，也多投入點精力到食物跟與食物有關的創意上吧。

留意特定的模式——如閹母雞肉就是向來都賣得很差的品項，而這就是何以我們不停地在為它更換菜色。請大家一起來幫餐廳改良這道菜，我們需要你的意見：

⑧正確的拼法是 haricots verts。

目前我們是想將之與夏季玉米跟海苔醬搭配，田做了超殺的餡料，把雞肉做成了法式肉捲。我對這道菜的疑慮在於餡料的色澤太偏灰綠，但其中心得（的）海苔醬相當美味。

（關於）去骨雞肉，我想田是用了食物調理基（機）去處理腿肉，捲入了我們慣用的海苔醬，然後用真功夫弄成像肝腸一樣的圓柱型，送進複合式烤箱以一百六十五度蒸烤。我覺得可能一百六十度比較剛好，你們覺得這熱度會太低嗎？田想裹麵包粉煎了它再上菜，但我想如果我們對雞肉的調味重一點，闍母雞肉的料理溫柔一點，那當成冷菜上桌應該也行，有想法嗎？需要大家意見，是因為我覺得我們手上可能握著一道準備爆紅的菜色。

對了，那道羊五花料理配上茖蓮菜跟檸檬，真是性感。

魷魚料理二點二版—我覺得這道菜是個狠角色—魷魚跟以前一樣焦黑熟透。靈感來自於大四川⑨。田的做法用上了芹菜條，他把芹菜放進冰水冷卻，然後用蔬果削皮器做出在冰水裡會捲起來的效果。蘿蔔的使用被我們妥鞋（協）掉了。田似乎真的很喜歡聖誕節配色，他希望這道菜裡有紅⑩跟綠，但如果我再看到有菜用切片的蘿蔔當裝飾，我會瘋掉。跟魷魚一起拿去翻炒的除了芹菜，還有辣椒油（成分是乾紅辣椒醬、烤過的花椒、葡萄籽油、鹽巴）。我上禮拜做了一批辣椒油，結果他媽的有夠辣。我們得在油跟醬之間找到正確的比例。但裝盤還是把油、芹菜跟魷魚放在橢圓小碗裡。裝飾用芹菜葉跟少許乾紅辣椒。這道菜爆幹辣，但我們覺得它效果真的很好，茱莉跟我都很喜歡。芹菜精彩地平衡掉了熱辣。四川花椒那些曉（小）兔崽子還真少不了，因為有它們讓舌頭發麻，你才吃得下這麼辣的東西。我擔心的是不能吃辣的客人點了這道菜，味蕾會整晚報銷，什麼都嚐不出來……但我又有點無所謂。外場要警告客人這道菜的辣度很暴力，你們覺得呢？

干貝料理二點零版—我們會先保留鳳黎（梨）版的做法，直到想出好的替代品。瑟皮科提起這道菜可能跟青豆醬汁與紫蘇等很合。在跟田與茱莉討論過之後，我們孵出了一個點子是用 WD-50⑪風格的法式輕湯（清湯）淋在干貝切片上，然後上頭點綴以海苔

⑨ Grand Sichuan，紐約市著名的川菜館。
⑩ 櫻桃蘿蔔的外皮是紅色的。
⑪ 餐廳名，WD 是老闆兼主廚懷利・杜弗蘭（Wylie Dufresne）名字的縮寫，50 代表店址的克林頓街五十號。

脆片跟甜豆或荷蘭豆切片。也許我們會把紫蘇浸到法式清湯裡。我後來在想我們可以用日式高湯做出青豆醬，主要是我在東京品嘗過一道菜是用淡淡的高湯煮新鮮青豆，好吃，我是說爆幹好吃。瑟皮科想用果汁機打青豆汁，但我想起田用過多功能生機調理機，因為我們的材料會用上吉利丁。有想法嗎？瑟皮科？大家？

我跟田與茉莉好好聊了一下日式梅干（umiboshi，梅干し）……如果你不知道的話，我他媽的討厭死了這玩意。它在日式料理中有其一席之地，但要跟其他食物搭配實在味道太重。它用來泡酒很好，當糖果或點心吃也沒問題，但搭檔起食物讓我噁心。說實在，你真的有在吃海鮮或壽司時遇過魚肉搭配梅干嗎？一次都沒有，準確地說。我完全支持用組合來迸出新滋味。但如果我們真的想把魚肉跟梅子送作堆的話，起碼等到七月，用真正的在地李梅。我想那在干貝上頭應該行得通，深色外皮的漂亮李梅，酸嗆又夠甜。

每天，我們都要努力讓自己更好一點，我愛你們。

dc

這些信裡有很多內部的笑點，可惜我泰半都忘了。但儘管如此，重讀它們還是爲我帶來了喜悅。沛慕雷：

剛跟我在紐約兩個最好的朋友聊了一下。顯然棕色烈酒一切安好，廚房的止滑墊也還過得去。今年聖誕節對我跟我的鬍子來說，會非常好玩。我祝各位能有個快樂、開心、配得上鬍子的假期。聽著尼爾・戴蒙的聖誕專輯，爽抽你們的水煙管（Q跟小史），點個外送中國菜（彼特），炸春捲多到吃不完。去死吧你們全部，你你你我們明天見。

以上是我鬍子寫的，不是我。

Kp

沒有人清楚工作跟休息的界線。我們屬於一個我們要到很久之後，才明白它好在哪裡的共同體。齊心協力，我們打著造著一個世界，而雖然那工作難到讓人腦袋一片空白，但如今的我終於明白到能讓所有人爲了它一心一意，是何等的榮幸。年紀愈大，就愈多事物讓人分心——我就愈被拉離開爐邊，愈少做我最擅長的事情。直到今天，每當我跟奇諾吃著晚餐或配著啤酒敘舊，我們都會說桃福的起步是我們人生中最美好的一段。那樣的懷舊充滿了趣味。我不想把話塞到別人的嘴裡，但我希望他們每個人回想起那段歲月，滋味都能跟我一樣甜美。

我們當時都是先做了再想。我們在一月分拋開了爲菜包肉餐廳訂好的原本計畫，接著短短不到兩個月，就獲得《紐約時報》以兩顆星的評價，肯定了我們的修正路線（隔年同一位評論法蘭克・布魯尼〔Frank Bruni〕調升菜包肉餐廳的評價到三顆星，使其與感恩酒館與……布魯咖啡廳等名店並駕齊驅）。那初始的二星評價拯救了我們的生意，將我們朝平流層發射了出去。三月某天早晨我一醒來，就得知我們獲得了兩項詹姆斯・畢爾德獎⑫提名：最佳新秀廚師（我第二次獲得提名），跟最佳新進餐廳（桃福菜包肉）。

雖說看似氣焰高漲，但我其實被嚇得褲底一包。我寫在這裡的人生經歷，感覺很合邏輯。事情的發展先是這樣，再是那樣，我慢慢學會了些東西，然後時機降臨我也正好蓄勢待發。但其實在本書描述的每一場勝利跟每一次頓悟之間，夾雜著五百個懷疑的片刻。那當中有尷尬、有犯錯、有人被我惹毛或辜負，有天賜良機被我糟蹋。那當中有爛透了的菜餚，有讓我想把自己眼珠子挖出來的服務表現。更別說還有憂鬱症的鼓聲輕敲，時時刻刻傳自我的後腦杓。

各種褒獎，像是憑空冒了出來。我一直都有種本事是能讓其他人發揮出他們最大的潛能，但直到許多年後，我才認知到那也是一種技能。所以剛開始獲得好評或獎項時，我總覺得是這一切明明是團隊的努力，但我卻獨攬了所有的肯定。當達娜・考文（Dana Cowin）來電通知我被《餐酒》（*Food & Wine*）雜誌選進年度最佳新進廚師名單時，我拚了老命推辭。不信的人儘管去問她。我一直在等誰撥開我腦中的開關，讓我產生一種念頭是：這是你應得的，大衛，你是頂尖的，其他的別想太多。但那一刻始終沒來。

若說有哪個瞬間最接近達到那種效果，應該就是畢爾德獎了。被提名畢爾德獎，照理講是一種里程碑，但我感到的只是更多的焦慮。我感覺自己藏著一個可恥的祕密——我沒資格跟諸位恩師共處一室，包括有幾位已經被畢爾德獎跳過了好些年。我袖裡唯一的應付之道，就是一笑置之。或是按照我對團隊所表示的，我們到時就猛灌酒，讓自己醉到想擔心輸贏也沒有辦法。這點他們好像都很認同。

⑫James Beard Awards，有「美國料理之父」美稱的詹姆斯・畢爾德（James Beard, 1903-1985）首創電視烹飪節目，並與出身加州的傳奇廚師茱莉亞・柴爾德（Julia Child, 1912-2004）同為美國料理的本土派。

近三十年來，美國餐廳界最重要的盛事，莫過於詹姆斯・畢爾德獎。對於一個並不能跟時尚或紅毯或舉手投足的優雅身段畫上等號的龐大產業而言，一年一度的頒獎典禮是把自己打扮得人模人樣，讓旁人把自己當回事的良機。這是男士要穿黑西裝打黑領結的正式活動，也很長一段時間都辦在紐約的馬奎斯萬豪酒店跟後來的費雪音樂廳⑬，也就是紐約愛樂表演的地方。該頒獎典禮是讓力爭上游者夢寐以求，極度有儀式感的場合，而這背後有很好的理由：畢爾德獎是你身爲主廚或餐廳經營者，所能獲得的最高榮譽；加入畢爾德獎得主的行列，甚至只是獲得提名，都能成爲扭轉你職涯的契機。

外界很看重畢爾德獎。我也發自內心尊重這個獎，我只是不尊重自己而已，而這也讓我難以想像自己身穿燕尾服，邁著大步經過林肯中心廣場上那些美輪美奐的噴泉，進入賽門與葛芬柯⑭、邁爾士・戴維斯⑮與萊諾・伯恩斯坦⑯都表演過的廳堂——更別說才華洋溢的古典樂手曾數以千計在此獻技。我並不特別期待跟來自全美各地，一個個我高度景仰的同儕閒聊。沒有人會缺席畢爾德獎。

臨陣脫逃只會更糟，所以我把所有的焦慮轉化成能量，疏導到計畫工作上，我打算讓團隊全員度過難忘的一夜。多數人來紐約赴畢爾德獎之約，都會順便走訪當紅的餐廳，或是去向享譽業界的在地主廚致意。那是畢爾德獎傳統裡很酷的一環。另外就是典禮前後會有一堆歡迎酒會或慶功宴，作東的會是餐飲集團或酒商、雜誌社。我們的目標是盡量別暴露在閒聊當中，而我的計劃就是用一整組的活動當作盾牌，免得我們抵擋不住現場氣氛的引力。

我弄來了一輛派對巴士，裡頭應有盡有地裝著迪斯可燈球、煙霧機，外加品質粗劣的皮椅。車上還有一項配備是脫衣舞孃用的立桿，讓我著實吃了一驚。那恐怕是那輛派對巴士上路以來，第一次載的不是精蟲衝腦的單身漢。也恰巧那輛車比其他租得到的加長禮車都便宜。我是沒去過畢業舞會啦，但我想雖不中亦不遠矣。

五月的那個晚上，餐廳上上下下所有人加上幾個被攏來的伴，都做足了打扮，踏上了「桃子號巴士」，朝西北方前進。我包下黛西梅（Daily May's）這家由亞當・派瑞・朗（Adam Perry Lang）開在地獄廚房⑰的上好燻肉店。我們晚餐要來點烤肉。到了現場，我們套上塑膠圍裙跟橡膠手套，並拿垃圾袋把前臂包住，免得弄髒衣服。我們用紅色的免洗

---

⑬ Avery Fisher Hall，爲林肯表演藝術中心中的設施，艾弗瑞・費雪（Avery Fisher, 1906-1994）是一九七三年捐款給紐約愛樂交響樂團的慈善家。

⑭ Simon and Garfunkel，一九六〇年代美國知名二人合唱團，成員分別是保羅・賽門（Paul Simon,1941- ）跟亞特・葛芬柯（Art Garfunkel, 1941- ），代表作包括《寂靜之聲》（*The Sound of Silence*）等。

⑮ Miles Davis（1926-1991），美國爵士音樂家，被譽爲爵士樂史上最狂小號手，咆勃、酷派爵士的至尊宗師。

⑯ Leonard Bernstein（1918-1990），美國知名作曲家與指揮家，曾服務於紐約愛樂並創作《西城故事》等知名音樂劇。

⑰ Hell's Kitchen，正式名稱爲柯林頓區（Clinton），爲紐約曼哈頓島中城西區的一個街區。

杯喝著啤酒或烈酒，大啖裝滿鋁箔盤子的手撕豬肉、肋排、德州烤吐司與菜絲沙拉。

這樣的好心情，讓我們撐完了整場活動，時間一眨眼就過了。菜包肉餐廳沒有得獎，但我得了，也因此在當晚回程繞著紐約跑的車上，我想讓場面嗨還要更嗨。

當晚後半段的照片顯示我們在這一點上，做得相當不錯。

我在事後收到了一些回饋，意思好像是有其他與會者覺得我們的行爲有失尊重。有人這麼看我覺得無可厚非。但那改變不了的事實是作爲一個大家庭，那是在桃福的我們一段美好的回憶。

第7章 熱水

按我平日裡說的故事，贏得畢爾德獎是讓我們決定要以餐飲集團的身分，變得更成熟的關鍵。我們將把桃福麵店遷到街區的上面一點①，讓空間變得更大。至於要接手其原址的則是家品嘗菜單②餐廳，名字叫Ko（也就是こ〈子〉，在日文裡有「……之子」的意思）。開Ko這家店，等於我們自請要與美國最頂尖的各家餐廳一較長短。聽我這麼說，你可能覺得那是個十分縝密的計畫。

但我通常會故意略去不講的，是紐約市健康與精神衛生局（簡稱衛生局）對我們在創意面上的重大影響。

①在紐約市的棋盤式格局，往上一個街區代表路名數字的增加，比如說東西向的八十一街就在相隔一個街區的八十街「上面」。就東南西北而言，往上大致與往北相當。

②Tasting menu，譯自法文的menu dégustation，意思是將多道菜色縮成小分量，組成一套餐點，好讓饕客可以在一頓飯的時間內品嘗到主廚的完整手藝。品嘗菜單在某些餐廳裡是一種套餐選項，也有些餐廳專攻品嘗菜單。

不論我說我們當時究竟有多麼無法掌控全局，都不算太過。桃福麵店的基礎建設在經過多年的使用後，已經出現破綻。久而久之，我們變得很善於跟上各種故障與小事故的節奏，不論搞事的是水管、通風、排水系統，還是第一大道一六三號的整體結構，但終究那個空間已無法承受眾多來客與員工的使用。我會接到奇諾傳訊說水管師傅又過來了，因為有個洗碗槽流出來的是「便便水」。小病一天到晚不斷，大病也比還要臉的餐廳老闆所能接受的程度，來得更加頻繁。

奇諾在當時的一封圓桌會議信件裡，是這麼說的：

今天的主秀是水管，電的部分算是插花。首先是菜口③的水槽破在排水孔的底部，需要更換些新零件（六點，納森替我跑了一趟墊〔店〕面），然後洗碗水槽開始溢流，罪魁禍首是有個摺到的塑膠蓋卡在排水管裡（只用手指摳一摳搞定，七點），接著輪到樓下的拖把水槽來湊熱鬧，狀況跟剛剛樓上的一樣，水淹到一臺臺壓縮機（鬆掉的地方弄緊跟貼膠帶雙管齊下，十點）。禍不單行，樓上那個大塊頭矮冬瓜冰箱光一個供餐時段給我挫屎三次，原因是插頭鬆掉了（我換了新的插座，然後把那渾蛋插頭用膠帶包了個密不透風）。

大致上，我們都能兵來將擋水來土淹。我們很努力不因為缺錢、缺空間，缺設備而驚慌失措。在悲觀的人眼裡，這些都是不利於我們的各種疑難雜症，但它們同時啓發了我們的創意。比方說我想在桃福麵店賣雞翅，但我們沒有油炸機，所以我們只能想想別的辦法。也許我們可以用鍋煎，我暗忖。但要煎也不能從生雞翅開始煎。於是我想說我們可以先燻，然後油封。但油封要有油啊，油去哪生？這個嘛，豬五花會冒出一堆油——我看不出有什麼理由不能用豬油來油封雞翅。嗯，但油封的過程會產生那種有煙燻味、肉味，跟膠狀的液體副產品。正好，可以丟去做拉麵用的醬汁。

看一眼我們的菜單，你很容易誤會我們在做的東西既大膽又前衛，但其實我們幾乎所有的決定，都是純粹因為不得不如此。這樣一股動能，也延伸到了菜單創作的範疇之外。關於基礎建設，桃福麵店最大的問題在於到了二〇〇六年底，我們的生意已經好到熱水器的電力經常用罄，聯合愛迪生④對我們要求增加電力供應的需求置若罔聞，因為他們壓根不相信像我們這樣規模的餐廳可以餵食這麼多人。顯而易見的解決方案是改用瓦斯，但一

③expo，為廚房控菜者 expeditor 的簡稱，職責是作為點菜與做菜的橋樑，並在出菜前進行最後一到把關。所處的位置俗稱菜口。

④ConEd，美國最大的私人能源供應公司，紐約市電力就是由紐約聯合愛迪生公司提供。

方面安裝不可能成，一方面我們也不可能把必要的瓦斯關線拉到建築的這一邊。於是乎以一種非常不科學的方式，我們精準研究出了該在何時打開，又該在何時關掉特定電器，好讓我們永遠有可以讓店運作下去的電力。我們就像爲了擋住活屍而用木板釘起窗戶的末世家庭，一心惦記著緊急發電機還行不行。

我們撐了幾個月，應付著一個遠比活屍難纏的對手。跟衛生局周旋，要說多令人受挫就有多令人受挫。他們上門檢查的流程是這樣的：一名稽查專員會不請自來，完全不管某個時間我們方不方便——比方說用餐高峰，門外還有人在等座位。餐廳裡持有食品安全證照的員工必須放下手邊所有的工作，陪著專員把餐廳的大小角落通通看過一遍。他們不接受任何理由。稽查結束後，他們會直接掏出筆電，在用餐區裡發起報告。

任何違規情事都會被記爲對你不利的「點數」。我想不誇張地說，大部分餐廳都被記點系統那種沒有標準的標準搞得一頭霧水，也不清楚專員的自由心證在結論中佔了多少地位。洗手水槽上面的紙巾架空了，扣十點，但囓齒動物掉落的糞便只扣五點（還有就是怎樣算老鼠屎，完全看專員的心情）。

關於熱水的特殊規定，列在他們的包山包海的法規天書中：「清潔用的熱水必須加熱並維持在華氏一百七十度（攝氏七十七點六度）以上。水溫的測定必須以有數字刻度的指針溫度計，或是以精度調校到誤差不超過華氏兩度（攝氏一點一度）的數位溫度計為之。物品必須完全浸入熱水中達三十秒或以上，以杜絕表面的任何病原。」

少了熱水，你洗不了碗盤、沒辦法好好洗手，也殺不死病原體。這樣的觀念我倒是接受。熱水不夠，正是我不惜被第一大道一七一號的餐廳老闆敲竹槓，也要頂下他租約的一大原因。把麵店搬到只隔幾道門的旁邊（人眞的不能在有求於人的狀況下去談判，何況我的情況是生死交關。他也老實不客氣把我幹翻）。也出於這個原因，我們才決定不把一六三號改成奇諾的料理可以擔綱主角的墨西哥餐廳。我們把這構想在腦中翻來覆地去思考了一番，但熱水的問題始終繞不過去。任何餐廳只要想跟桃福麵店一樣高朋滿座，都得面對與熱水的苦戰。

所以，雖然我也很想講一個超勵志的故事，但我們開Ko並不是因爲想挑戰在美國經營品嘗菜單餐廳，而是因爲被吃飽太閒的官僚體系逼到牆角，在賺錢之餘減少用餐人數成了我們的求生之道。桃福Ko不是揮灑豪情的壯舉或靈光乍現的神來一筆。那只是一種不得已。

在等待新家就緒的同時，桃福麵店必須設法在幾個月裡閃避衛生局的怒氣。若說我對能毫髮無傷地脫身還抱持著一絲信心，那點自信只扎根於一個因子：克莉絲提娜・托西。但要聊托西，我們得先聊聊懷利。

一九九〇年代來到尾聲，懷利・杜佛蘭做了一件前所未聞的事情：他在下東城開了一間正經的餐廳，要知道在紐約歷史上的那段期間，想走個人行道到下東城去用餐，你真的必須打起精神，別踩到碎玻璃跟其他不好說的遺留物。但要說有什麼東西比在仕紳化之前的下東城開餐廳更走偏鋒，應該就是懷利那理直氣壯、充滿前衛思想的料理創意了。他沒在管別人開不開心，而那是種幾乎絕跡於紐約餐廳的勇氣。他的那家餐廳叫做「柯林頓街七十一號鮮食」（71 Clinton Fresh Food），而我現今的食物觀，就是改變於在烹飪學校階段去那裡吃過的飯。要在紐約吃飯，沒有地方比那兒更討我喜歡。

懷利在七十一號待了兩、三年，然後就離開去發起了一個更講究的企劃，但他還在同一個街區。他的新餐廳 WD-50，又是個讓許多自詡知道自己在講什麼的人一整個摸不著頭緒的地方。他這一次堅持了超過十年，發明了無數的技巧，做出了許多充滿巧思的美味料理。看著食物的介紹，你會心想，這聽起來好怪，然後你放進嘴裡的第一個感想是，我怎麼不知道有這麼好吃的東西？他讓我一想起來就會起雞皮疙瘩的菜色有油炸班乃迪克蛋、加乃隆蝦捲（用蝦肉做成的加乃隆麵捲〔cannelloni〕，義大利麵的一種）佐九層塔與喬利佐醬（喬利佐〔chorizo〕俗稱西班牙香腸，源自伊比利半島的豬肉料理）、充氣肥肝佐醃甜菜凍，還有出自糕點師傅山姆・梅森（Sam Mason）跟亞力克斯・史圖帕克（Alex Stupak）之手，讓人吃得神魂顛倒的甜點。再也吃不到這些料理讓我撕心裂肺⑤。

懷利從沒有爲了出名或甚至生意而在觀點上妥協。他的堅持爲他贏得了盛譽，卻沒有讓餐廳的營運長長久久。他是紐約餐飲界的普羅米修斯。如果外界——我瞪著的就是你，餐飲媒體——願意多花點時間去了解懷利在做些什麼，現在的紐約會是個多麼不一樣的飲食天地。

在我還不認識他之前，懷利就已經是我的偶像——遠遠啓發著我要無懼於挑戰傳統。經年累月，我們培養出了親近的友誼，而他也在這友情中贈與我很多禮物，而其中我最欣賞也最需要的，莫過於他替我介紹了克莉絲提娜・希薇亞・托西（Christina Sylvia Tosi）。

懷利跟我漸漸熟識後，我跟他抱怨起讓人頭疼的設備問題是如何讓我們無法在美食的製作上專心一意。淹水、滲漏、冒火、稽查——外加我們對如何處理這種種災難的外行——都讓我們的精力被幾乎耗光。我跟懷利說起衛生局在沒幾天前跑來稽查，結果發現我們用彌封的眞空包儲存食材。我親自規畫了那次巡查，還把所有食材從醃黃瓜，到豬五

⑤ WD-50 餐廳在二〇一四年十一月三十日歇業。

花，再到一大批剛從艾倫・班頓進貨的鄉村火腿與培根——價值大概一萬美元，世界第一的煙燻豬肉——通通裝進了快爾衛⑥。那緊繃而潔淨的外觀，讓我佩服自己到五體投地。

但稽查員並不這麼想。很顯然任何機構在使用真空袋之前，都必須先設計、實施、維持一套詳細的計畫來因應食物製作過程中任何可能出差錯的環節，也就是縮寫為HACCP，所謂的「危害分析重要管制點」（Hazard Analysis and Critical Control Point）計畫，而我們拿不出這東西。

稽查員把我們的袋子一一打開，令我們往上頭倒漂白水，也不管那食材是否屬於「儲藏穩定食品」，也就是密封狀態下不會在室溫中變質的東西。我感覺就像要對自己的孩子開槍一樣。我當場拿「納粹」兩個字罵他。

懷利告訴我他一名優秀的糕點師傅不只做甜點，還幫他跟其他一堆餐廳搞定了HACCP計畫，並建議我延攬她。托西完全不需熱機，就開始整頓起我們這蠢貨的窩。她立刻就發揮了自己的價值，把如何登載豬五花儲藏只是其中一小部分的許許多多問題，通通一次解決。她打造了我們的第一間辦公室。她協助我籌畫英文課給語言不通的員工進修（搭起我與西裔與拉丁裔桃福廚師的語言之橋，為建立我們的公司文化與價值奠定了基礎）。她遠遠搶在所有人之前，就針對作業的幾乎每個環節都挑出了潛在的問題，並且也毫不遲疑地點出了這些問題。她曾經替在桃福麵店的我們訂了新手機，裡面預載了一則訊息是：「你們給我顧好這些新手機，不要他媽的顧得像你們被抓包的狐狸尾巴一樣爛。」

托西對我們這群做很會但腦子不太好使的傢伙來說，是徹頭徹尾的資產。當然她也是個，趁我還沒忘記說，世界一流的糕餅廚師。

○

我手上同時有兩間餐廳要輪流拋接，第三家馬上也要來了。問題是，我的勝利方程式是奠基於一個簡單但聽來灰暗的邏輯：如果世間一切都沒有意義，那你就沒什麼好失去的，沒什麼好失去的，你就永遠可以恣意地孤注一擲。我將我們的成功歸功於這種哲學。這次我不只要變本加厲，我要變本加三厲把所有賭在Ko的身上。

我的精神面比之前更為一團亂。我會工作到一半恐慌症來襲，只能想辦法不讓員工看出來。我體驗了帶狀皰疹的惡夢，外加一票狗屁倒灶的身心症症狀。照例可以讓我冷靜放鬆的活動——主要是按摩跟理髮——開始變成讓我動彈不得的焦慮開關。只要一得靜靜坐

⑥ Cyrovac，眞空包裝品牌。

著，包括在治療師的辦公室裡，我都會覺得胸口壓著塊大石頭。不論再怎麼深呼吸，我都會覺得得不到足夠的氧氣。

「現在的一切都好瘋狂」，是恢復去找艾略特醫師的我，經常在看診時說的第一句話。「我這次是說眞的，這眞的他媽的太扯了，你相信我，我覺得我會崩潰。」他會在我焦慮時開克癇平（Klonopin），比較平靜時開心律錠（propranolol）。我不太喜歡心律錠，因爲我感覺不到它能讓我冷靜，但我還是會吃。我比較喜歡克癇平，至少在一開始是如此。

理論上我知道怎麼不靠藥物照料好自己。那辦法顯而易見到幾乎是句廢話：調整飲食、運動、尋求有意義的陪伴、放慢步調、不要把老爹⑦當水喝（而且我不是沒有試過。像我就有開始跟老師學瑜珈，但我酒照樣喝得很兇）。我是可以細數一下這三年發生了哪些改變。任何一個人在任何狀況下想找回自信，這三年的資料量都綽綽有餘：看看這一路以來的點點滴滴。你算得上億中選一。

但事情沒有這麼簡單。桃福是我的身分，它是從我的憂鬱中誕生。我沒辦法把發生在廚房裡的失敗，不論是多小的失敗，跟自我的失敗分開。其實，我慢慢把情緒跟精神上的不穩定當成了一種支撐。我沒有打敗心病，甚至沒有眞正想嘗試打敗心病。我壓抑住它，靠的是將其能量導引到我的生產力上。我跟心病，我們就像相互把對方鎖住了的兩名柔道選手。它始終在那兒沒有離開，始終在等著我鬆手，好讓它可以把我一個過肩摔，壓制在地上。

所以我從來沒有把工作量減輕。擁有品嘗菜單餐廳或許不是我一輩子的夢想，但一朝決定了要開Ko，我就知道它會將我吃乾抹盡，同時麵店跟菜包肉店也不會被我擱在一邊。我少睡點就是。更多成長，更多壓力，絕對不停。

那痛斃了，但我也慢慢開始視那種痛，跟你運動完的痠痛沒什麼不同。那是種有建設性的痛。

我開始研究關於Ko的資金來源與興建有哪些選擇，是在二〇〇七年初，當時我寫了封信給在銀行的一名人脈，信中說明了我對這間餐廳的擘畫。我形容Ko會是一家「中高檔的概念店，主打現代歐洲料理」。

我並沒有任何已填入細節的計畫，所以面對一個覺得食物怎樣都無所謂的銀行員，我

⑦Pappy，指Pappy Van Winkle，酒廠Old Rip Van Winkle Distillery的招牌波本威士忌。

只能用這樣一句話，盡量一針見血地把願景傳達給他。我一直沒辦法給桃福的食物一個標籤，但被逼急了，我會搬出「美式」這個形容詞來說明我們在忙什麼。「亞洲」是我的第二志願，而且有點不情不願。

但我從來沒排斥過「歐洲」一詞就是。確實，爲了開桃福，我背離了與歐洲傳統一脈相承的許多餐廳，但我內心同樣是個古典主義者。我一直沒有機遇能進入歐洲餐廳工作，而它們讓我魂縈夢牽。我曾會滔滔不絕地論及何以每一個認眞的廚師，不論他們想專攻哪種料理，都需要古典的法式料理功夫來打底。我曾滿懷憧憬地說起馬克・韋拉（Marc Veyrat）、艾倫・帕薩（Alain Passard）、米榭・布拉斯（Michel Bras），還有馬可・皮耶・懷特（Marco Pierre White）。我們在麵店跟菜包肉店的牆上掛起了這些傳奇廚師的照片，爲的是萬一萬中無一他們眞的蒞臨，我們可以認出他們，然後打破「不免費招待」的政策，讓他們霸王餐吃個過癮。

在Ko，我們採用了一種多數人會聯想到高檔餐廳的格式——品嘗菜單——並打算用上肥肝、魚子醬等食材，外加你在任何標榜亞洲的其他餐廳都看不到的大量奶油。一如以往，我們會在客人面前料理，但這一回，他們看到的冒泡熱鍋會少很多，狂野的動作也會少很多。我們還計畫融入更多首見於赫斯頓・布魯門索（Heston Blumenthal）、阿德里亞兄弟（the Adriàs）與懷利等大廚的創意。這次再沒有誰可以嗤之以鼻地說我們——就是個

「賣麵的」。

但這還不夠，我希望來到Ko，客人可以察覺到一種脈絡，一種只能在桃福看到，由各種影響構成的爆炸性結合。如果你來到Ko，結果吃到一道你可以在瓊恩・喬治、在本質餐廳，或在地表上任何其他地方吃到的東西，那就是我們的失敗。Ko的料理，必須從我們在麵店跟菜包肉店打下的基礎延伸出去。更多難以言喻的je ne sais quoi⑧，而且要呈現得更為精緻優雅。

我欽點的Ko主廚，是很適合這工作的人選。彼得・瑟皮科曾經在大衛・布里（David Bouley）手下工作過，而大衛・布里正是以巧妙結合了法式與日式元素而著稱的翠貝卡主廚。瑟皮科於是跟我著手勾勒起我們的用餐架構。在菜包肉餐廳跟桃福麵店，客人點餐會像在從各類餐點中射飛鏢，不會遵循傳統的開胃菜－主餐－甜點架構。他們會在沒有太多指引的狀況下東點一個西點一樣，然後餐點也是哪樣先好哪樣先上；如果客人很會點，而我們又剛好有把工作做好，那整頓飯就會感覺非常合理。在Ko，我們必須編排出一種較為刻意的用餐進程。我們必須考慮餐點的流程。我們會帶你踏上一段旅程，會告訴你何時該停頓，

⑧法文的I don't know what，用來形容「這是什麼」的奇妙滋味。

讓分屬不同時刻的安靜與喧囂獲得調和。這頓飯不能漫無目標地拖沓下去，就像許多那些特殊場合的大餐吃到最後，想像中的慶祝會感覺更像參加考試。每道步驟都必須有其意義。每道料理要在本身也能獲得滿堂彩的同時，又能爲這一餐的宏旨做出貢獻：提供無縫的外食體驗，當中的各種愉悅融合爲一體，讓你回想時記得的不是特定的細節，而是整體的感受，就像演唱會的完整曲目一樣。

我們的承包商跟設計師，史維・富阿（Swee Phuah）跟鶴田廣海（Hiromi Tsurura），會把這個空間從普通的麵店升級成一種更講究的體驗，但凳子與整體不假矯飾的風格會保持不變。我們絕對不在一六三號掛上吊燈。我形容我們追求的是一種「木箱」的外觀風格。我們會延續以主廚爲核心的運作模式，非必要的服務生盡量不用，而讓說菜與上菜的責任主要落在廚師群的肩上（我原本是希望完全不用服務生，但後來我意識到那既愚蠢也不可能）。由於廚師會在距離用餐者只有咫尺的地方工作，所以前者不會是唯一感受到爐火熱度之人。賓客也會有感，而且偶爾會達到不舒適的程度。一如既往我們不會實施任何服裝規定。

我們會盡可能拿掉有的沒有的，各種不必要的東西，以便我們可以把價值提供出去，並藉此做出聲明：我們一切坦蕩蕩。

那年夏天稍晚，事情有兩項重大的發展。新的桃福麵店將延後開幕，而衛生局跟環保局——紐約市環境保護局——正式立案調查我們。我們終於因爲熱水不足的嚴重違規被開了單。如果他們再過來時沒有看到同樣的問題有所改善，我們可能就得被迫歇業。

寄件者：dave chang
日期：二〇〇七年八月十五日星期三下午五點三十五分
主旨：衛生局超急件

給桃福麵店：

桃福麵店稽查的最大重點，在於我們樓上的水槽打開都要有熱水。我們必須保存好所有的熱水直到接受稽查。各位廚師與備料廚師請勿用熱水。水塔必須保持全滿，我們的熱水才會夠。**請通知洗碗工不要用熱水噴灑碗盤。**

**萬一被逮到沒熱水，我們就會被勒令停業。由於我們之前已經因為沒有熱水被取締過，再有重大違規就會讓衛生局出手關掉餐廳。
請幫忙讓我不要自殺。

我驚慌到亂了套，我深感我們已經積重難返。因爲知道稽查員們一定會前來複查，我決定在出城之前做出一次豪賭。

根據衛生法規，你的水槽必須能流出熱水至少三十秒。保險的做法應該是依靠廚師保存熱水，但我想讓稽查員轉開水龍頭後，親眼看到他這輩子都沒看過的大水。我對他會轉開哪個水龍頭有種直覺，於是我叫史維找了一名焊接工，並指示把所有熱水集中到我要的那個水龍頭。然後我就走了。

我在大西洋城某間賭場訂了個房間。奇諾好像有陪我去。老實講我不記得了。我知道各位會覺得我這樣的行爲聽起來非常不負責任。在這麼要命的時候丟著餐廳不管？

這個嘛，我已經出招了。我們就是要全部押寶在那個水龍頭之上。此外已經沒有什麼我們能做的事了，於是就在把命運全交到命運女士的手中之後，我決定在賭桌上跟她正面交鋒。

但我人都還沒到紐澤西州，就接到了托西的電話。

「狀況怎麼樣？」

「就跟老忠實⑨一樣。」她說。

稽查員選到了對的水龍頭，水流既強又燙。就他看來，桃福麵店可以連著幾個禮拜都不缺熱水。我抵達大西洋城，在喝酒跟玩二十一點中度過了一天，然後我提前結束了自我放逐的澤西一日遊，回到紐約去繼續餐廳的籌畫。

要是稽查員單純挑中了另一個水龍頭，衛生局就會讓麵店關門。但我們需要麵店的收入當成新店的建設資金。如果麵店倒了，Ko 也會一起完蛋。到時候我就得解雇一票員工，菜包肉餐廳將必須要拼命賺錢——但即便如此，已經欠下的貸款還是通通得還。我只有靠每件事都一一照我的意思就定位，才有成功的機會。我的公寓有可能保不住，我爸的事業也可能賠進去。更別說全世界都會覺得我們不衛生，又不專業。

莊家翻開的是一張 Ace⑩，而我已經要到十六點，因爲那是我唯一能做的選擇。論機

---

⑨ Old Faithful。美國黃石公園內的間歇熱泉。

⑩ 二十一點裡的 Ace 可以計做一點或十一點（會爆〔代表超過二十一點〕時可計做一點），所以一般的玩法是如果莊家手中已經有 Ace，玩家只能繼續要牌才能讓對方爆。

牽我必須賭一把在那個水槽上。莊家果然爆了。

這種「機器之神」⑪的瞬間，大家聽得已經見怪不怪了吧。我也常百思不得其解有多少的桃福歷史是按我記憶中的方式發生。船到橋頭自然直的事情哪有那麼多？這一次次的千鈞一髮，實在很難通通推給幸運，但我這人又冒瀆神明到沒資格接受上帝之手的干預。而當我重述這故事時，那感覺太過乾淨整齊而毫無真實性。那些故事聽來就像是種魔幻寫實。

我常在朋友面前納悶自己是不是活在電腦模擬或宇宙實境秀裡。比起我一連串令人難以置信的好運，老實說這兩種可能性聽來還比較合邏輯。也許我的記憶化身編輯，將我生命中最忙亂的時刻修改為好消化的模樣。又或許只是我這人滿口胡說八道。

第8章　KO的爆紅

「部落客不得不防。」

這話總結了業界老鳥們的普遍感受。一開始，網路對多數主廚都是種新鮮的玩意。這群甚是熱血的嶄新受衆，用他們的熱情使主廚們受寵若驚。但隨著部落客開始換上批判的立場，原本的追捧也變成了無所不用其極的質疑。在公關遊戲中打滾多年的主廚對部落格完全沒有信任可言。按他們的看法，唯一值得尊敬的曝光管道只有那些老牌的平面媒體，那些要傳統有傳統，要新聞道德有新聞道德的報刊。這些主廚崛起在《紐約時報》、《紐約》雜誌、《老饕》（*Gourmet*）雜誌與《餐酒》雜誌在餐飲世界裡手操所有生殺大權的時代。在這當中任何一本出版品的頁面中不要說獲得讚許，光是被提及，就是了不得的事情。

週二夜晚在紐約餐廳業者之間，是讓人肅然起敬的神聖時刻。因爲每週來到這個時

⑪ deus ex machina，源自古希臘戲劇，是指主角憑藉事先沒有任何伏筆，突如其來的外力，所達成的圓滿結局。古代舞臺上的神是靠人力機關從天而降，故被稱作「機器之神」。

候，你就可以前往紐時大樓入手一份他們每週發行的餐飲專刊。我還在克拉夫特與布魯咖啡廳工作時，餐飲界就是這樣每週按照紐時訂下的節奏運轉。你想知道誰值得你關注跟誰接下來會值得你關注，答案盡在其中。桃福麵店第一篇紐時評論刊出後的隔天晚上，我在莫諾屋（Casa Mono）吃晚餐，結果當時在那裡做菜的莉茲・查普曼（Liz Chapman，現在的莉茲・班諾）對我說：「你的人生要改變了」。即便那篇評論是放在由彼得・米漢（Peter Meehan）執筆的二十五美元或以下專欄——實質上就是紐時的「異國便宜吃食」專區，也沒有關係，它依然是紐時。

在光譜的另一端，是多數老派主廚嗤之以鼻的網站。隨著網路進行超新星爆炸，進入了全球人類的意識，新的聲音也不斷你推我擠地進入了餐飲討論中。社群圍繞著餐廳的主題一一成立在太初網路的角落裡，那裡沒有什麼細節叫做太細，叫做太宅，不論什麼樣的牛角尖都可以一鑽再鑽。這些社群成員的熱情與執念，一點也不輸角色扮演的愛好者跟動漫展的與會者*。

這種新媒體還可以細分為不同的次集合：新聞與八卦部落格，像 Eater；由單一作者獨挑大樑，就看著這些有錢到不用跟人伸手的美食家大手筆地在世界各餐廳間飛來飛去，寫成的部落格；還有就是留言板，像是 eGullet、Mouthfuls 與 Opinionated About Dining 等讓狂熱分子可以在上頭交流主廚與餐食評價的園地。

上一代的主廚或許不太熱衷於這些新發展，但我的興趣倒是被燒起來了。旺盛的好奇心對於一名主廚而言，始終會是一件大麻煩。爲了讓對廚藝情報的蒐集不限於紐約市，你必須去與在海外工作過的人對話，或至少跟出國經驗比你多的人對話。我會請在西班牙或法國實習的朋友來信描述他們的親身體驗。在某些人浪漫的眼裡，那是最後一個完全屬於類比的時代。你必須眞心想知道才能得到想要的情報。但落後那麼多也是一件讓人十分氣餒的事情。食譜對於想知道歐洲現況的美國廚師來講，是最好的資源（要是你有興趣的是亞洲或非洲或南美洲，那我只能祝你好運）。令人難過的是，我可以很確定告訴你，食譜沒辦法讓你窺得全貌。

然後突然之間，我可以繼續穿著內衣，點進某個傢伙的部落格，然後遠在巴黎，皮耶・加尼葉（Pierre Gagnaire）餐廳之最新菜單上的每一道料理，我都能盡收眼底。不是每個部落客都知道自己在講些什麼，但也有些人的知識比在紐約泡泡中的專業寫手更加淵博。「但那文筆眞的糟糕透頂」是常見的抱怨，但只要有食物照片，其他事情我都無所謂**。那

* 而主廚也變成了跟一種，嗯，跟電影《衝出寧靜號》（*Serenity*）衆星一樣的名人：在某些族群中不可思議地有名，但大多數人聽都沒聽過。認眞說，你知道誰是納森・費里恩（Nathan Fillion）嗎？不好意思，他在推特上有三百五十萬人追蹤。

** 我不是唯一一個這麼想的人。湯姆・柯里奇歐是廚師界另一名早期的網路愛用者。當其他人還對在部落格不屑一顧時，他就已經會替部落客下廚了。

是一次大躍進。

eGullet是徹頭徹尾的絕品。我可以在它的論壇上一泡幾個小時，那兒有你看不完的親身分享，講的都是不在《紐約時報》涵蓋範圍內的餐廳體驗。我讀取了關於不同寫手與趨勢的各種意見，瀏覽了菜式的點子，查看了廚房器材的評價——應有盡有的資料都在同一處，而且還經過分門別類整理。

等部落客開始跑來桃福用餐時，我一點也不介意*。這些還處於原型的美食家對多數人覺得是枝微末節的事情，都展現了濃烈的興趣。我現在還能去eGullet看見關於桃福麵店、菜包肉餐廳跟Ko的每一篇食記。那是一種非常奇特的古文物。

這裡有篇於桃福麵店開幕一個月後的食記，貼出它的網友代號是snausages2000：

桃福麵店的料理是在你的眼皮底下完成。廚房運作的每項細節都一目了然。昨晚，廚房的場面不得體到很誇張的地步，而罪魁禍首就是餐廳的老闆，張錫鎬。

往凳子上一坐才大約兩分鐘，原本在看菜單的我就被打擾到了，原因是張先生在喝斥他的洗碗工，命令他要在穿越廚房時大聲一點，把「注意後面！」的提醒聲喊出來。我覺得那名洗碗工很可憐，他的英文很破，說起話來畏畏縮縮，要他大聲實在有點強人所難。但平心而論，在狹窄的料理空間中，員工確實需要用足夠的音量來避免危險的碰撞。

在點完餐之後，僅有的分線廚師開始準備拉麵。幾乎同一時間，張先生這名會給人壓迫感的大塊頭，就開始怒罵廚師，越過他的肩頭，命令他做事要更有掌控力、更有效率，基本上就等於在否定廚師所做的一切。張先生並沒有大吼大叫，但在如此小的空間裡，每個字都聽得到。被如此公開的羞辱驚嚇到，廚師開始不斷往無形的殼裡縮，而他把人繃得愈緊，張先生就愈是盛氣凌人。張先生的批評對與不對姑且不論（我們是沒注意到廚師的做法有哪裡不對勁，餐點也不到五分鐘就送來了），但他把自己的廚師逼到淚水在眼眶打轉，說要開除他，結果就是我跟女朋友完全無法好好吃頓飯，也無法享受張先生諷刺地那麼在意的食物品質。

我尊重張先生對於自家餐點的執著，而他就讀過美國烹飪學院跟在克拉夫特餐廳服務過的背景，都一覽無遺在他所要求，那種對細節的專注、對各種準備一絲不苟的廚房哲學上，

＊不過憑良心講，我後來還是跟幾個人結下了梁子。

但這樣的他卻有一種徹底的無知，表現在廚藝的另一個面向上：顧客的體驗。

對表現未臻理想的廚師大發雷霆，或許真是廚房裡必要的教育，但在咫尺外就有人在用餐的狀況下，身為餐廳老闆的他自始至終沒有認知到狀況，事後也沒有為了家醜外揚而向客人致歉，這對所有上門的客人都是極不尊重的表現。我們餘悸猶存地離開了餐廳，而我很氣自己完全沒有向張老闆提出反映，但然後我又想到，我應該把這事讓可能去用餐的你們知道。

我想不起麵店裡有過這樣一位客人，而且我要澄清一下，我上的是法式廚藝學院，不是美國烹飪學院。除此之外，我確信他的描述放到我有去參與供餐時段的幾乎任何一晚，都相當精確。

第一大道一六三號作爲桃福麵店的老家跟 Ko 即將落成的新居，我們沒有在其廚房與用餐區之間做出任何區隔。我們的一舉一動，都能被走進店內的每個人看得一清二楚。有了網際網路這支大聲公，我們的任何錯誤都會弄到眾所周知。

在桃福成立的初期，我挺引以爲傲這種不符合我們理想顧客模子的客人都可以去死一死的態度。我會以此誇口也以此聞名。我多年來對 snausages 的批評置之不理。他們哪知道我壓力多大，哪知道餐廳對我意義多重大？

近來我開始看到這類事件應該帶給我的教訓。我可以把責任推給自己的欠缺安全感、憂鬱、躁鬱，隨便啦。但事實就是我違反了自身的信念，也就是沒什麼比客人走出店門時的感受更重要。來桃福如此緊繃的空間裡用餐，你等於是讓我陪你吃飯，而沒人希望吃飯時身邊有個混蛋。

不算「死亡觀察」*的話，我是喜歡 Eater 的。Eater 的人優游在小細節中，他們聊起餐飲業的口氣宛若在聊他們最鍾愛的運動，而就跟大部分運動迷一樣，他們並不吝於去「戳」自己的偶像。媒體討厭他們不輸許多主廚討厭他們，而這稱得上是一項成就。不諱言自己做的就是謠傳的生意，Eater 可以分享尚未公開的準新聞。就算事後證明一切是子虛烏有，他

* 死亡觀察（Deathwatch）是 Eater 早期一個讓業界許多同仁作嘔的單元：他們一發現有某家餐廳像插管的病人一樣搖搖欲墜，就會將之放到「死亡觀察」名單上，然後開始緊迫盯人地追蹤他們每一個痛苦的崩毀實況。許多人的夢想與生計，在臨終前成了被戲謔的對象。

們也不痛不癢。隔天就會有二十則貼文把前一天的誤報徹底埋葬，但萬一搶先報的東西對了，他們就等於從《紐約時報》的手中，從養新聞養了幾個禮拜的紐時美食版手中，也從籌備著盛大開幕的餐廳股東跟公關專員手中，搶到了獨家。

有段時間，我甚至替他們寫了一個專欄。嗯，其實應該算是米漢寫的啦。在《紐約時報》上評價過我們後，米漢成了麵店的常客，時間久了更積極參與起桃福的大小店務。他能聽完我的長篇大論，然後一針見血地掌握住我的重點（有時我還得請他告訴我我的重點）。我說起故事不算太差勁，但寫作是另外一種挑戰。我的毛病是會在各種想法中跳來跳去，後頭才很痛苦地要把東西串在一起。但彼得的文筆則充滿創意跟知識底蘊；讀他的評論總讓我莫名感覺在聽我們都喜歡的低傳眞①樂團。每篇掛我名字的專欄或評論，都有他的貢獻在。他會替我調整要寄給記者的評論，替我看過我要分享給員工的備忘錄。他為我創造出了一個比本人要條理分明、一以貫之許多的聲音。他給了我氣場。「David Chang」就像是我們在餐飲世界裡的東尼・克里夫頓②。每當 David Chang 被印在紙上，都沒有人能確定在那特殊化妝的底下究竟是安迪・考夫曼還是鮑伯・茲姆達*。

一如他們在許多餐廳開幕時採取的作法，Eater 在對 Ko 的報導上全員出動，使出了「緊迫盯人」的戰術，但凡關於餐廳的大小事，都寧可錯殺而絕不放過：我們社區開的某場管委會、一系列我們店面完全被牛皮紙包住、宛如窮人版克里斯托暨珍妮－克勞德③裝置藝術的照片、關於菜單的各種私下傳言。

我對媒體邀約來者不拒，主要是因爲我怕說不會影響生意。我沒有公關、沒有粉絲專頁、沒有其他管道說服客人來桃福消費。我告訴自己食物本身就是最好的廣告，但事實是只要我還能引起外界的興趣，我就會擠出自己的商業價值直到最後一滴。

在二〇〇八年的夏天，拉瑞莎・麥克法奎爾（Larissa MacFarquhar）在《紐約客》（*New Yorker*）雜誌上側寫了我。那是一篇精細的快照，講的是瑟皮科跟我在幕後爲 Ko 做的種種開業準備，包括我們如何計劃每一道菜，如何爲了每種可能的選擇爭辯。主廚的側寫在那個年頭的《紐約客》雜誌上，仍屬一種異象。

---

① Lo-fi，原意是錄音品質上的「低傳真」，後來變成一種不假過多修飾，自由自在的音樂創作風格。

② Tony Clifton，由喜劇演員安迪・考夫曼（Andy Kaufman）原創，但後來也由其好友鮑伯・茲姆達（Bob Zmuda）演出的角色。

＊我唯一考慮過要在桃福食譜上合作的寫作夥伴，就是彼得。我相信我們可以攜手產出讓人耳目一新的優質內容，但我們的出版社，克拉克森・波特（Clarkson Potter）不願意讓我們輕舉妄動。他們想要能攻略家庭廚夫廚娘的俏皮眉批跟菜色；我們想在英制與公制單位中優游自如，並啓用舉世最浮誇的雞翅食譜打破世界紀錄。最後我們得償所願。他們最後一定是想通了，畢竟這本書他們也出了。

③ Christo and Jeanne-Claude，知名大型裝置藝術家夫妻檔，以其地景藝術作品聞名於世，並經常以布料包裹大片景物爲手法傳達「改變環境」的理念。

Eater 將之轉發在部落格上，引發了一名評論的回應：

這不叫扯什麼叫扯——把每天賣個幾百份餐的人當成英雄崇拜？媒體是不是該來上幾個月的報導閉鎖期，讓消費者實際進餐廳去判斷食物的好壞，而不是被媒體造神的風向帶著跑呢？

在其誕生的早期，Eater 的評論區是覺得其它板太過文明者的網友避風港。你可以匿名登入，然後百無禁忌，除了死亡威脅以外的主題都可以寫，不會有人去改一個字。我很快就意識到任何關於桃福的更新，都無可避免地會引發一場以我爲題的迷你公投。

嗯，Eater，你下巴的張麵糊快要流下來了，該擦一擦了。

我想 DC 應該是忘了說「eater.com 會是桃福的媒體合作夥伴」

我必須說 #29 的留言還蠻娘的。竟然說 D-Chang 是紐約最好的廚師，還把他跟阿德里亞與加尼葉相提並論，簡直鬼扯。

外界似乎愈來愈有種觀感是媒體是桃福的囊中物，任由我們操控。好吧，既然如此，我心想，我們就把在 Ko 用餐變成一件平等到不能再平等的事情吧。

Ko 每晚的空位只有二十四席——兩輪十二席。在萬眾矚目的狀況下開幕，來自素人、朋友、親戚與媒體的訂位肯定會比我們處理得了的人數多出幾千人。這時哪怕我們顯露出一點私心，都會助長外界認爲我們是菁英的餐廳，是靠關係才吃得到的餐廳。

我很早就決定我們要在桃福的網站上建立 Ko 的專屬訂位窗口。每天上午十點鐘，一週後的晚餐就會開放訂位。消費者只要登入，就可以看到一個簡單明瞭的行事曆，上面綠色勾勾就代表有空位，紅色叉叉就代表客滿。沒得關說，沒有後門可走。一切交給消費者，我們絕不插手。

這麼做還有另外一項額外的好處，是讓訂位業務與其各種狗屁倒灶的灰色地帶，變得流線化。我一直覺得餐廳花錢請一個訂位專員，是很不合邏輯的事情。那麼做多沒效率，我有親身體驗。我在克拉夫特的第一份工作，你們或許還有印象，就是接電話。我在想跟活人講話的感覺，或許眞的比較好，但在忙碌的餐廳裡，那個人的工作基本上只是重複說著：「沒位子，抱歉。」餐廳的訂位專員還有一樣讓我退避三舍的馬戲團工作，是要每晚都替 VIP 留位子（當餐廳跟你說：「抱歉我們今晚全部客滿了」，他們的意思不是沒位子，而是沒有可以給你的位子）。在 Ko，沒有位子就是沒有位子。沒什麼可問的，也沒有特殊待遇——紅叉叉代表的就是一切。

Eater 用全大寫的 KO-BOOM ④，報導了新的訂位系統。他們寫到了服務生如何在應接不暇的服務要求下崩潰；寫到了桌位如何斷斷續續地冒出來；寫到了有黃牛在賣訂到的位子；寫到有兩個女人訂到了四人桌，然後在 Craiglist 上徵求兩名潛在的追求者來場盲目約會。

桃福的魔力，一直在於便宜又大碗。Ko 冒的風險在於把期望拉得過高。位子太難搶的結果是訂到位的幸運兒會無可避免地感到失望，甚至更糟糕的，他們會設法說服自己這次的體驗沒有實際上那麼糟糕。人一旦花了大錢在某樣東西上，或是千辛萬苦才得到一樣東西，他們往往會用各式的精神體操去說服自己，這是值得的。不這麼做，敗家者的悔恨就會沁入內心，你就沒辦法去跟朋友炫耀了。

相對於菜單沒人搭理，評論家通通在寫他們得如何發動實習生大軍突破訂位大關，但依舊不得其門而入。沒有哪種攻略奏效。這種狀況的風險在於若評論家無法順利進到 Ko 用餐，他們就無法給 Ko 的料理一次公平公正的機會。美食評論界一個不成文的規定是你得至少在一家餐廳吃過三回，才好對其給出評價。

《紐約》雜誌的臭臉評論亞當・普拉特（Adam Platt）打破了成規，只來一次就寫了。布魯尼來滿了三次。

他們完全被說服了。

詹姆斯．畢爾德獎委員會提名 Ko 入圍最佳餐廳，最後我們贏了。

這本書各位讀到這裡，篇幅也不算少了。我應該沒有太常往自己臉上貼金，是吧？說起自身的成就，我應該還算有扮演好一個走黛比．唐納⑤路線的旁白者吧。嗯，聽著，我並不怕告訴你們我很驕傲於自己對了這一回。我說的不見得是好評，或是得獎，而是透過這一切所完成的逆襲。我愛死了就在被所有人認定是媒體寵兒的節骨眼上，我們能翻轉風向，使事情變成我們佔優勢。

把自己的身分、快樂、福址與自我價值都跟事業綁在一起，有一個唯一的好處，那就是你會無時無刻不想著它，無時無刻不擔心轉角後面是什麼。若我對餐飲市況的瞬息萬變，反應談得上快，那是因爲我一直認眞將之視爲一件攸關生死的大事。我從沒有放任自己關掉引擎滑行，也不敢闖出點名號就自認有資格一輩子爽爽度日。傲慢就是這麼來的。最不堪的我，就是那個還不到青春期，就以爲自己有本領可以成爲職業高爾夫選手的我。

④英文裡常見的爆炸狀聲詞是 ka-boom，這裡把 ka 換成餐廳名稱的 ko。

⑤ Debbie Downer，由《週六夜現場》班底瑞秋．卓拉奇（Rachel Dratch, 1966-）創作並飾演的角色，是個充滿負能量，喜歡潑人冷水的虛構人物，一如 Downer 本身就有壞消息與讓人失望之涵義。

我被捧到自己也信了，而且還乳臭未乾地抓著這點臭屁。那種讓一切從我指尖溜走的羞辱與痛楚，我希望不用再重新體驗一遍。所以我選擇了不聽甜言蜜語，也不讓自己沉迷在正面的回饋裡。反之，我每天都想像著輪子會以什麼千奇百怪的方式脫落。這本書本身，也幾乎讓我惶惶不得終日。我怕的是我用文字紀念的人物、餐廳與成績，會撐不到書出版就銷聲匿跡。把擁有的東西抓得愈緊，失去的時候就愈椎心，而從還很小的年紀，我就被一切都會被奪走的恐懼壓得喘不過氣。下個威脅，永遠可能在轉角等你。

第9章 他會先宰了你，然後再來料理你

談起威脅，億萬富翁是來自權力午餐①的世界裡，第一個把自己拖到市中心，就爲了在桃福麵店跟我們吃頓飯的人。

我暗忖他不是爲了食物而來——像億萬富翁這樣的人，永遠都在獵食投資機會。我有種感覺是他來打量我們，其實是看得起我們，所以在他用完午餐後，我告訴他這頓飯餐廳招待。

「年輕人，生意不是這樣做的喔。」他說，然後在走出店門前留下了一百美元。

引進大股東的做法，一直被我放在最靠裡面的爐子上，我能不去想就不去想，但隨著桃福的規模愈來愈大，這件事也愈來愈常被提起。至此，所有上門求入股的都碰了我的釘子，我怕的是吃悶虧。表面看似占盡便宜的合約，也可能在想不到的地方有其不單純的一

①power lunch，大老闆們邊談生意邊吃的午餐。

面。所以我靠著爸的經驗分享跟在長島的一名會計師的幫助，撐一天算一天。餐廳所有要算的東西，我都一個人搞定，但那種片刻不得閒的擔心跟看似放任的外表合在一起，完全說服不了人那是個長久之計。我想都沒想就讓奇諾成爲了桃福的合夥人，也絲毫不在意讓許多廚師成爲所任職餐廳的小股東——但倒不是說他們那點股分可以影響什麼。餐廳每一毛獲利都會直接回到公司裡。

我並不是對賺錢沒興趣。錢可以讓我們去做更長遠的計畫、開更多新餐廳、把員工照顧得更好。我還不想對紐約那些穿西裝的人投降，但有條路我看其它主廚走過並獲得程度不一的成功，讓我也躍躍欲試，而那條路就叫作：拉斯維加斯。

拉斯維加斯有種說不出的純粹。沒有人到了拉斯維加斯還裝模作樣，他們擺明了來此的動機是：**我要錢、我要爽、然後我就要閃了**。想在這個沒人想得到的地方提供讓人服氣的用餐體驗，會是一項有趣的挑戰，同時我也樂於暫別每天只有工作的紐約。**這一點也不是我要的生活**，我會在內心犯嘀咕。我在沙漠裡可以樂不思蜀，我可以在簽運彩的地方泡著，可以每天玩撲克。我可以像麥可．柯里昂②一樣，把家族企業遷來內華達。

奇諾跟我去過拉斯維加斯幾趟，爲的是聽取來自賭城大道內外的各種提案。由於他們每回都把我們招待得很盡興，所以我們會盡量讓他們把要說的話講完，但從沒有把他們的提案當眞。

這時換了賭場老闆來敲門。

韋恩・牛頓③、齊格飛、洛伊④，還有他們全部的白老虎加起來，其爲了吸客所做的努力也沒有賭場老闆多。他想跟我們談談他全新的度假中心。考量到他的地位與豐功偉業，我對他的提議考慮得比誰都認眞。

賭場老闆用飛機接我們過去，用突破極限的款待達到了我們的期待（但坦白說，落地窗的大套房外加嵌在鏡子裡的電視，看過一次也就是那樣了）。有名形影不離的隨從四處跟著我們。我在洗手間尿到一半尿不下去，因爲我確信旁邊有雙眼睛。我們不論遇到誰，對方都會拿賭場老闆跟他的行事風格對我們滔滔不絕。

有一度我瞥見了老闆本人，於是便爲了打招呼而揮起手來，但他的一名下屬卻把我帶開去參觀老闆的法拉利收藏。

週末我們跟賭場老闆的智囊吃了幾頓飯，聽取了他們對於在拉斯維加斯開家桃福麵店的提案。在對談中，這些人都容光煥發地拿他們以前的公司跟投資案當話題，避談他們自

② Michael Corleone，電影《教父》三部曲中的一名虛構角色，爲故事裡的第二代教父。
③ Wayne Newton（1942- ），賭城著名歌手暨演員，被稱作「拉斯維加斯先生」。
④ Siegfried & Roy，已故賭城著名雙人魔術團體。

己。我明確有種自己是頭牛，養肥是爲了宰殺的感受。

另一名跟賭場老闆合作過的主廚擔任我們週末的接待大使。在拉斯維加斯期間，我耳聞了一些關於這位主廚的傳言，包括他是在何種狀況下首肯在賭城開餐廳。那故事說他是在私人飛機上聽取簡報，然後等飛機降落了，主廚不簽字就下不了飛機。

我本以爲來到賭城，讓我不用踏進紐約的鯊魚池，但其實我是朝著大到不能再大的掠食者之口，一頭游了過去。

在此行的最後一夜，賭場老闆替我們包下了半個夜總會。那眞是沒有必要到令人大開眼界，但我還是照單全收了那所有的寧爛勿缺。

我一個人坐在沙發上，主廚地陪湊了過來，像蚊子一樣跟我咬了幾句耳朵。現場音樂讓我聽不清他講些什麼，但我腦子裡的一則訊息倒是非常清楚：

「這生意做不得。」

○

我幾乎一度就要把桃福賣給一家巨型的速食連鎖集團了。且讓我在保密協議的範圍內，盡可能告訴你這件事的來龍去脈。

他們是一家大公司。我們是一家想要變大的小公司。我原本很高興。但出於種種原因，交易沒能完成。我[redacted]那家公司。

我還有一次也是死裡逃生。

我跟開發商在某家俗艷的日本料理店見面。晚間，三名不同的女人在不同時間加入了正在用餐的我們。她們分別點了飲料，但都沒吃東西就走了。三人之間完全沒有重疊。

「很抱歉一直打擾你。」開發商說。「但剛剛三個都是我的炮友。」

他跟我說他多年來一直罪惡感纏身——不是因爲玩女人，至少不完全是，而是因爲跑來跑去讓他陪不了孩子。

「那也是我覺得自己永遠當不了好爸爸的一個原因。」我說，試著跟他有所共鳴。「工作就是我的老婆。」

「但你知道我做了什麼嗎，戴夫？你知道發生了什麼事嗎？」

他用沉默醞釀著戲劇效果。

「有天我決定我再不要有罪惡感了。你知道嗎？生活一下子美好了起來。」

見面之前我就懷疑他有反社會人格，現在我確定了。開發商想讓我在美國最熱門的其中一個市場，接手精華區地皮的一小塊空間。

「你想賣什麼我都無所謂，戴夫。我信得過你。只要菜單上有漢堡跟班乃迪克蛋就行。」開發商說。「而且要全天候供餐。大家幹完炮就想吃這些東西。」

雖然我對他的人品不敢恭維，但漂亮的記錄顯示開發商對創造吸引人的空間有種不可思議的能力。我答應了跟他組隊，並聘用了一對我認識而且佩服的夫妻檔主廚坐鎮新店。夫妻檔一把抓住了這個機會，他們想經營一家溫馨的餐廳來服務來自世界各地的富人跟名人。與開發商的交涉進行了數個月。在此期間我應美國烹飪學院的灰石校區之邀，去北加州出了趟差。我當時借住在好友賴瑞・忒利醫師（Dr. Larry Turley）的家，他的三重身分分別是忒利酒窖的主人、前急診醫師，還有 Ko 第一任侍酒師克莉絲提娜・忒利的父親。我每次見到他，賴瑞都堅持要我去他的葡萄園作客，順便休息一下。此行算是我恭敬不如從命。

有天早上站在屋外，眺望著山脊後那片屬於納帕谷地的遼闊綠野，我接到了我律師打來的電話。

「他們想針對另外的物件增列一個條款。」

作爲與開發商協議的一部分，我答應接下他另一處物業的餐飲部門。那是一個很棒的地方，但從一九九〇年代尾聲起基本就荒廢著。整棟建築都散發著一股泳池更衣間的氣味。

即便如此，我還是同意把這案子扛下。

我的律師跟我解釋說有一條最後加上的修正，他差一點看走了眼：「萬一餐廳造成建物結構受到毀損，你要負起責任。」

多數情況下，我不會覺得自己的疏失造成別人的建築損壞，負責有什麼不對。但我嚴重懷疑此次的餐廳空間有先符合建築法規。我在現場看到過裸露的天花板木作在對我大喊「這裡會失火」。我承繼的是一棟搖搖欲墜的紙牌屋，然後你現在跟我說屋子倒了算我的鍋。開發商也想弄我。我跑得跟飛一樣。

我不覺得自己有被害妄想。我現在經常跟新一輩的年輕主廚聊到這個觀念。你想想。你還沒闖出名堂前，這些人都死到哪兒去了？他們爲什麼突然這麼有興趣跟你合開餐廳？他們是要剝削你，要混淆你，要用你不懂的合約從你身上狠撈一筆。我是過來人。

第10章 謝謝你，先生，我可以再來一份嗎？

二〇〇八年秋天，我報了名要當歐巴馬競選募款餐會上的廚師。

那預定會是場沒有閒雜人等，辦在蘇活區某個頂樓的高價活動。參議員不會出席，但我還是非常興奮。不說我怕大家忘了，歐巴馬第一次選總統眞的是一幕奇景。光想到歐巴馬是候選人，就能讓我成爲整條街上最陽光燦爛的那個人。

美國政治的軸線包括各種公民自由、環境議題，還有一份我們對全世界的責任感，但歐巴馬眞正觸動我的，是他代表的那個承諾。他承諾的不只是爲中產階級減稅，或是競選活動的改革，或是全民健康保險。他承諾的是「爲何而戰的意義」。內建在希望與改變這兩個口號裡的，是只要我們起身去追求，一切都**可以**變好的信念。我不是沒懷疑過一盤盤舒肥①蛋佐魚子醬跟洋蔥醬——我們在Ko的招牌菜——可以對投票行爲產生什麼影響，但我能幫的忙就是這樣*。

就在熱情開始堆疊於持續逼近的總統大選周圍之際，另一個意義遠沒有那麼重大的競賽也在地平線浮現出來。那年的米其林會星落誰家，開始以愈來愈大的音量顯得嘰嘰喳喳。

米其林指南開始評價紐約餐廳，不過是幾年前才開始的事情而已，在地的媒體對此始終冷眼相待。他們認爲米其林沒抓到紐約餐飲文化的節奏，而且欠缺透明性。沒人知道匿名審查員是誰，也沒人知道他們遵循哪些流程。對米其林的批評者來說，這些缺陷都反映在他們看不出個所以然的選擇上；有些餐廳廣受《紐約時報》與其他單位好評，卻被米其林當空氣，而一些鮮少有在地討論度的店家卻一顆星、兩顆星地領。對幾乎所有的紐約美食寫手而言，這家輪胎公司是個外來者，而且根本不懂什麼叫眞正的品質。

對米其林歷史的景仰讓我無法對其視而不見。不論米其林打過多少發空包彈，也不論他們私底下在搞什麼鬼，米其林的組織與給星都在大半個二十世紀裡是歐洲廚房的卓越標準。米其林的星星對身爲廚師的每個人來講——甚至對用餐的人來講，都是最先會學著去尊敬與憧憬的獎項。我要是跟你說我不把摘星的殊榮放在心上，那就是睜眼說瞎話。

但想要摘星，不等於我覺得我們有被考慮。桃福各餐廳是典型的必比登候選人——必

①sous-vide，眞空低溫烹調的料理手法。

*事隔十年，主廚界仍在思索著如何善用我們的平臺去支持我們相信的理念。這一點並不容易，因爲不論餐廳可以如何使盡渾身解數去服務公益，或許其最重要的功能仍是作爲一個空間供眾人匯集。我夢想中賦予桃福那個偉大的願景，始終是模擬出我在亞洲體驗到那種不分階級的餐飲，在那裡你想要吃東西，你就得不介意跟來自三教九流的人摩肩擦踵。作爲一名餐廳經營者，我的目標是餵飽每個人，包括與我理念不同之人。當然也不能差太多啦。

比登作爲非星級的推介，是由米其林頒發給「價格大衆化但提供高品質美食的友善餐廳」，官網上還特別強調必比登「絕非（未摘星的）安慰獎」**。必比登推介餐廳是介於「廉價小吃」與「高檔異國用餐處」之間的存在。我沒有要抱怨。我最有親切感的餐廳就是受必比登推介的那些。菜包肉餐廳前一年就躋身必比登清單，讓我非常開心。

Ko開幕還不到七個月。我的想法是米其林雖明白聲稱過審查員只關心料理，但終究他們不可能對用餐體驗中的擁擠空間跟稀落妝點視而不見。走運一點，他們或許會在幾年後給我們一顆星。隨著結果發表的日期愈來愈近，廚師跟朋友都問我興不興奮。我的心情其實宛若老僧入定。

在歐巴馬的募款晚宴上，一切都進行地很順遂。賓客都很興奮於瞅一眼我們供應什麼樣的餐點，要知道Ko在當時仍一位難求到讓人煩躁。我在現場交上的朋友都是平日熱衷公益服務的人士，那對我來說是很棒的轉換，因爲我可以暫時切換掉飲食圈的島民心態——想知道什麼叫島民心態，最快的辦法就是去看看一堆人是如何都同意有本指南很爛，但又一花幾百個小時在推敲得獎的名單。

晚宴曲終人散，廚師們開始打掃收攤，而我則躲進了一處寬敞的掃帚間，找了個倒置的水桶坐下，收起了電郵。我滑到一則Eater共同創辦人班・勒凡塔爾（Ben Leventhal）發來的訊息。

老兄，你拿了兩顆。他寫道。

兩顆什麼？

兩顆米其林星星啊。我先拿到稿子了。恭喜你，先生。

Ko是那年紐約七家米其林二星餐廳之一。只有四家餐廳——本質、雅②、瓊恩－喬治與勒伯納丁③——囊括了三星。

我在掃帚間裡多坐了幾分鐘，不太確定從胃裡傳來的是什麼感受。

如今回首，我知道那是什麼了。恐懼。

**如果你對米其林僅有的認識，是來自於電影《天菜大廚》（*Burnt*）的話，那我這裡幫你速成科普一下：米其林指南最早作爲一本工具書，目標讀者是旅行穿梭在法國鄉間的汽車駕駛（不然一家輪胎公司怎麼會跟吃飯扯上關係）。官方的建議描述米其林一星是「同類別中出衆的餐廳（路過值得一試）」，米其林二星是「廚藝高明，值得繞道前往」，米其林三星是「出類拔萃的料理，值得專程造訪」。

② Masa，由日籍廚師高山雅氏（*Masa Takayama*）成立的超頂級壽司餐廳。

③ Le Bernardin，位於曼哈頓中城的法式海鮮餐廳，巴黎本店是由吉爾伯特・勒・科茲（Gilbert Le Coze）與妹妹瑪格・勒・科茲（*Maguy Le Coze*）在一九七二年創辦。

「你知道嗎，我沒親自去過就給兩星的，你們是頭一家。」

「我們受寵若驚。深感榮幸，先生。」

「第一年就給兩星，你們也是首例。」

時任米其林總監的吉恩－呂克・納雷特（Jean-Luc Naret）親自來掂掂我們斤兩，已經是結果發表的兩個月後，我們已經做好了他會大駕光臨的準備。他沒有使用假名。他的工作是爲米其林與其無名的工作人員，擔任對外的那張「臉」。雖然我聽說過歐洲有主廚會跟米其林的地方主管發展私交，共進午餐，定期徵詢回饋，但不會讓我不舒服的深入程度只到普通的寒暄。

「主廚，」他接著說，「我不問一下不行：你渴望三星嗎？」我支吾說這問題有點難答覆，並說現在的成績已經讓我們喜出望外了。語畢我縮回了廚房。

我在納雷特一行兩人用餐的期間，盡可能多瞥了幾眼。我注意到他們吃得有一搭沒一搭的。他們看似滿意但並不陶醉。他們談不上在狂嗑那盤有雞肉混蝸牛肉餡、細混香辛料、奶油、最上頭還有一片小巧脆雞皮的手撕義式麵疙瘩——瑟皮科的其中一樣拿手菜。連米其林總監都不肯把盤子拿起來舔，我們還怎麼好意思說自己是二星餐廳？

那盤麵眞的很美味，我眞的非常希望他能覺得好吃。

我很難過，但我難過的不是我們這間廚房的失敗，而是難過納雷特的肯定被我看得這麼重。這就是米其林或世界五十最佳餐廳④等組織所擁有的強大力量，也是主廚關起門來痛恨他們、詛咒他們的原因。

你會觀察到很多主廚在摘星之後，大同小異地這麼說：「這是份殊榮，但我們會希望不要爲了得獎而工作。」他們如此有感而發，是因爲他們一方面擔心失去星星，一方面害怕這些獎項所擁有的力量。他們怕的不光是米其林握有你餐廳的生殺大權，他們怕的是獎項會控制你面對工作的態度，怕的是工作的樂趣被這樣奪走。

所以我到底想不想拿那第三顆星？當然想。我希不希望團隊感受到那種在餐飲界登峰造極的喜悅？怎麼會不想。但我也很害怕就是了。

我怕的是不可避免的盛極而衰。我更怕那代表大家會覺得自己已經達到了專業的巔峰。當工作不再是爲了精益求精，而只剩下持盈保泰，廚師會不會有不知爲何而戰之感？

一旦拿到三星，你就會盡可能避免擾動自己好不容易建立的纖細平衡。不當拚命三郎，

④ World's 50 Best，由英國公司威廉・里德商業傳媒（William Reed Business Media）所評選的名單。

避免任何摩擦。你會掉進名為自信的陷阱，生怕拋棄你確知可行的做法。

我知道這種對奮戰沒有終點的強調，不見得對每個人都好，但確實很多料理人因此受益。你知道NOMA爲什麼可以一直蟬聯世界五十最佳餐廳的第一嗎？我蠻確定那是因爲他們始終沒拿到米其林三星。對我來說，那眞的是一種福氣。

要在這一行裡發光發熱，我們需要確信某種意義的存在——一個每天早上，大費周章把清單上的食材準備好，一個不斷思考，拼命創新突破的理由。

我們需要希望。

第11章　歐洲人

那些丹麥男人大半個週末都在諾曼第寒風刺骨的岸邊撿拾貝殼。

「我說托西，他們到底在那裡幹嘛？」

「你怎麼不自己去問問？」

「我，嗯，不想打擾他們作業。萬一絆到鵝卵石，我一跤摔下去會壓扁他們跟他們珍貴的貝殼。」

二○○八年二月，托西跟我前往多維爾（Deauville）這個濱海的法國小鎮參與一場名為「雜食者」（Omnivore）的會議，流程主要是由主廚們示範新菜，然後就下廚理念進行討論。這類集會會普及起來，是接續了鬥牛犬餐廳令人驚奇的崛起。

鬥牛犬每年其實只有一半的時間是餐廳。其他時間它是個不折不扣的研發計畫與專業料理實驗室。鬥牛犬餐廳背後的兄弟檔主廚，費蘭與阿爾伯特・阿德里亞（Albert Adrià）會每年停業六個月，搬進巴塞隆納的工作坊，在那裡構思新一季的全新菜單。外界經常把鬥牛犬餐廳所做的簡化成四個字：分子料理①，但我覺得那有點是個讓人愈聽愈糊塗的行銷用語，而且還有失公允地暗指他們的做法不夠自然。在鬥牛犬餐廳，費蘭與阿爾伯特把對料理的各種成見，都拿出來質疑了一遍。就在其他主廚多少已認定太陽下早無新東西的時候，阿德里亞兄弟年復一年解鎖了令人瞠目結舌的新手法與新菜式。當中牽涉的科學都只是手段而已，偉大的藝術才是其眞正的目的。

阿德里亞兄弟的獨特魅力使得同時代的每位主廚，都感到自己需要專屬的舞臺來表演給觀衆看。在相當短的時間內，我們就看到了遍地開花的美食節變成一種循環，就有點像是給食物狂粉參加的時尚週*。只要他們想，主廚可以一整年都不在自己的餐廳，而在外頭跑來跑去參加活動，或是在多位主廚聯名的晚宴上露兩手，而且花的往往是各地觀光推廣委員會的經費。西班牙有「馬德里融合」（Madrid Fusión）與聖塞巴斯蒂安美食節（San Sebastian Gastronomika），義大利有「老饕本色」（Identità Golose），法國有雜食性者大會（Omnivore）。很多這些活動都是爲了透過企業贊助商賺到錢。而隨主廚愈來愈深諳箇中蹊蹺，他們會開始把料理的責任交到助廚手中。料理天分的品質開始每況愈下。主廚開始疾呼辦些小而美的活動，應運而生的是 Cook It Raw、MAD 與 Gelinaz! 等比較沒有架子的餐會。這年頭大家都只想要在 Netflix 上開個節目。這話說得可能有點俗氣，但我本來就沒多清高。

但這是我第一回參加大拜拜，而且歐洲當時對我仍是個謎團。有的沒的東西只要夠酷，都發生在那裡。那裡的主廚散發著一種高深莫測、喜怒不形於色但十足是知識分子的氣場。

我想像中的他們在上完菜之後，討論的是笛卡兒，一手是點燃的香菸，一手是杯混濁如雲霧的黃酒②。

海灘上的那兩個男人是瑞內・雷澤比（René Redzepi）跟他的二廚，克里斯蒂安・普格里希（Christian Puglisi），他們來自在世界五十最佳餐廳榜上節節高升的NOMA。NOMA在哥本哈根開幕，正好跟桃福麵店同年，而自此圍繞著雷澤比的各種討論，也傳到了紐約。我們見過一面，短短的一面，是因爲他來菜包肉餐廳晃過一圈，但多數我對他的所知，都是來自傳言。雷澤比從還不到二十歲就開始下廚，不論在法國洗衣店或鬥牛犬餐廳都是備受期待的明星門生。我稍微聽聞過他做的食物，他天字第一號的食譜《NOMA：北

---

①molecular gastronomy，一種料理手法，指從分子的層次上將糖、酸、維生素等可食用的化學物質進行結構性的重組，使料理手法不再受自然環境、產量與材料的限制，也被稱爲人造美食。

*這類事情可以感覺像是苦差事。我註冊專利的活動料理心法是：拚七成。我的這種哲學源自一個我道聽塗說來的故事，內容大意是金融業某家大公司挑選新進分析師的方式。他們不錄取那種在系列七考試（Series 7：美國的證券從業人員資格考）裡拿一百分的應徵者。他們想要的是故意考到七十分的傢伙，因爲那意味著你對教材已經滾瓜爛熟到可以想要考C減就考到C減。你在替活動下廚時也該抱持這樣的心態。不要最爛但也不要是最好。不論是要示範某道菜，還是跟人合作晚餐，想要在活動上讓人刮目相看都是自找麻煩。你要麼慘敗要麼成功，但成功也只會讓外界對你的期望愈來愈高，所以聰明的人，就知道不用爲了這些一次性的聚會把自己累死。

②vin jaune，一種特殊的白葡萄酒，外觀呈黃色，主要產地爲法國東部的汝拉（Jura）地區。

歐料理》（*NOMA: Nordic Cuisine*）也在我的藏書之列。他在 NOMA 做的事情，就我的理解，是所謂的「覓食」（forgaging），也就是從地表上，找到什麼吃什麼。名不虛傳，在海灘上覓食的雷澤比啃嚼起了一片葉子。他會撿起一顆貝殼，將之對著光源舉起，然後轉個一百八十度，就像在檢視一杯香檳夠不夠純淨。

隔天我在舞臺上做了韓式泡菜。想當然耳，現場演示不是我的強項，但這天一切都很順利。我聊到了泡菜的歷史跟它表面看不出來的複雜性。我聊到了自己的跨文化背景，包括在美國生活與工作，聊到了我特有的觀點。

任務圓滿完成後，我加入了群眾欣賞剩餘的節目。樂得像隻在屎中打滾的豬豬，我認真朝聖起皮耶・加尼葉、米榭・布拉斯、尚－馮斯瓦・皮耶（Jean-François Piège）、安多尼・路易斯・阿杜里斯（Andoni Luis Aduriz），還有好幾名我沒有親眼見過的主廚偶像。

雷澤比跟普格里希走上舞臺，手裡捧著一個黑色的大泡棉箱子。他們關掉大廳裡的燈光，放起一段影片，影片開頭的場景是冷冽的哥本哈根港跟一棟有著數百年歷史的水岸房屋，也就是他們的餐廳所在地。這次的活動有家贊助酒商——那種曾被人驕傲地形容說聞起來有公驢味的超級氧化白酒。雷澤比演示時所用的原聲帶，也特意選了貝克③的《公驢》（*Jack-Ass*）。

「如果說我們需要的所有靈感，都在我們的後院唾手可得呢？」雷澤比開了口。接下來我會用記憶替大家拼湊出那天他的現場旁白。

他的口條溫和但不失自信。

「NOMA 草創之時，我們的作風不爲多數人理解。他們稱呼我們是『海豹殺手』。」

在影片中，雷澤比旅行到市郊的一座城堡，爲的是拜訪他的一名農夫朋友，並直接從土裡摘取了美到不行的作物。

「這位是瑟倫・維夫（Søren Wiuff），他種的紅蘿蔔堪稱一絕，絕到你絕對無法想像。我們請他替我們熟成了一些。那種風味一定會讓你受到震撼。用奶油潤煮過後，比任何牛排都還好吃。」

螢幕上，雷澤比注意到有碎裂的貝類埋在蔬菜生長的同一片土壤上。鏡頭角度拉寬，顯示出遠方的海岸。

「哥本哈根有條不成文的規定是一家好的餐廳想被人當回事，就不能不提供魚子醬、肥肝，還有波爾多的葡萄酒。問題是我們爲什麼要供應用餐者那些他們坐一小段飛機就可以吃到，而且肯定品質還更好的東西呢？」

③貝克・漢森（Beck Hansen, 1970- ），美國另類搖滾歌手。

我們看著作物被送進NOMA的廚房，並在那兒被裝進一個黑色的大泡棉箱子。就在這一幕播出的同時，雷澤比也即將念完準備好的稿子。

「在NOMA，我們的宗旨是挖得比以前更深，是探索我們自己的風土條件④可以提供什麼。我可以跟大家說，我們才剛開始刮到皮毛而已。」

旁白聲一落，我們就聽到一道「嘻ー吼」的驢叫聲。廳堂的燈光重新打亮。螢幕切換成從上空往流理臺上拍攝的現場畫面，上面看得到爐子，跟那只黑色箱子。

普格里希移開了蓋子。箱子裡面是剛剛出現在影片中的同一批蔬菜，排列方式也跟剛剛看到的一模一樣。這兩個人沒在開玩笑。

他們開始了正式的料理。普格里希準備著一堆青菜，雷澤比則做出了乳化奶油⑤。接著普格里希變出了那桶來自海灘的貝殼，將之一批批粉碎，然後把粉遞給了雷澤比。雷澤比把貝殼粉加進了奶油，然後將整團貝殼奶油過篩到另一個容器裡。

雷澤比接著用這貝殼奶油做出了五道不一樣的蔬菜菜式。整場演示正好結束在舞臺上的時間用完時。十五分鐘。他們獲得了該週末僅有的一次起立鼓掌。

「還好我不是他們後面那一組。」我對跟我一樣在鼓掌的托西說。

「不要妄自菲薄，」她逗起了我說，「教大家怎麼打開一罈韓國泡菜也還蠻酷的。」

在慶功宴上，我差點撞倒了兩個人，只為了像臺推土機一樣殺出重圍去握雷澤比的手。

「嗨，瑞內，我是來自紐約桃福餐廳的戴夫，您去年有來我餐廳吃過飯。我只是想說今天稍早您做的演示，實在是太精采了。」

「我知道你是誰，主廚。」他笑著說。「你什麼時要要來哥本哈根參觀一下？我們那兒的夏天很棒喔。」

「喔，是喔？」

那是我問他的最後一個問題。接著全都變成雷澤比在拷問我桃福旗下的餐廳如何，我的出身背景如何，紐約如何如何，我的愛情生活如何如何。瑞內散發出一種酷到不行的氣質，但我看得出他在吸收消化我口吐的每一句話語。天眞的記者常百思不得其解的是這樣一個刻板印象中冷靜而快樂的丹麥人，是如何能在廚房中闖出名堂，但我看得出他不同於

④Terroir，源自法文的一種概念，泛指人文風俗、土壤特性、雨量、日照、冷暖等農作物在生長過程中所接觸到的環境條件。

⑤beurre monté，融化但保持乳化狀態的奶油。

其他丹麥人。事實上，他出生在前南斯拉夫。他們家是戰爭難民。來到哥本哈根，他父親幹起了計程車司機，母親則找到了清潔打掃的工作。少年時期，瑞內常因爲不夠高跟不夠斯堪地那維亞而被嘲笑。他自十五歲進廚房工作後，就沒再離開過了。

「你今晚稍後有空嗎？」他問。我把原有的晚餐計畫都模糊帶過。

「要不你十一點半過來吃個宵夜？你可以找個員工告訴你在後面的廚房怎麼走。」

我打個盹然後回到大廳，那兒的員工已經大致完成舞臺的拆卸。我向一名志工請教了怎麼前往廚房。

「活動已經結束了，先生。」

「喔，瑞內・雷澤比說要我來這找他。」

「喔，你是跟主廚他們一起的嗎？沒問題！」

他領著我到了位於地下室的外燴廚房。雷澤比看到正走下樓梯的我，來到了門口迎接。

我一握起他的手就忘了放掉，主要是他身後的光景讓我分了心：謙遜的巨匠米榭・布拉斯身穿牛仔褲，正用他的拉奇歐勒⑥小刀把胡蘿蔔削成橄欖狀；法蘭克・賽盧蒂（Franck Cerutti），艾倫・杜卡斯（Alain Ducasse）長年的左右手，正在把魚處理成魚排；還有一名頂著滿頭雜亂黑捲髮的大漢掛著圍裙，但除此之外，他華麗的拖鞋、完美無瑕的藍色西裝襯衫，還有包在頸子上的圍巾，都顯示他已經等不及要享受義大利文裡名爲「餐前酒」

（aperitivo）的小酌加下酒菜。這第三個人看來有點沉不住氣，用義大利文在喊叫著不知什麼。

「那是傅爾維奧，你應該認識吧。他有點不爽。他們搞丟了他的芝麻菜。」

我並不熟悉傅爾維奧·皮耶蘭傑利尼（Fulvio Pierangelini），但那並不妨礙我第一時間就很欣賞他。他為了家常的聚餐在發飆，光這一點就讓他成了我認定的傳奇。

「我能幫什麼忙，瑞內？」

「不用客氣，主廚，沒事。來喝杯酒。」

就這樣，幾位世界一流的主廚圍著一張金屬備料桌站著，共進起了晚餐。我不懂法文或義大利文，空氣中也沒有字幕。我記得的就是燉飯、沙拉、葡萄酒跟起司。尚·伊夫·波迪爾（Jean-Yves Bordier）身為來自法國布列塔尼的奶油大師，帶著他紅潤的雙頰跟他二十磅的成品親臨現場。我這輩子頭一回一口氣吃下這麼多奶油。

我試著融入現場那堵高牆，盡可能將那種感受吸收進我的骨髓。

⑥ Laguiole，廚餐刀具名牌，其牛排刀產品常見於高檔牛排餐廳，刀身上有常被誤認為蒼蠅的蜜蜂標誌。

我終於在一年後如願以償，去到了哥本哈根。瑞內替我美言幾句，讓我得以受邀參加Cook It Raw，這個介於廚藝版的即興音樂會跟童子軍營隊之間的活動。其活動的發想是每年一度，十名上下的主廚會共同前往世上一個不同的區域去獲致靈感、聊天打屁、然後煮點東西。這躺旅行最終會以一頓受活動地點啓發的合作晚餐作結，算是成果展。在其最早期的版本中，Cook It Raw 堪稱一種極其純粹的主廚聚會。

在哥本哈根的陣容一字排開，讓人不得不讚嘆。首先，他們約來了阿爾伯特・阿德里亞，而這人除了是史上僅見創意過人的糕點主廚以外，也在鬥牛犬餐廳操刀料理研發。當時他跟哥哥費蘭剛收起了鬥牛犬餐廳，所以阿爾伯特等於是從半退休狀態出山來共襄盛舉。然後還有帕斯卡・巴爾博（Pascal Barbot），其在巴黎拉斯特蘭斯（L'Astrance）餐廳的料理是Ko的直接靈感來源；丹尼爾・派特森（Daniel Patterson）是舊金山思想最前衛的主廚；麥西摩・波圖拉（Massimo Bottura）在其母國的料理體制中攪動一池春水，因爲他總是把經典的義式食物拿來不按牌理出牌；這之外還有好幾位，包括作東的瑞內。

我們全都住宿在水岸邊以航海爲主題的海軍上將飯店（Admiral Hotel）。晚餐當天早上我騎著腳踏車穿過市區，去到了NOMA。時值春季，城市的美景無懈可擊。丹麥所有美麗的人群都十分開心。

但進到NOMA餐廳裡，氣氛就顯得大相逕庭。那頓晚餐的主題與進行中的氣候高峰會有所聯繫，而我們的任務是要把料理的耗電量降到最低。我是少數恪守這項禁令的其中一名主廚。我的菜式是一道把酪漿⑦的乳化狀態打破的義式鹹奶酪，外面圍著一圈蘋果高湯跟香草。我原本相當自豪於這道作品，直到我瞥見其他人都在做什麼東西。

我的目光鎖定在我崇拜的巴爾博之上。作爲世界級的優雅主廚，也同時是料理界的即興大師，他每晚都在拉斯特蘭斯餐廳就算賭上米其林給他的三顆星，也要邊做邊想邊創新。此刻在NOMA餐廳，他正將一片片醃製入味過的鯖魚層疊在盛著鰻魚、富蘭葛利榛果酒⑧與香菇泥的小巧濃縮咖啡杯中。

同時間瑞內四處踱步，拿同一個問題問每一個人。

「伊納基死到哪裡去了？誰有他的消息？」

⑦ buttermilk，牛乳製成奶油後剩餘的液體，狀態比牛乳濃。

⑧ Frangelico，亦稱榛果儷，是一款義式榛果香草風味酒，起源上世紀八〇年代，富蘭葛利按酒商說法是源自於酒譜的發明者，一個名叫 Fra Angelico 的修士。

伊納基・艾茲皮塔爾特（Iñaki Aizpitarte）開的不是絢麗的豪華餐廳。他沒有上過廚藝學校。他沒有在任何米其林星級的美食宮殿中修業過。他是個無師自通的洗碗工。他在巴黎擁有一家在全歐動見觀瞻的餐酒館。

「他媽的每次都要這樣搞。」瑞內嘆道。「他媽的玩不膩。」

最後一次有人看到伊納基，已經是昨晚的事情。我們在郊外覓食（材）了一天後，晚上在鎮上喝了點小酒。大約凌晨一點，所有人都回到了飯店稍微歇息。伊納基繼續待在外頭乾掉了第二瓶一點五升的酒。

「別森（生）我的氣。瑞內，愛你喲。」伊納基姍姍來遲後先是這麼說，然後左右各親了一下雷澤比的臉頰。「啊，你是張達（大）衛？幸會幸會。哥本阿（哈）根很不錯，是吧？」

伊納基開始在巴爾博旁邊幹起活來。我問了他想做些什麼。

「我想想喔。」

伊納基開始在巴爾博的下腳料中尋寶。用一堆破香菇跟碎鰻魚，他熬出了法式清湯，然後將之與幾塊生龍蝦一起放進真空包，在真空彌封器中來回了數趟把風味逼入龍蝦中。他磨碎了一些夏威夷果，將之與橙皮跟少許海鹽混在一起，做出了我眼中看似是某種迷幻香鬆⑨的東西。他把乳鴿肝做成泥，再把龍蝦肉片成薄薄的迷你菲力⑩。他往清湯裡擠了一點檸檬，最後讓所有食材大團圓。

那是我所嘗過，好到最過分、最沒天理的其中一道料理，而且我幾乎可以拿身家跟你賭你去問今天的伊納基，他也說不清自己那晚煮了什麼。偶爾會有人問我廚師有沒有天才。如果世上沒有伊納基，我的答案會是沒有，但那傢伙眞的是廚藝界的天縱英才。

等最後一道菜也上完之後，餐室裡突然有人一個扶著一個的腰，跳起了拉丁版的兔子舞。所有人都嗨了起來。我們動身前往瑞內的夫人娜汀（Nadine）替我們包了場的一間酒吧慶功。那原意是讓主廚們私下聚聚，但來用晚餐的客人全都跟了過來，耳聞有這回事的也都跑來湊熱鬧。我看著麥西摩把信用卡代替湯匙在調酒。伊納基在包廂開起了小視窗。甚至連瑞內這個超喜歡不告而別的假愛爾蘭人，都在現場待上了大半夜。

等我掉頭要回海軍上將飯店，外頭已是陽光燦爛。在我的記憶中，那段歸途是由一具具人體所連成——世界第一流的美食家與主廚在人行道上睡得東倒西歪——但那怎麼想都不太對勁。但我無疑絕對看到了的，是伊納基不省人事在電梯裡。或者精確一點說，他是

⑨香鬆指的是振り掛け（ふりかけ；furikake），日本人放在白飯上用來攪拌下飯的調味品。
⑩medallion，重量在五十七到一百七十克之間的小型去骨肉塊。

在進電梯的半途不省人事。上半身進去了，兩隻腳還在飯店大廳。每隔幾秒，電梯門就會卡在他身上一次，將他稍稍抬離地面。不論是像隻烤雞在叉子上不斷翻身的體感，或是電梯發出的警鈴大作，都打擾不了他的清夢。

那對任何一名主廚而言，都是夢幻一般的週末，而接著幾年每隔三、四個月，我都會輪流跟那群原班人馬的不同排列組合泡在一起。我們當中也加入了新成員。基克·達康斯塔⑪。馬格努斯·佩雷利⑫。亞力克斯·阿塔拉⑬。在餐飲界內外，常有人混著幾分好奇與一些嫉恨問我身爲酷主廚的社團一員是什麼感覺。我的官方回應是沒有這種東西。

嗯，其實是有這個東西*。而且沒錯，多年來我們都是一個大男孩的社團，這點我們也無從否認。我們並沒有放眼四周，然後捫心自問女性怎麼一個都沒有。現在的我完全可以明白當年我們這個小派系，討人厭在哪裡。現在的我回頭去看，也討厭當年的那群我們。我們只是現代主廚史上一長串的男性中心轉捩點中，最晚近的一個。再者，很多我們在這些聚會上所呈現的內容，都是狗屁。在新的千禧年裡，主廚開始自認在傳福音。但凡有人發問，我們就會像大放送似地提供我們對於科學、創意、環境、政治、藝術的觀點。在此同時，有幾件事倒也不是壞事，比方說讓某個高中輟學生有機會聽到哈洛德·馬基⑭現身說法，或是讓某個廚藝學生看見他們的作品不見得會被貶低爲次級的文化，或是讓某位來自秘魯的主廚在瑞典的北境找到靈魂的手足。

在分屬於世界的各個角落，我們都在與同樣的問題拚搏。我們比誰都清楚自己獲得的，是如何一種罕見到讓人站不穩的機會。我們是在這一切之前活過的最後一個世代，也是從那一切中享受到好處的最後一個世代。在未來的十年，料理會變得更加民主。餐廳將更普遍，知識會更普及，世人的專注力將愈縮愈短。任何主廚都將更難成爲獨樹一幟的存在。

當然，那或許只是我給自己的說詞，因爲我已經不知道派對在哪裡了。

---

⑪ Quique Dacosta（1972-），西班牙名廚，餐廳僅使用方圓七十五公里內的食材。

⑫ Magnus Nilsson（1983-），瑞典籍主廚，於三十五歲退休，關閉其知名餐廳 Fäviken。

⑬ Alex Atala（1968-），愛爾蘭與巴勒斯坦混血的巴西籍主廚，致力於推廣巴西料理。

* Cook It Raw 拉普蘭回合的幾幅即景：浸入式循環機（immersion circulator；舒肥料裡用的眞空低溫烹煮設備）在波圖拉的浴缸裡煮著馴鹿舌。成澤由浩（Yoshihiro Narisawa）與他身穿和服的夫人優子（Yuko；音譯）在分解一整頭熊。我做出了馴鹿奶的高湯來搭配我慢燉在燒柴三溫暖中的魚料理。我去確認魚的狀況時，才發現跟我搭擋的大衛・史卡賓（Davide Scabin）主持跟他的太太兩人一絲不掛，窩在一張熊皮毯下。他把火生得像是地獄烈焰，我的魚根本已經被點燃了。眞是有夠亂七八糟。（二〇〇九年的 Cook It Raw 哥本哈根是第一屆，二〇一〇年的拉普蘭是第二屆）

⑭ Harold McGee（1951-），世界知名的食物科學和烹飪權威，二〇〇八年名列《時代雜誌》的世界百大影響人物。

第②部 沉淪與回歸

放棄按時間順序述說的故事，開始探索我還沒完全與艾略特醫師討論完的各個主題：狂熱；一些扶手椅上的哲學思考跟厚顏無恥的藝術比較；憤怒的極限；種族歧視的孬種；把巨石重新推上山丘的喜悅。

第12章　盤子上的無花果

講述這本書第一部的那些故事，我有過很多練習的機會。但講接下來要談的事情，我就沒那麼多經驗了。

我想我索性就從上本書的尾巴接著講吧。

在二〇〇九年的《桃福》（*Momofuku*）食譜書出版後，（安）東尼・波登（Tony〔Anthony〕Bourdain）邀我偕他出席紐約美酒暨美食節（New York City Wine & Food Festival）。我恨公開演講，但出版社灌輸了我行銷活動有多重要的印象。我們的演講題目是《我放你媽的狗屁》（*I Call Bullshit*）。主辦單位要我們如潑婦罵街。

那是我跟東尼第一次公開同臺。事實上，我不太確定在我們共同的版權經紀人金姆・威瑟史彭（Kim Witherspoon）找他來替我《桃福》寫書封推薦之時，我跟他到底有沒有正式見過面。他當時已經走在成爲料理界神人的路上，但事實是我花了段時間才意會到這一點。

當《安東尼・波登之廚房機密檔案》（*Kitchen Confidential*）出版之時，我人還在克拉夫特打工，而主廚在當時不要說是酷，甚至連其職業地位都還沒正常化，而且老實說，我們對這個餐廳說出來也不怎麼樣的紐約主廚寫書來爆這一行的料，都抱持著一種不置可否的態度。

東尼從來沒有在第一梯隊的高級餐廳工作過。而那也讓我們業內的許多人有了一個理由去對他狗眼看人低，但那也正是他與眾不同的原因。他幹了一輩子分線廚師——他是那種從不立志要在高檔餐廳裡往上爬的傢伙。他代表著廣大的基層廚師，而他寫起我們的世界，字裡行間充滿了過人的聰慧與同理。

當他為了《安東尼・波登之名廚吃四方》（*A Cook's Tour*）而走訪法國洗衣店之時，我霎時感受到了東尼那副天才的完整重量。或許他無法在廚房裡跟上湯瑪斯・凱勒等大廚的腳步，但他明白凱勒的特別之處，並能巧妙地將之傳遞給讀者知悉。他是那種你會想跟他泡在一起的傢伙，因為他最重要的身分，永遠是料理與餐廳的粉絲。許多他在筆下跟電視上為其發聲的其人其事，都有著身為主廚之人念茲在茲的主題：革命情誼、誠實、創意，還有那些撐起整個餐飲產業的拉丁美洲廚師。到頭來為我們的行業地位貢獻最多的這個人，也正是一開始我們不覺得他廚藝夠格的那個人。

隨著東尼跟我相處的時間變長，我也對他愈來愈欣賞。我們有很多共通點，但我們也在各自的觀點上有不少互補處。我知道這聽來很模糊，但我實在很難具體言明他以哪些方式影響了我的生命。那就像要你解釋你為什麼愛某個兄弟姊妹一樣。我只能說他始終守在我的身邊。

在活動前的休息室裡，他幾乎沒碰那罐他已經開了的啤酒。我則是把冰桶裡的啤酒喝個精光，還欲罷不能地讓波本威士忌接棒。

「你眞的不喝點嗎？」我問。

「我不用，但你別客氣，盡量喝。」

舞臺的設計，讓其看起來就像個 IKEA 展間的生活區，等走出場還有更多啤酒在候著。東尼丟了個正中直球供我開場。

「你覺得桃福是在紅什麼？」

我就此談到了我們是如何被過度吹捧，而這種自鞭得到了不錯的迴響。隨著夜色漸深，我們開始鎖定一些共同討厭的對象：蓋・菲里①的頭髮。杯子蛋糕。寶拉・狄恩②。都是些安全牌。我們還聊到我們的所愛：賣墨西哥夾餅的塔可餐車、遭到低估的葛雷・昆茲③與克里斯蒂安・德洛夫里爾④等主廚。繼續簡單得分。

---

① Guy Fieri（1968- ），美國餐廳經營者，美食節目 Food Network 主持人。
② Paula Deen（1947- ），美國電視烹飪節目主持人，曾涉嫌種族歧視。
③ Gray Kunz（1955-2020），瑞士籍主廚，成長於新加坡，經營餐廳橫跨紐約、上海與香港，善用亞洲食材，影響美國餐飲甚巨，被譽爲「料理歷史中的巨人」。
④ Christian Delouvrier，法國名廚。

我們涉足深水區，是從東尼把艾莉絲・華特斯⑤說成「身穿沐沐⑥的波布」開始。我並不同意他的這種看法。我對於華特斯跟她在Chez Panisse餐廳所實現的成就都非常欽佩。我喜歡在她的餐廳裡用餐。而且，單以我與她的兩面之緣而言，艾莉絲都表現得既溫暖又慷慨，把我當成自家人般對待。我不覺得她是什麼天選之人，但我也不覺得她有那麼可氣就是了。

「她沒有惡意。」我帶起了不同的風向。

我可以察覺聽眾想看到血流成河。爲了不讓他們失望，我提供了一個安慰獎：「但我會說舊金山是狗屁就是了。」

「是喔。舊金山哪裡惹到你了？」

「那兒的料理只操控在少數幾家餐廳手裡。」

「這話什麼意思？」

「舊金山每家他媽的餐廳都把無花果放在盤子上就端出去了。食材多少該料理一下吧。」

灣區有全美最棒的農作物，而催生出了一種食材先於一切的料理手法。舊金山主廚的工作只有一樣，就是針對他們從市場上買來或從農園裡採收來的食材，進行內在本質的強化。

這理念沒有不好，但是拜託——他們也做得太過火了吧。滿腦子對於農場直送餐桌的狂熱正摧殘著舊金山的餐廳，搞得用水浸洗一下就有資格叫做料理了。我有回在舊金山點了柿子當甜點，結果他們送來的東西還真的一字不差：一盤完完整整、一刀未切的柿子。沒有蜂蜜、沒有鹽巴，什麼都不附。這些嬉皮根本不懂什麼叫料理。在我看來，北加州所有有其獨特觀點的餐廳，廚房裡都有一名主廚出身紐約。

紐約才看得見真正的料理。我們或許在食材上略遜一籌，但我們會想辦法，讓食材經過多階段的強化後，才把它們擺到盤子上。灣區的每個廚師，都是拄著拐杖在走路。這話不是只有我這麼說。早幾年，丹尼爾・派特森——少數我能說有在好好做菜的舊金山主廚——在《紐約時報》社論上發表了類似的觀點，結果遭到群起攻訐。世界的這一隅明明擁抱過那麼多思想前衛的運動——從愛之夏⑦，到披頭族⑧、到死之華⑨，到哈維・米爾克⑩，再到科

⑤Alice Waters（1944-），美國廚師與餐廳老闆、作家。自一九七一年起在加州柏克萊市經營 Chez Panisse 餐廳，以使用在地有機食材與創意加州美食聞名。

⑥Muumuu，傳統的夏威夷連衣裙。

⑦Summer of Love，一九六七年夏天，來自各地的年輕人以近十萬之衆，湧入了舊金山。許多人披頭散髮地把鮮花插在頭上，身穿奇裝異服，並高呼「造愛，不要造戰。」（只要性，不要戰）的口號，史稱「愛之夏」。

⑧Beatnik，美國在二戰後的五、六〇年代掀起「垮掉世代」或「疲憊世代」（beat generation）的文學暨文化浪潮，首批成員的核心理念包括對東方文化的探究、對既有主流價值的排斥、對物質主義的抗拒，還有對致幻藥物的實驗。其後續衍生出的成員名稱就是「披頭族」。

⑨Grateful Dead，一九六五年成立於加州的搖滾樂團。

⑩Harvey Milk（1930-1978），美國中第一位公開同性戀身分的政治人物，電影《自由大道》（*Milk*）是他的傳記電影。

技業的興起——但吃起料理卻這麼無趣。

我有自信自己在臺上做出了完整的論述。我給出了上下文。群眾似乎也很滿意於我的評論。我之後沒再多想什麼。

隔月我預定要前往舊金山打書。出版社在我的行程中堆滿了朗讀會、讀者提問、座談會、簽書會，還有料理演示。直到現在，我還在想公關同仁看著我「一盤無花果」的言論如可怖的眞菌在網路上蔓延，他們內部當時是一幅什麼樣的光景。

灣區同業並沒有輕輕放過我的揶揄。他們氣炸了。我不懂他們幹嘛那麼在意一個紐約主廚對他們城市的想法。這場酷刑變成一場更大的災難，是因爲有個舊金山在地的部落格要我把話說清楚。我咬了餌，並表示舊金山的每個人都該去多抽一點大麻。

亞洲協會（Asia Society）原本談好要舉辦一場盛大的新書活動，但最後抽了腿，原因是有個在地主廚提出匿名申訴。某發言人發表聲明說：「這不是在酒吧裡打屁。這是當著幾百名聽衆，會留下公開紀錄的發言。我明白男生喜歡撂狠話，但你不能在公開場合講。」

公開紀錄。我的天啊。

我們咬牙繼續著其他的活動。在離開舊金山的最後一晚，我們在北灘（North Beach）安排了一場酒吧派對。我把我認識跟有一面之緣的所有人都邀了來。不誇張。在Google創業學院的一場簽書會上，我對每一個人都說他們之後應該來喝杯酒。算我的。

那天晚上，我在角落的桌上安營扎寨。那間酒吧主打一種我沒見過的啤酒：所謂「小馬」瓶裝的七盎司美樂High Life。我覺得小馬瓶既可愛又聰明。以這小不點的體型，那水不拉嘰的啤酒還沒有機會在你手上退冰，就早進了你肚子。我把店裡全部的啤酒都包了——一百二十瓶——就等著人潮出現。

結果受邀前來的只有一個：克里斯・應（Chris Ying），應德剛，他是個當過廚師的書籍編輯，也顯然是整個舊金山食物評論圈內僅存一個還沒被我惹毛的成員。要不是他帶三、四個朋友來捧場，去急診室洗胃是我免不了的下場。整晚喝下來，我們那一小群人幹掉了全部的啤酒。結束的時候，想透透氣的我從二樓窗戶探出頭去，沒想到就這樣一頭栽到樓下的人行道上。剛好站在外頭的應衝過來幫忙，結果沒有幫成，因爲他看著我像超大號的韓國版西蒙・拜爾斯⑪似地翻滾成一個蹲姿。按照他的證詞，我綁起鞋帶就像什麼都

⑩ Harvey Milk（1930-1978），美國中第一位公開同性戀身分的政治人物，電影《自由大道》（*Milk*）是他的傳記電影。

⑪ Simone Biles（1997- ），知名美國非裔體操選手。

沒有發生。

我記憶中自己確實是那樣的人。在那趟打書行程後，我察覺到旁人看我的眼光有了些不同。拿著顯微鏡看我的人變多了，我身上的注意力也變多了。那固然有部分是反映我餐廳蒸蒸日上的業績，但美食媒體在擴張版圖也是原因之一。如今的 Eater 已與初始不可同日而語，他們開始貨眞價實地在全美產生影響力。爲了能二十四小時不間斷更新新聞，他們採取的策略之一是把我在他們家記者附近隨口發表的評論都通通登出去。此外，我開始覺得每當有誰需要誰評論一下某個跟餐飲界有一丁點關係的報導，他們就會一通電話打來給我。某位在探討秘魯玉米品種的作者小姐可能寫著寫著，就心血來潮地想說，果然這篇文章還是需要引句張錫鎬說的話。一盤無花果的風波也沒有銷聲匿跡。將近一年後，某網站刊出了整理了一篇舊金山餐廳清單，而些餐廳的共通點是都很不要臉地供應「一盤無花果」的各種變形——我的失言，是舊金山主廚的靈感來源。

就在這段期間，我深切感受到了知名度那可以把人壓垮的重量。拿我寫文章跟跑來訪問我的人數之多，讓我失了方寸。要說我都不想成爲矚目的焦點，倒也是一句謊言，但一般而言主廚面對一夕爆紅的手腕，大概就是童星的水準，也就是說：一籌莫展。我壓力大到對各種眞假都開始懷疑起來。後來我去找艾略特醫師，我問他我有沒有可能是思覺失調的病人。他向我保證我不是，但我對此有點失望，因爲思覺失調原可以蠻不錯地解釋這一切。

成名激起的餘波盪漾還不只如此。我在大衛・西蒙⑫的《火線重案組》續作《劫後餘生》中客串了一角。我開始成爲吉米・法倫⑬的訪問來賓，我出現在賴特曼⑭的節目上。《時代雜誌》將我選入二〇一〇年全球百大影響力人物名單，與歐巴馬、班・史提勒、小威廉斯、賈伯斯、艾莉絲・孟若⑮、札哈・哈蒂⑯平起平坐。他們的身影讓我覺得自己是個徹底的假貨。

後來他們幫我開了個電視節目，然後又追加了第二個節目。他們給我弄了個 podcast 節目。他們要我再寫一本書。

大部分的時候，我都感覺自己只是勉強撐在那裡。

---

⑫ David Simon（1960- ），具有記者、作者與編劇等多重身分的美國電視製作人，美劇《火線重案組》（*The Wire*）與續作《劫後餘生》（*Treme*）爲其近年知名作品。

⑬ Jimmy Fallon（1974- ），美國知名深夜脫口秀主持人。

⑭ David Letterman（1947- ），美國老牌深夜脫口秀主持人。

⑮ Alice Munro（1931- ），二〇一三年諾貝爾文學獎得主。

⑯ Zaha Hadid（1950-2016），伊拉克著名女性建築設計師，曾獲普立茲獎。

第13章　力保不失

整間桃福麵店只掛著一幅藝術作品。裱框裡那張巨型的攝影，是一九六八年出自艾利奧特・藍迪①之手，「樂隊」合唱團②還在錄製首張專輯《來自大粉紅的音樂》時的照片。在我們接待臺前排隊的客人只要一爲了讓其他客人進進出出而拖著腳轉身，身體都會摩擦到那張照片。

我家裡也掛了一幅同樣的照片。我愛死那幅照片了。它完美地捕捉到了樂團成員那股不修邊幅的謙遜：單純五個毛茸茸的傢伙站在胡士托③霧濛濛的山丘上，如此而已。「樂隊」合唱團在我心中，一直是柏拉圖式的理想「團體」。他們沒有特別突出的主唱；每個人都會輪著一展歌喉。他們不是五個大帥哥，也不會誇張做作。好幾名成員都會不只一種樂器。他們創作的音樂裡有不加修飾的破音；他們的某些錄音之所以經典，正是因爲那些作品讓人感覺火車即將脫軌。在我看來，他們只在乎演奏跟歡笑。他們就是個單純到不行的「樂隊」。

我希望桃福能成爲的，就是這種不完美的合作有機體。我不想把誰放在一個有著明確定義的角色上，因爲那會吸乾企業的能量。每個人都有他們的母港——奇諾跟沛慕雷在桃福麵店、何田歸屬菜包肉餐廳，而瑟皮科則在 Ko 待著——但這些前哨站絕不能是單打獨鬥的存在。以我而言，有些時候我會天天站上第一線——最好的例子就是 Ko 的起步階段——而不少時候我會想退居幕後。我會專注在經營面上，把料理的創意丟給團隊處理。

有很長一段時間，外界都認爲樂隊合唱團解散的決定是一種和平分手。他們規劃了告別演出，還將之拍成影片。由馬丁・史柯西斯④執導的《最後華爾滋》（*The Last Waltz*）堪稱是演唱會電影的影史傑作。下臺的身影，沒有比這更純淨的了。

當然，後來浮出檯面的內情顯示樂隊合唱團的解散並不單純，那當中糾結著受傷的情緒與自尊間的衝突。世間不存在乾乾淨淨的分手。

①Elliott Landy（1942-），以六〇代經典搖滾樂團照片聞名的美國攝影師，也是最早被認可爲藝術家的音樂類攝影大師。
②The Band，出道於加拿大多倫多，主要活躍於一九六八與一九七七年間的經典搖滾樂團，首張專輯名稱是《來自大粉紅的音樂》（*Music from Big Pink*），大粉紅是某幾位樂團成員的房子。
③Woodstock，美國紐約州鄉鎮名，以胡士托音樂節聞名。
④Martin Scorsese（1942-），出身紐約的知名電影導演。

二〇〇九年的春天，我收到一封信寄自世界五十最佳餐廳名單的幕後工作人員，他們想通知我菜包肉餐廳已經擠進了他們的年度排名，並邀請我赴倫敦參加頒獎典禮。我替核心團隊成員買好機票，在四月搭上了飛往英國的班機。

我們進榜的名次是三十一。根據「餐廳業內領袖」這一奇特票選主體的意見，我們的餐廳——包括餐廳內不只一張，而是有兩張的約翰・麥肯諾⑤裱框海報——要優於艾倫・杜卡斯開在摩納哥的路易十五（Le Louis XV；第四十三名）。關於世界五十最佳餐廳，我有很多話可以說，但那趟英國行眞正値得一提的，是我們全都睡在同一個飯店房間裡——還有就是奇諾沒來。他另立門戶的新餐廳只剩一個月就要開幕。

我們正式決定各奔東西，只有短短幾個星期，只是在那之前有段時間，我們早已貌合神離。

奇諾從來沒有爲了 Ko 興高采烈。任何花俏的東西他都沒有興趣追求，反之我則慢慢想通了。他有他的風格跟興趣，但那並不包括做雷司令果凍⑥與參考了艾倫・帕薩的料理。奇諾一心一意，追逐的是明火料理的完美境界。

桃福麵店之所以能做起來，是因爲他與我的口味雖然源自不同的傳統，卻自然而然形成了互補。但我們倆的動態平衡並不完美。美食記者艾連・里奇曼（Alan Richman）曾在二〇〇七年的某篇文章裡提到一個我們在廚房裡開過的玩笑：要是哪天桃福開了家奇諾的墨西哥餐廳，報紙頭條會是張錫鎬終於發現了自己也有墨西哥血統。

奇諾是那種你走進餐廳，會看到他在忙著做菜的人。像我之前說的，我最大的長才是創造出環境讓其他人成長、成功。我熱愛團隊。這聽來有點口惠而實不至，但我真的有努力去擦除桃福跟我之間的等號。但儘管如此，所有辛苦的同仁都還是活在我的陰影之下。不論在哪一家桃福餐廳的外圍，你都只能聽到我的名字。食客想像著我會親自執行他們用餐體驗中的大小環節。就算我本人不在現場都無助於改變情況，室內的空氣依舊會被張錫鎬吸光。

我跟他或許終須一別，但奇諾從沒有找我攤牌，至少他沒有大聲說出來。而我也不想哪壺不開提哪壺。於是我們便一起擺爛。

隨著他要離開的風聲外流，我慌了起來。我無意跟店還沒開就救過我一命的人一刀兩

⑤ John McEnroe（1952- ），一九九二年退役的美國職業網球選手，以個性火爆著稱。
⑥ Riesling gelée，雷司令是主要用以釀酒的重要白葡萄品種，生長在涼爽的德國等地。

斷。他構成了桃福的DNA。早在桃福成敗還在未定之天，他就與我並肩奮戰。他彌補了我的致命錯誤，而且他還是個了不起的廚師。要我再說一次也沒問題：他跟我是家人。

不論是對方想走還是我要對方走，我都不善於鬆手。我很愛吼，很愛叫——我自己也知道——但我從來不喜歡開除人。我喜歡那種知道所有人都在的感覺。我渴望來自朋友與家人的接納與慰藉。我厭惡他們會離開我的念頭。那會掀起我各式各樣的舊傷痛。想到自己是如何以爲他們多少關心過我，關心過桃福，我就覺得自己跟個傻子一樣。

起碼這一次，我跟奇諾算是好聚好散。我盡了自己的一份力幫忙奇諾，讓他開在威廉斯堡⑦的超棒餐廳——布魯克林之星——得以順利離地。

就這樣他走了，而我們也努力告訴自己這一天總會來臨，但我還是甩不掉那種我把他的付出當成應該，跟我爲了一己之私而利用了他的罪惡感。我眞的曾盡力讓他得到他應有的光環嗎？認眞說，爲什麼桃福墨西哥捲餐廳遲遲不開？也許我只是一直在自欺欺人。我自認光明磊落，但也許我根本一點也不在意一將功成萬骨枯——我是將，其他人是骨。我對員工的誠意，是不是要他們拿死忠來換呢？我不願這麼相信，我自認桃福有充分的空間讓所有人一起成功，但也許那也只是一個謊言。

他們終將一個個離開——有些人另有高就，有些人油盡燈枯。出人頭地難，溝通很差勁。我盡我所能不讓樂團散掉，爲此我用上了絕緣膠帶，使出了綁繩。我感覺每場離別都像是一道扎傷，但我對外永遠是那一百零一種反應：去他的*。我們這樣更好。

○

「你覺得他們到底什麼時候要來跟我們說：時間到了？」

托西跟我固定會在晚餐上工前在餐廳周遭散步，而有次她就問了我這問題。事實上何時會玩完，是我們閒聊時很熱門的話題。我們誰都不敢相信自己的好運。短短兩年，她就從Ko餐廳一個心不甘情不願的糕點師傅，搖身一變成了在Milk Bar⑧運籌帷幄，看著業績蒸蒸日上的指揮官。從很多方面來說，她面對起成功都比我駕輕就熟。

那些原本對我狗眼看人低的傢伙，一下子通通都跑出來了。有天我接到一通電話是幾名老同學打來的，但他們以前不要說跟我講話了，想把我從樓梯推下去還差不多。這些傢伙，就是那種會佔了亞洲女同學的便宜之後說「我得去沖個澡把髒東西洗掉」的水準。他

⑦Williamsburg，紐約布魯克林的街區名稱。
*或者更多時候是，去他們的。
⑧桃福集團投資的甜點麵包店。

們來電是因爲有場同學會快到了，他們想邀我出去聊聊。這種互動眞的讓我腦袋整個打結。我雖然出名但我並不帥，也不會運動，更不是音樂天才。我只是個廚師而已。

說起人不可貌相，托西表面上是個從《脫線家族》⑨走出來，會替常客打毛線、鉤圍巾的這麼號人物，但實際上她是個創意滿點的廚師——天才洋溢但絕不自命不凡。相較於其他桃福人會臉紅脖子粗地大呼小叫，她就像一名冷靜的刺客。

她的平步青雲始於 Ko。甜點在我眼裡一直是種可有可無的東西，是種突兀的存在。糕點主廚的出現，總會無可避免地打亂你一整晚透過菜單在訴說的故事情節。但托西爲 Ko 開發出來的甜點，倒是讓我們如虎添翼。給開幕菜單壓軸的高潮，是靈感來自麥當勞，漢堡神偷⑩也只能拜倒的炸蘋果派，外加一種與你早餐吃光玉米片後剩在碗底的牛奶相比，滋味如出一轍的義式奶酪。「穀片牛奶」現在感覺是種老掉牙的口味，但那也是因爲有托西先他媽的發明了這東西，大家今天才有得老套。

大部分人給托西作品的評價都是既可愛無法擋，又聰明有創意。我則認爲在美國餐飲史上，托西的作品是極具顚覆性的一群。托西在維吉尼亞州的郊區家庭長大，多到可怕的 Dairy Queen ⑪與垃圾食物供養了她無限的能量。相對於衆多糕點師傅投身歐洲標準的鑽研，托西從不刻意閃避自小形塑她的一切。她把她對美國元素的信手拈來，發展成了一種大膽的反叛，注入了 Milk Bar，而 Milk Bar 的前身，是附設在菜包肉餐廳裡室的一間烘焙坊，那裡出品像生日蛋糕口味的松露巧克力跟「廚餘餅乾」⑫等甜點。你找遍了Milk Bar裡裡外外，也看不到一個可露麗、馬卡龍，還是法式千層酥，因爲Milk Bar的宗旨，就在於挑戰一個概念：厲害的糕點主廚非得是接受過法式訓練的傢伙不可。托西的巧思瞬間就讓衆人欲罷不能。

在又一次從例行散步走回餐廳的途中，我們收到消息說一名因爲肚子痛去看病的新員工，被醫院確診爲A型肝炎。

A型肝炎不會要人命，但會要餐廳老闆的命。這種病是經由糞便傳染，也就是說染病者的飲食接觸過帶原者的排泄物。這些是我用手機上網搜尋「Hep A」（Hepatitis A）所查到的資訊。Hep A一共四個字母我打了老半天，因爲我手抖得非常劇烈。

---

⑨ *Brady Bunch*，ABC電視網從一九六九播出到一九七四年，一共五季的美國情境喜劇，故事圍繞一個有六個小孩的繼親家庭。首次播出期間不算特別紅，但下檔後成爲地方電視臺重播的班底，在女性與小孩之間甚受歡迎。

⑩ Hamburglar，速食餐廳麥當勞在七〇至九〇年代的其中一個吉祥物。

⑪ 美國著名冰淇淋速食連鎖餐廳。

⑫ Compost Cookies，Milk Bar的獨家特色產品，源自托西母親的廚房，因爲她母親會把剩下不足以製作單一口味餅乾的食材通通混在一起，就像廚餘一樣。這在托西家中的別名還有「垃圾餅」（garbage cookies）或「廚房水槽餅」（kitchen sink cookies），基本上材料沒有一定，全憑做的人開心。

我的事業危在旦夕，而我如果危險，托西的事業也跑不了。零號帶原者廚師在潛伏期感染了多少員工與客人，我們不得而知，畢竟廚師本人當時也不知道自己已經陷入肝炎的魔掌下。除非有人發病，否則我們根本無從查起。我嚇到手足無措，但托西給我上了一課什麼叫做臨危不亂。我們當下通報了衛生局，並得知衛生局不會馬上勒令有A肝疑慮的企業停業，而是會先觀察一個禮拜。但我不想坐著空等，我主動讓菜包肉餐廳暫停營業，並把所有團隊成員都趕去檢驗跟打疫苗。

隔天我們確定通通沒事。

我開始有了個很糟糕的念頭。人將會是造成我們垮臺的罩門。難以逆料、有病、冷漠無情的人。

第14章　掏金南半球

在員工離開、被媒體追著跑，還有我益發爲了這一切不知何時會垮掉而惶惶不可終日的空檔，我決定退回本能的懷抱：我判斷我需要跑得愈遠愈好。

爲了做到這點，我終於名一簽，第一次跟人合夥。第一家不在曼哈頓的桃福餐廳，將坐落在某間一萬英里外的賭場裡。

每次在總部有人問起我新的通勤距離，我都會拉開 Google 地圖，然後用拇指跟食指測量起紐約跟雪梨之間的距離。

「你看，沒有想像中遠嘛。」

距離先不談，這趟操作並非天方夜譚。多數的管理契約都是一種交易行爲。一處物業——比方說一家飯店或一座新的購物中心——會重金禮聘名廚來開設有其招牌菜單的掛名餐廳。名廚會專程搭機前來參與盛大開幕，一身亮白地在用餐客人面前進行親民公關，然後待個幾天閃人，並留下一名幹部統籌大局。合約中會白紙黑字地規定主廚每年起碼的現身次數，但那通常不會太過辛苦。

管理契約是許多國際級餐廳經營者的金雞母。真正的展店大師有本事把他們的成功配方裝瓶，然後穩定地把特定的氣氛與品質維繫在日不落的餐廳帝國中。松久信幸（Nobu Matsuhisa）可以搭私人噴射機飛來飛去，一個週末搞定三家巨型壽司餐廳的開幕。喬爾・侯布雄（Joël Robuchon）拿下米其林三星，是在拉斯維加斯的美高梅大酒店裡面。

我們簽約要開設的餐廳，是一宗再生計畫的一環，再生的主體是一家營運了二十年的賭場。我是在探索如何進軍拉斯維加斯的時候認識了開發團隊，而這會兒他們跑到澳洲要蓋一棟複合式的賭場兼酒店，並承諾我可以為餐廳選擇任何一處空間，店內設計也可以完全如我所願。他們表示不論我有任何需求，他們都會盡量滿足我——事實上他們堅持要我選購最昂貴的廚房設備。我沒多想就跳上了甲板。

表面上，這個計劃遠不是我們手邊最吸引人的機會。該酒店的原始建築師曾形容過這開發案是他公司構思過最其貌不揚的一組建築。光天化日下這案子看起來像三棟機場麗笙飯店（Airport Radisson）跟一棟河畔步道賣場在敦倫。在地人恨之入骨。再多的錢也救不了這座星億賭場。但就是這一點，讓這裡跟拉斯維加斯一樣吸引了我：在最令人想不到的地方給人最精采的味覺享受，是種使我心癢難耐的想法。

我們既不打算在桃福西王母（Momofuku Sei bo）重複別人做過的事情，也不甘願拿張錫鎬的桃福拉麵跟刈包來湊數。我想要在管理契約顯而易見的框架限制下進行創新。一定要完全處於逆境之中，我們才能成功。我們就是那樣才能發揮最大的潛力。

在確立這樣的想法後，又聽到開發方表示我們可以開在園區內的任何地方，我於是挑了一個他們根本懶得帶我們去參觀的空間。我是某天晚上在找廁所的時候發現了那個地方：在一個我幾乎一無所知的國家，一家被轟得狗血淋頭的賭場，一個遠離博弈主樓層而遭人遺忘的角落裡，存在著這麼個尷尬黑箱。

○

在餐廳這一行，你對同業表示尊敬的方式就是拿有助於他們適應新環境的內幕跟他們分享：這裡的客人喜歡什麼？哪一家供應商的海鮮最棒？好的廚師哪裡找？這裡的美食評論長得什麼模樣？

援手在雪梨呼之不出。澳洲有所謂的「高大罌粟花症候群」①——他們看不順眼太突出的人——所以你可以想像他們會如何看待一個大嘴巴又自以爲什麼都懂，不請自來的紐

①tall poppy syndrome，澳紐的一種文化現象，據說源自古希臘時期暴君之間的對話，意思是權臣一如過高的罌粟花，須加以剪除，現今的概念接近「棒打出頭鳥」。

約客。我避開了所有知名主廚開在市區的餐廳，成了金唐海鮮酒家（Golden Century）的常客，那是我在雪梨最愛的宵夜場粵菜館。其他時間我就以賭場為家，工作時大呼小叫地發號施令，咚咚咚地在廚房裡跺來跺去，空閒時則去賭個兩把。

一個美國牛仔空降到澳洲酒店裡開餐廳，絕不可能給人多好的印象。於是在沒有跟老家任何人報備的情況下，我就決定了要徹底以星億賭城為家。原本我是在紐約跟雪梨之間飛來飛去，但如今我哪兒都不去了。在地人最好開始習慣我的存在。

我們的計畫是去挨近這個國家的豐饒物產，而不要老把歐洲的理想當成靠山（人在墨爾本的班・舒里〔Ben Shewry〕是這種做法的先驅，但整體而言，澳洲廚師還是不太能放開懷去擁抱自己國家的特別）。我們會避開來自世界各地的奢華特產，盡量把機會留給澳洲本地的食材。我們會解構所有人心目中對於高級料理的想像，讓他們在這過程中意猶未盡，包括讓他們體驗有資格被放進品嘗菜單的料理。澳洲坐擁世界一流的中國菜、泰國菜、大馬料理，還有越南餐廳，外加有一群有著知識底蘊，且懂吃的居民。想要顛覆大眾對於高級料理的成見，豈能有比澳洲更適合的地方？那會是一封巨大且發自內心，獻給他們國家的情書，旁邊配上一句小小聲的幹。我想像中與這座城市的對話，生得這幅模樣：你覺得你很澳洲？讓我用史上最澳洲的餐廳讓你開開眼界。

在西王母，我們組成了一支陣容堅強，我在世界各地都難得一見的餐廳團隊。瑟皮科仍在雪梨坐鎮，這是第一點，此外有三名我等不及要與他們擦出火花的新血。卻斯・勒夫奇（Chase Lovecky）曾修業於瓊恩・喬治的餐廳，並在Ko擔任過分線廚師；瑟皮科覺得他潛力十足。澳洲獨行俠克雷頓・威爾斯（Clayton Wells）曾在雪梨的傳奇日裔主廚和久田哲也身邊待過。我認識班・葛林諾（Ben Greeno）的時候他還在NOMA。我們欽點他來當行政主廚。

我們有人手充足的團隊，有閃閃發亮的新廚房，有可以供人「玩耍」的夢幻食材，有來自酒店的傾力支持。我們萬事俱備，就等著在料理上大幹一番，但結果……我們好像沒有想像中厲害。

任何餐廳都需要時間就緒。槍聲一響，我們在廚房裡的起跑並不順利。而雖說剛開始在甲板上有些踉蹌的葛林諾最終會慢慢找到他的平衡，但在萬事起頭難的那幾個月裡，爲我們穩住局面的功臣是餐廳的外場人員。

在之前介紹Ko的段落中，我提到過我原本的觀念是不打算請任何外場。我以前總覺得相對於服務生可以賺小費，而廚師什麼都沒有，這當中的落差也未免太大。我的看法曾是廚房才是餐廳的本體，只有廚房做出的貢獻才眞正有意義，酒單跟侍應生則都是西方餐飲裝模作樣的道具。當時我眞心相信只要一家餐廳的食物夠好，就可以贏，其他都是垃圾，都是多餘。

身在雪梨，我很幸運撿到一支全明星的服務團隊：李察・哈格里夫（Richard Hargreave），英國人，曾多次靠在雪梨知名餐廳中的表現，贏得過頂級侍酒師獎項的肯定。我當時還不太理解侍酒師眞正的工作內容，但我會看著他與客人攀談，而客人無一例外地會買下他推薦的酒類品牌，搞得我不禁心想，他到底是怎麼做到的？查爾斯・梁（Charles Leong）也在我們酒類部門的建立上出了份力，而他就像轉世的佛陀一樣，爲他走進的每個房間帶來祥和與寧靜。

蘇・黃・魯伊斯（Su Wong Ruiz）作爲土生土長的雪梨人，曾在轉型爲外場前待過紐約好幾家餐廳的廚房。瑟皮科會認識她，是因爲他們有個共同的老東家是間名叫 Sumile 的餐廳。她同意爲了這個案子搬回澳洲。我此時也跟不少才華洋溢的外場同仁合作過了，但像蘇這種好像固執永遠用不完的類型，我還是頭一遭遇到。

蘇跟內場一拍即合。每個在雪梨的早晨，蘇跟葛林諾都會共進咖啡來檢討昨天並腦力激盪改善之道。兩人密切合作的榜樣，帶動了廚房與外場之間的效法，由此他們形成了一種在餐廳裡十分罕見的連結，要知道在某些餐廳裡，你會感覺內外場像是朝著共同目標在努力的兩支敵隊。在西王母，侍者身懷廚師的信任，可以將料理背後的故事傳達到餐室，而廚師反過來也變得更積極與隔著走道相望的賓客互動，更樂於與同事產生連結。

在蘇的操盤下，西王母這家被評論家懷疑是用來撈錢，作爲管理契約的一環而開在賭場裡的餐廳，從澳洲舉國最負盛名的餐飲指南手中，拿下了最佳餐廳的殊榮*。

我在澳洲過了一年左右，極度不平靜的日子，但當中某些突破還是有的，其中最主要的就是我了解到了內外場團結的重要性——還有不把餐旅業當回事的我是多麼愚蠢。

前面我說過，葛林諾最終會慢慢把廚房這艘傾斜的船扶正。他率領團隊做出了你可以用手指拿著吃的食物，而那一樣樣作品除了是他超卓的廚藝結晶，也不曾在滋味的追求上有絲毫妥協。比方說，我們從侯布雄經典的一道麵皮裹小龍蝦料理得到靈感，在北非三角餅②那精巧的圓柱體中填入煙燻鰻魚與蘋果泥，上方再綴以冷凍乾燥的蘋果。那是一份充滿驚

* 蘇在雪梨紮根之強韌，其遺緒一直延續到了下個世代。事隔多年，當她跟其餘的開幕團隊都已前往人生的下一站，凱莉・哈維爾・艾胥頓（Kylie Javier Ashton）接下了餐廳的外場，廚房的韁繩則交到了保羅・卡麥可（Paul Carmichael）的手中。保羅與凱莉再一次成功拿下最佳餐廳的頭銜，靠的是嶄新的菜單跟服務理念，還有兩人間一如往昔的深刻連結。老實說，我覺得現在去西王母吃飯比以前更加過癮——關於我心目中的餐廳可以達到什麼樣的境界，那很可能是我們與理想最接近的一回。

② Brik，北非馬格里布地區的阿拉伯傳統麵食，多為三角形且包有餡料。

喜的菜單。我們把不得人疼的料理與食材從既有的脈絡中提拔出來，然後讓他們以清新宜人的面貌重新登場。

事實上，我們在西王母用品嘗菜單提供的絕大多數菜色（只有兩道例外），都是全新的東西。首先，我們必須讓客人嘗嘗我們的刈包，因為每篇天殺的餐廳介紹文章都提到刈包。第二樣則是我們的菜包肉。我們已經在菜包肉餐廳裡悟得如何捕捉整塊豬肩肉的醉人魅力。在西王母，我們新添了一樣巧思。

我在出餐時段唯一的工作，就是顧好菜包肉。我所使用的豬肉會在複合式烤箱（結合蒸氣與對流烘烤）中養尊處優，並在那兒由我用黑糖與其自身的豬油，每隔五到十分鐘上一層釉。只要脂肪、溫度、糖分與照料都恰到好處，那烤豬肩肉就能披上一層比經過完美上色的北京烤鴨，更耀眼的光澤。品嘗菜單吃到三分之二處，就在魚料理上菜的同時，我會把豬肉移置到從餐室看過來一目了然的流理臺上。直接從頭頂打下來的燈光，讓豬肉看起來就像一尊被偷也不奇怪，博物館的珍藏。

「那是什麼？」坐在主廚檯前的每個用餐者都會有此一問，幾乎沒有例外。

侍者會閃爍其詞。「喔，那是我們的員工餐啦。等下我們隨便吃吃的。」

接著會上甜點。客人會要求埋單。

「您還有一道菜沒上，其實。希望您不介意。」

這時的豬肩已然出落地內裡軟嫩顫晃，外皮脆口香甜。我們用夾鉗扯下一塊塊豬肉，直送到客人面前。不加調味，也看不到配菜。

「主廚建議您用手拿著吃。」侍者笑道。「不夠的話再跟我說。」

每晚來到用餐的尾聲，我們會照例把集中在烤盤底的豬油做成小小的焦糖。這瞬間的西王母會化身法餐之家，而這些豬油焦糖就是菜單上的 mignardises，也就是一口小點。

我們在桃福多數的所作所爲，都被形容爲叛逆，或被說成一種與餐飲體制的相互參照，餐飲體制在此是僵固與考究的代表。但我會認爲眞相比這些說法更多了一分微妙。

我當時肯定沒想太多，但從那之後，我慢慢開始用大學時代讀過的一本書來理解桃福。我就不拿太多我的業餘哲學分析來折磨大家了，但尼采在《悲劇的誕生》（*The Birth of Tragedy*）中所講的重點是：但凡偉大的藝術，都是基於阿波羅與狄奧尼索斯的耦合。太陽神阿波羅代表秩序、美麗、眞理、完美。換成料理的語言，這就是一份品嘗菜單。狄奧尼索斯象徵一切的不可預測、不可控制，還有推到極致的狂喜與苦難。一個更好的對比或許是烤豬或水煮螯蝦。二者缺一，你就無法全然感受到另一邊的好。秩序之所以存在美感，是因爲世間那打底的混亂。反過來說，有著狂野與意外本質的作品所以令人讚嘆或悲慘或動人，是因爲它們不屈於我們的秩序觀。讓粗獷豚香飄散於西王母的那片刻喜悅之所以有其意義，完全是因爲它發生在按部就班上菜的品嘗菜單結尾。我們想讓你同時體驗到阿波羅與狄奧尼索斯*。

當然，沒有哪篇對西王母的評論眞的這樣講，但我仍十分樂見這樣的反應。派特・諾斯（Pat Nourse）作爲澳洲最舉足輕重的餐廳評論家，吃得非常滿意。在評論中，他完全寫出了我們希望他寫出的內容：西王母是你想都沒想到會在賭場裡發現的餐廳。如我所說《美食指南》（*Good Food Guide*）的盛大年度排行將我們選爲年度最佳新進餐廳。他們的評分單位是廚師帽。在我們出現前，澳洲從沒有餐廳可以在成立的第一年就拿到最多的三頂帽子。

在設法讓西王母開始運轉的那幾個月，我與美國的生活脫了節。我盡可能壓低回美國的次數，但時差還是一直調整不過來。大家說的沒錯。澳洲眞的很遠。而在那裡，在世界的另一端，在沒有我熟人看得見的所在，我難保不會在自己最不堪的衝動面前軟弱下來。

第15章　三十五

西王母的頭一年，我滿三十五歲了，而這個年齡所標註的，是至此一整段於私於公都讓人驚心動魄，完全沒有喘息空間的駭人歲月，而那帶出的是我內心最糟糕的一面。我回首那段歲月，心中的感受是哀愁、是懊悔、是恐怖。我以爲爲了這本書，我可以雲淡風輕地重返那段記憶，但我發現自己爲了得重述那段光陰而怒從中來。我完全卡在那兒。我要是把當年的眞實想法分享出來，就怕會被當成沒血沒淚之人，但要是我去加以修改，那跟修正主義對歷史的翻案就沒有兩樣了。我現在唯一想做的，就是去編輯那段人生——不單是爲了你們，也是爲了我自己。我只盼自己當年可以有不同的看法與體驗。我但願我可以現在就要來改寫這整章。

＊正規的尼采學者恐怕會因爲我把「太陽神阿波羅／酒神狄奧尼索斯機制」應用在食物上而大翻白眼，畢竟這東西平日都是出現在音樂或視覺藝術的討論中。

隨著桃福西王母的開幕日逼近，我們需要多找一個能幹的分線廚師。第一號應徵者來餐廳「實際走一遍」①，而他幾乎第一時間就問了我們他每天可以幾點走。我跟他說他現在就可以滾了。另一名應徵者跟我很快就提到的其中一件事，是如果他來上班，班表不可以妨礙到他衝浪。他週一跟週五都一定要休。我說他想休幾天就休幾天，反正他不會來我們這裡上班。你的個人需求我完全不想管。任何需求都代表著弱點，而我的心態是我們公司裡容不下弱點。我讓自己相信人類的基本需求就等於自私；換句話說，如果工作以外你還有別的需求，你就是個壞人。我把我的自私建立在別人的無私之上。有我這樣的老闆很慘。

我們到場時，第三名應徵者已經在等候我們了，而他在我見過的所有應徵實習者中，顯然是很優秀的一位。他的作業非常流暢，毫不拖泥帶水。他會仔細觀察每樣事物，會問到事情的癥結，會作筆記。他的刀很鋒利。約莫凌晨兩點我正要離開餐廳，他還在擦拭流理臺。我把錄取名額給了他。

他說他很感謝我願意給他機會，但我們好像不太適合彼此。新婚的他希望生活和工作能平衡一點。他禮貌地婉拒了我的邀約。

我掉頭就走。

「這種人去死吧。」「他們每次這樣子，我都心如刀割。這些攻擊於我，感覺就像直接打在我身上一樣。我知道這聽起來不太理性。我後來也花了好多年想搞懂這一點。我並不眞的埋怨他想多把時間留給家人。我沒有任何理由可以恨他。我只是嫉妒他。」我一邊這麼告訴我們的一名廚師，一邊把圍裙扔進洗衣籃。

○

維修師傅又一次漫步進我們的餐廳，嘴裡還用口哨吹著小調，活像是比爾博他媽的巴金斯②，用他那不知道在開心什麼的一臉喜悅跟目中無人，打斷了我們在自己的世界裡認眞工作自以爲了不起。我怒不可遏地衝向他，活像是軍隊裡的教育班長。

那之後發生了什麼我其實記不得了。我標標準準地成了失心瘋。員工告訴我我當時對那人大吼大叫。還威脅他。他們說我原本在砧板上切不知道什麼東西，然後一轉眼就瘋狂

①Trail，即以實際在廚房環境中試做一天代替面試。

②比爾博・巴金斯（Bilbo Baggins），爲奇幻小說《魔戒》故事裡的哈比人主角。

拿著刀比手畫腳。他們說那把刀被解讀爲武器也不奇怪。我不是在爲自己開脫——我是眞的想不起來。但那也沒差了。那人主觀覺得自己受到威脅。我千不該萬不該讓他受到絲毫驚嚇。

後續人資收到的報告，讓我差一點被澳洲遣送出境。雪上加霜的是那人的一個身分，是全賭場最受愛戴、人緣最好的員工。我手寫了一封書面道歉，但我沒有眞心覺得自己不對但我其實不懂歉該怎麼道。沒有人不嚴肅看待此事。我遭到了重懲，但還是那句話，沒差。我這些年已經失控過太多次，驚嚇過太多人。我永遠解釋不了我有多討厭自己這樣，多在當下討厭自己的爆炸，也說不清自己曾多拚了命想要改變。

○

在雪梨，藏身在某酒店的隱密角落，遠離現實世界，遠離桃福餐廳，遠離艾略特醫師，此時的我可以盡情使壞。不工作的時候我會喝酒、賭博，會招待跟那些爲了賭場而來的名人鬼混，跟他們有所交流，醉生夢死。

他們最喜歡去的地方，是酒店裡的一家俱樂部，裡面放的音樂比我這輩子聽過的都糟。我每回去都把自己灌到不省人事。

「這他媽的太誇張了。」我在動次動次動次聲中對一名早年是帥哥出身的超名人吼著。

「你跟我同年，但我光在旁邊看你都覺得累。你怎麼有辦法在早上工作？你不厭倦嗎？」

我無法確定他聽到了多少，但他轉頭看著我，吐出了一道煙。

「我對這一切哪會有厭倦的一天？」

隔天早上我醒在邦代③一家餐廳的工友工具間裡。那跟醒在垃圾桶裡沒有兩樣。

隨著各家餐廳的成功，女性開始有興趣跟我名人主廚張錫鎬約會。我不論對她們任何一個來說，都是很糟糕的伴侶。我突然之間變得搶手幼稚、自私、自戀、不配。

整體而言，我會盡量避免只是跟人玩玩。內心深處我想要陪伴，我會受聰明、外向、超級上進的女性吸引。但我每次交往都撐不過六個月。並不是我不想——我只是沒辦法讓自己長大到可以跟誰在一起。

③Bondi，澳洲著名的白沙灘。

有場失敗的戀愛讓我徹底心碎。但事後我沒想太多，就跟我下一個開始約會的對象一頭栽進交往關係中。我們訂婚了。向她求婚，會是一個巨大的錯誤——那會是既自私，對她也不公平的行爲。我知道我們不適合彼此。我知道我會爲了自己而讓她歷經深重的痛苦，但我當時已經進入自動導航。

說得嚴重一點，我們短命的關係痛苦、狗血、慘烈、甚至駭人到無以復加。最後同樣是分手作收。

我人在飛機上，打開了收自其中一名手足的電郵。我媽去做了年度體檢，結果腦部發現有個腫瘤。她已歷經了骨癌跟乳癌。

同一天老爸的醫生告訴我他得了肝癌。那個月，我的朋友亞力克斯・考德伍德（Alex Calderwood），也就是 ACE Hotel ④的創辦人，死於吸毒過量。

然後是我的另一個朋友佩姬在費城難產不治。

我在桃福的核心家庭開始離我而去。

我應該要回去處理，但我仍舊無法忍受身在紐約。我一點都忍受不了。

○

那個廚師才十七歲，就被他的雙親丟到我們的門口，就像被遺棄的孤兒一樣。在我心目中，他就像個孤兒，但那當然不是事實。在特定的餐廳裡，階級結構與極爲狹隘的空間——加上廚師傳統上就是一群外來者而渴望著某種接受與認可——會讓人產生一家人的錯覺。年輕人進到廚房，需要的是指引與規矩，而主廚都很樂於扮演代理監護人的角色。對於他，我很珍惜有這樣的機會。他說多亮眼就有多亮眼。

我把他收爲我的徒弟，當他是個我有大計畫之人。我希望他有朝一日能挑起桃福麵店的廚房大樑。

我開始栽培起他，因爲我很快就意會到他不只能力使人期待，就連態度也令人稱許。

④一九九九年創辦於西雅圖的美國連鎖旅店，以時髦的空間設計著稱。

他從來不會理由一堆。他做什麼都認眞——到時不時有點奮不顧身。他好笑、聰明、忠心。我安插他去查爾斯頓的麥可雷迪（McCrady's）餐廳，在尙・布洛克（Sean Brock）的身邊實習，當時麥可雷迪是南方最炙手可熱的餐廳。我安排他花一季的時間去安多尼・路易斯・阿杜里斯的穆加里茲餐廳（Mugaritz）工作，好讓他可以近距離親炙這世上最趣味盎然的料理。他每趟回來都如獲新生而且滿懷感激。

但如今，我拚著這條命，也搞不懂爲什麼會收到團隊對我的抱怨連連。他像是變了一個人。大家都看不懂。我一手培養了他，團隊也知道我多器重他。我感覺得到他們不滿我對他的偏心。

我在多倫多，接到了一通電話是關於他最新出的包。我去電罵了他一頓，並說等我回紐約要再當面詳談。那個禮拜的尾聲，我接到了又一通電話。警方在公寓發現了他的屍體。

他爸媽在星期六飛了上來。我們在紐約中城的桃福 Má Pêche ⑤餐廳辦公室見面。向他們說明兒子是怎麼死的——還有我們是怎麼辜負了他——毫無疑問是我做過最艱難的事情。

他母親告訴我兒子熱愛爲我工作。他愛著我。

我也全心愛著他，我說。我告訴他爸媽，我會努力用桃福去紀念他們的兒子，也紀念他於我所代表的一切。我如今也已爲人父。我知道不管我說再多，意義都不大。

我一向善於注意到廚師的私生活出了問題。我嗅得出有人吸毒——這我無所謂。並且我也不會爲此開除人。我只是要知道他們在做什麼，好讓**他們**也知道自己在做什麼。

他是吸毒過量而意外身亡的*。有段時間，我把錯怪到桃福團隊的頭上。我很氣他們。他們理應彼此照顧，理應察覺自己的廚房兄弟不對勁，並爲此深究才對。我們是家體貼的~~公司——是那種會去注意到同仁需要拉一把的公司。但顯然我們做得還不夠好。~~他死在我的手上是一個事實。

在職業生涯中，我一直懷著某種道德性的潔癖，也非常在意我的自殺傾向是如何導致了化身桃福集團的生涯突破。我每每提到這門生意，都像是生死交關的事情。若說把頭塞進屁眼是用來比喻笨蛋，那我的頭已經深到拔不出來了。

關於他的死我就說到這裡，再多提就是對他的不敬。如果能不寫他的死，而寫寫他與

⑤ Má Pêche，這名字在越南式法文裡的意思是 mother peach，也就是桃子媽媽。桃福 Má Pêche 餐廳的主廚何田是在越南出生的法國料理廚師。

* 我很高興看到酗酒在近年來的廚房裡，愈來愈不是個問題，但看著酒被毒品取代則讓我膽戰心驚。

我們一起完成的大事，我會比什麼都開心。

在接著的幾個月裡，我胖了五十磅（約二十三公斤）。我戒了酒，戒了菸，但我會在凌晨三點叫披薩來，然後一個人把一整張嗑光。不胃痛我睡不著，背傷讓我運動不了。我變得動彈不得。

在愛徒猝死之前，我去心理治療大多是爲了紓壓。但如今我開始瘋狂地找尋生活能恢復正常之道。我們所有時間都用在討論他的死。

那在我腦中是條清清楚楚的因果。我是他的老闆，也像他的大哥，結果我跟他說他讓我失望了。

經年累月，艾略特醫師努力想說服我的，就是這種想法是我在自我膨脹。他說我處理徒弟犯錯的方式確實讓人不舒服，確實咄咄逼人，也確實沒有建設性，但那都不是他的死因。覺得是我有能力殺了他，就等於覺得我有能力救他，而那並非事實。他既非因我而死，也不是爲我而死。他不應該只被我們的師徒關係定義。比起他對這個世界的意義，他對於我的意義根本不值一提。

我不應該自責，但我沒有一天不想起他，沒有一天不在想若我搭機殺到他家門口，結果會不會有所不同。

如果有人該死，那應該是我。二十六歲那年，我爲我第一家餐廳簽下了十年租約。仲介當時提供了我額外五年的優先續約權，但遭到我的拒絕。我確信自己活不過十年。

此時三十五歲的我還活得好好的。這一切都沒理由那麼重要。我得去思考出這多出來的生命該如何是好。

第16章　雜誌這一行

好吧，提案內容如下。

我們會在全美各地拜訪小農場，他們就是供應你餐廳食材的那些小農。然後你去看他們都做錯了些什麼。他們沒有逼出所有的地力，而那就代表你沒有得到最好的食材。你這時就要開始對農夫們大吼，然後……

這是製作人想找我合作的真實節目。張錫鎬大罵農夫。

邀約從四面八方湧來，沒有人不想把我弄到電視上。偶爾如果有朋友參與其中，我會答應去當特別來賓。像瑪莎・史都華①，作爲桃福起步時的一名守護天使（她第一次來光顧時，是跟大家一起在外面排隊），就邀請了我去上她的節目，我們在電視上相談甚歡。我另外也上了《頂尖主廚大對決》（*Top Chef*）。我確信他們爲了剪出我在鏡頭前說「一切都沒問題吧，湯姆？」或類似的乾淨句子，他們至少得從八到十段畫面中拼湊出需要的音節。

我一點也不覺得自己的狀況適合常態出現在電視上。但最終為了讓更多屁股坐進我的餐廳，我屈服了。爲了做生意我可以無所不用其極。而就這樣，我開始出現在每家對料理節目有雄心壯志的製作公司會議上，包括「美食頻道」（Food Network）。我並未刻意掩飾自己對這類節目的厭惡。我會跟他們明說我覺得他們有多爛，然後，就沒有然後了。

我開始思考有哪些主廚曾成功斜槓到電視圈，卻沒有損及自身的公信力。我去接觸了我認識的那幾位，向他們請益要如何避免在螢幕上耍猴戲。從他們的答案裡，我拼湊出評估媒體提案的三合一標準：

1. 節目要有教育意義。
2. 節目要贊助餐廳的創意嘗試。
3. 節目要反映我所代表的價值，同時對餐飲業要有公正不阿的呈現。

這三點至今都還是我的接或不接邀約的基準。

①Martha Stewart（1941- ），美國知名的「家政女王」，以居家商機創造出龐大的事業體，惟二〇〇二年曾捲入股市內線交易案。

在合力出版了《桃福》一書後，彼得・米漢跟我並沒有想先喘口氣再重新出發。我們立刻就動身找人製作我們會想看到的電視節目，而那個有興趣與我們合作的單位，就是波登開的「零點零」（Zero Point Zero），也就是《波登不設限》（*No Reservations*）幕後的製作公司。相對於傳統的美食節目，他們提議讓我們開發出一款手機 app，並使其成為使用者可以由此透過影片、相片、文章與互動功能來探索食物天地的平臺。那年是二〇一〇，當時的 iPad 還是新玩意，太陽下每個人都想在 app 市場裡分杯羹。當然，沒有人知道那具體代表什麼跟自己在做什麼。

跟零點零一起，米漢與我腦力激盪出一個概念。我在構思創意或食譜時，會喜歡在白板上寫字：一個念頭連結到另一個念頭，再到下一個念頭，最終孕育出一款新的見地，以此類推，直到你得出一個九彎十八拐，相互聯繫的念頭網，並以此圍繞著一個核心的主題。在 app 中，我們想像使用者會踏上自我導航的旅途，通過互動的心靈地圖去開枝散葉到不同的影片與配合的文章。這樣的每「集」節目都會圍繞著一個不同的主題。零點零拿出錢來，拍攝了前兩個主題——拉麵與甜蜜點（甜食店）——的各節內容，為此我們前往日本、美國南方、西班牙與加州拍攝了外景。

剪輯過的影片內容與頭幾個版本的軟體都令我相當滿意，而這個企畫案同時滿足了我的三項標準。事實上這個 app 是如此被看好，蘋果公司已內定要將之用在其下一代 iPad 的上市廣告裡。

但就是有一個缺點。這 app 無法眞正支援長篇大論的文字，也裝不下我們累積拍攝的數百小時影片。這些放不下的內容，我們該如何處理才好？彼得建議我們可以拿去做雜誌。我喜歡這個建議只有一個理由：我想像中的讀者會一手雜誌，一手 iPad，然後瘋狂地左看右看來獲得最完整的體驗。這種莫名其妙的想像會讓我內心洋溢著滿滿的幸福感。

我們用電話聯絡了克里斯・應。他曾經一邊在廚房打工，一邊在獨立出版商 McSweeney's 裡實習，而如今的他已經貴爲該公司的發行人。克里斯的企圖心跟才華都不缺，但這些年來，他與我卻沒少相互衝撞，原因是他天生比我對風險敏感。遇到他不願意孤注一擲的時候，我眞的會沮喪到無可復加。但當我們致電要他一起來辦雜誌的時候，他倒是一口答應了下來。我喜歡這樣。他跟米漢立刻就一頭栽進了相關作業。

我們的第三方軟體開發商交出了他們辛苦的成果，但東西有些問題。如果我沒記錯的話，當時多數的 app 都是兩到四 MB 大，但我們 app 上的每集內容，都有四……GB 大。我們把 app 交給蘋果之後，收到了一通他們工程師打來的電話，他大致的意思是：「在蘋果，我們平日的標準是記憶體流失②連一處都不可以有，而你們的 app 目前有一百五十三處。」

總之，那個 app 被命名爲 Lucky Peach（福桃），並正式來講仍處於 beta 版的測試階段。《福桃》作爲一本季刊才出了兩到三期，我們就在內部宣告了 app 的死亡。我跟零點零的一名製作人開了會，他氣炸了。零點零完全沒有辦法回收他們花在影片或 app 上的製作費。他求我把我們已經拍好的東西釋出給他們，好讓他們可以轉作他用。我同意分享我們手中內容的版權。我也很希望讓這些東西問世，那可都是我們的心思與血汗。

幾個月後，我們的節目登上了 PBS（公共電視）跟 Netflix，旁白是波登，節目名稱是《大廚異想世界》（*Mind of a Chef*）。我們以此獲得了詹姆斯・畢爾德獎的肯定，並出乎我意料地被續了第二季。老實說，看著我們的節目與創意在沒有我們的狀況下繼續在電視上播出，我沒有覺得很開心。我想那是我在交出電影與電視版權，只保留獨家的文字版權後，必須接受的結果。

○

但做雜誌眞的是太有趣了。

《福桃》有如猛虎出閘，一上市就大賣。已故的媒體記者兼評論家大衛・卡爾（David Carr）曾在《紐約時報》上介紹我們的雜誌。他們對創刊號讚不絕口的程度，簡直就像看到古騰堡③再臨。我們怎麼加印都不夠賣。我們眞心沒有料想到這樣的盛況，且我想就算我們有意，也沒辦法在事前做出白紙黑字的規劃。我總說眞正自發性的成長，意味著你完全不需要計畫。

我處於一個創意不受控的狀態，而《福桃》就是最好的出口。我隨手就能把想法丟到牆上——大家，我們來出湯瑪斯・伯恩哈德④的《老師傅》（*Old Masters*）摘錄吧——然後事情就成了。我們眞的可以隨心所欲。我們印了發人深省的短篇小說出自我很喜歡但沒沒無名的作者羅素・查塔姆（Russell Chatham）之手，講述的是飛蠅釣魚的故事。每天我們都能想出不一樣的超扯點子，而且將之付梓的執行力非常之高。

針對第三期雜誌，我們決定酸一下廚師會把豬肉解剖圖刺在身上的刻板印象。應帶了隻豬腿到在地的刺青店內，請店家在上頭刺上「人肉解剖圖」。**轟！那成了我們的封面。**第四期繞著「美國菜」打轉。我提議去抓一張母牛吃（素食的）熱狗的圖。第五期是「唐人街」專題，爲此克里斯與彼得根據喬治・普林普頓知名的愚人節惡搞作品《席德・芬奇之奇

②Memory leak，電腦術語，程式記憶體上的一種故障類型，會導致該部分記憶體無法繼續使用。
③西方活字印刷術的發明人。
④Thomas Bernhard（1931-1989），奧地利小說家，被譽爲戰後重要的德語作者。

人奇事》（*The Curious Case of Sidd Finch*），照樣寫了篇鉅細靡遺的詐騙文章。曾經在替《運動畫刊》（*Sports Illustrated*）撰文時，普林普頓胡謅了一個尚未被發掘的西藏棒球新秀較悉達多・「席德」・芬奇，說擔任投手的他可以投出時速一六八英里的快速球。我們的仿作是圍繞著一名大無畏的記者名叫希德・芬奇、一名來無影去無蹤的中國主廚、義大利菜的祕密亞洲根源，還有家超級低調，但有創意到會讓米其林三星的 Osteria Francescana 感覺像美國連鎖家庭餐廳 Olive Garden 的神祕餐廳。

在《福桃》雜誌歷史的不同時間點上，我們發表了一齣劇作、一本塞在假胃袋裡的小冊子、一篇關於美國料理祕密起源於同性戀文化但不為人所知的故事、兩本後來獲得普立茲獎肯定的作品摘錄、一篇宣稱米其林三星餐廳的 Benu 在其品嘗菜單上提供炒飯吃到飽的文章。我們表揚了亞力克斯・李（Alex Lee；加州眾議員）跟克勞蒂亞・弗萊明（Claudia Fleming；紐約糕點師）等無名英雄，也公開了主廚以往只會私下探討的話題。

克里斯在加州上班，並在那裡雇用了一個年輕故事寫手叫瑞秋・孔（Rachel Khong）。瑞秋後來會成為《福桃》雜誌的靈魂人物。在紐約，一群大學剛畢業的社會新銳——普莉亞・克里希納（Priya Krishna）、萊恩・希利（Ryan Healey）、布瑞特・沃碩（Brette Warshaw）——加入了我們的「烏合之眾」。亞當・克雷夫曼（Adam Krefman）作為我們雇來擔任發行人的傢伙，成了另一名常駐芝加哥的 McSweeney's「校友」。我環顧四週，突然間我們就在舊金山、芝加哥與紐約都有了「分社」，但我們一份企劃書都不曾寫過。這一切都離奇到讓人難以置信。

關於《福桃》，我眞正覺得開心的是它讓身邊所有人都戰戰兢兢。光成爲有電視跟食譜書的主廚還不夠——現在你還需要一本雜誌來把你的故事講清楚。而雖然我們從沒有接近過《慢用》（*Bon Appétit*）或《餐酒》等雜誌的發行量，但我想我們確實做到了讓大牌子更用腦筋、更加努力。第二年我們橫掃了詹姆斯・畢爾德媒體獎。看著我們的同仁上臺偷走一面又一面的獎牌，不可否認地我內心感覺到一股幸災樂禍。

我沒辦法把太多功勞往身上攬。在前幾期出刊後，我就慢慢退居幕後。《福桃》的崛起正好與我生活其他部分的崩解發生在同一時間，但我不覺得那有絲毫影響到《福桃》同仁的運作，因爲沒有一個人想讓人覺得他們是在做《桃福餐廳月刊》。

雖然彼得跟我已著手進行起《桃福》食譜書的製作，但我可以想像那種概念有多令人生厭，要知道《福桃》雜誌的同仁在各自領域都已是可獨當一面的人才。我曾親耳聽到有人稱呼彼得是「那個替張錫鎬打工的傢伙」。他從來沒有說要替我或我的餐廳當暗樁。我非常清楚他們爲什麼從第二期開始，就把方面上的桃福字樣拿掉。我沒有抗議，但我可以察覺我跟彼得之間開始有嫌隙。

《福桃》雜誌肯定沒有因爲我的缺席而損失戰力。反倒因此變得更強。這支團隊的堅持包括按照適合故事的篇幅長度而產出優質的書寫，包括提供來自飲食圈內外的清新觀點，去攪亂一「鍋」春水，還有就是提供一種美麗但不正統的美學。應進用了一名十八歲的小伙子名叫華特・葛林（Walter Green）擔任藝術總監。每隔四期，他們就會徹底重新設計雜誌——此舉沿襲自 McSweeney's 的正字標記。若你想了解華特造成的影響力，去看看其他美食雜誌從二〇一一到二〇一七年間的演化就行。

同樣地，我要強調這一切都在計畫之內。自發隨興、蠻幹到底、縱情自我，還有 DIY 式的就地取材跟隨機應變，都被烙印在了這本雜誌的 DNA 裡。負責《桃福》食譜書拍攝工作的攝影師，蓋布瑞・史塔比雷（Gabriele Stabile）——就是在發行資料欄位中被我們標註為「義大利攝影師」的那位——拍攝了頭幾期雜誌中七成五的照片。其餘的則是在米漢的客廳裡完成。

McSweeney's 從初始就擔任我們的出版社，但我們的合約直到第十期才敲定。考慮到這是本（準）季刊，再按按計算機，你會發現原來我們在長達兩年半的時間內，都是且戰且走。然後幾乎是我們合約一簽完，辦雜誌那種有一頓沒一頓，暴起暴落的財務現實，就讓 McSweeney's 覺得受不了了。要先拿出一大筆錢把雜誌做出來、印出來，然後再等上幾個月的時間才能回收或多或少的資金，實在讓他們難以為繼。桃福就此成了實質上的發行單位——但那並不是因為我們比較適合。

是說有了自由，誰還需要計畫？

你可以不信，但桃福的存在從來不是爲了發財。我想說的並不是我們是非營利組織。我想說的是我很自豪於我從沒有讓會失去一切的恐懼——或是讓可以賺更多錢的願景——妨礙了我去做我覺得正確的事情。我爲了這門事業把槓桿開到滿。我想要把在桃福服務的員工通通照顧好，讓他們既有穩定的生活，又能有創作的自由，爲此我做出了許多非常不顧後果的財務判斷。我把自身財富的創造與累積，放到了後頭，好讓我們可以先取得團隊的勝果。

但由於《福桃》雜誌的說收就收且沒有一句說明，我將永遠背負那個自私鬼的汙名。我完全知道那看起來是什麼模樣。外界看著桃福把版圖擴張到賣場與運動場館裡，他們將之解讀爲貪婪。他們看著我在 Netflix 上主持電視節目，他們解讀那是虛榮。二〇一六年，桃福來到崩潰邊緣。細節我們稍後會講，但重點是我們的生意正下滑，我們魔法般的火花正失去光芒。我不想拿外面的錢。要知道過去我曾拒絕過來自私募基金，令人咋舌的大手筆合作案。我更是決計不想去做體檢，只爲了能把九百萬美元的個人貸款辦下來。但這些不是我想不想的問題，這些是我必須去做的事情。我當時眞正想做的，是結婚成家買間公寓，但銀行說我的槓桿開大太了，已經不能再借錢了。我的財務安全，已經完全跟一家家公司綁在一起了。

這種關於桃福集團跟我個人的財務狀況，現實與觀感的落差，讓我與《福桃》雜誌團隊的關係非常緊張。他們想要成長，想要擴張——該死，是我說他們應該成長，應該擴張的。因爲《福桃》的財務愈健全，他們就愈有自由的空間去挑戰極限——也愈有能力去照顧好跟他們並肩挑戰極限的每一位優秀寫手。

當然這裡有個問題是想在創意世界裡賺錢，牽涉到風險、妥協，還有大量的機運。潛在的商機肯定在那裡。我完全相信在特定的時空背景下，《福桃》可以成長茁壯，但事實就是它自始至終沒有賺到一毛錢，而桃福本身也經常在原地踏步。

這造成了一個問題，因爲桃福與《福桃》的根就像麻花一樣纏在一起。雙方共享著成功，也共同承擔著缺陷。雜誌發不出薪水，我們永遠會支援他們。他們如果出了大差錯——雜誌銷售衰退，高層管理失當——桃福集團也會被拖下水。反之亦然。《福桃》與我們集團中的其他獨立事業體，並沒有多大的不同，而那或許也正是何以我們在面對《福桃》時會好像在處理一家餐廳一樣。餐廳經營是我們最熟悉的一塊。但其實《福桃》跟餐廳是完全不同的東西，財務風險比餐廳大得多。

有好幾年，桃福集團都沒有外來的投資。我們一切靠自己，也很幸運沒有開過賠錢的餐廳。每一分錢的獲利都會回到餐廳裡。我們放鬆了這項規定，就是爲了挹注《桃福》，還有我們與戴夫・阿諾（Dave Arnold）在創意廚具公司兼實驗雞尾酒吧 Booker and Dax 上的夥伴關係。但來到某個時間點上，桃福旗下的餐廳業績也不若過往強勁。而少了餐廳提供不墜的金援，我們便顯得渾身都是弱點

我不知道這些資訊有多少傳達給了員工。我不知道他們理不理解我有多在乎這本雜誌，或是我做了多大的努力想讓其活下去。那是我的錯。是我沒有多把時間用在他們身上。我們作爲在東西兩岸同時運作的公司，就跟用小馬快遞⑤相互聯繫沒有兩樣。最讓我難過的，是我格外又敬又愛的兩人也進了傷亡名單——瑞秋與應都沒有能在《福桃》待到最後一刻*。

桃福集團與《福桃》雜誌變得像是每晚同床共枕的怨偶，從來不與彼此分享各自的挫折感。二〇一七年初，事情終於來到了拖無可拖的地步。我們沙盤推演了各種能夠保住雜誌的可能性。或許有大媒體會想收購《福桃》。雖然我還沒有完全走出《大廚異想世界》的陰影，但我還是同意了要繼續製作電視。我抱持的希望是我們在 Netflix 上播出的《美食不

⑤ Pony Express，十九世紀美國墾荒時期，以快馬撐起的郵驛制度。

* 瑞秋後來成爲了成功到犯規的小說家，所以不用替她難過。萊恩・希利如今仍是桃福的員工，而普莉亞・克里希納也在跟我合作一個大計畫。克里斯跟我在去年久別重逢。事實上，此時此刻，他正是我撰寫這本書的幫手。他的名字之所以沒有也印在書封，是因爲我不希望有誰起心動念要挖角他。我不打算再一次失去他。我們有太多的事情要一起完成。

美》（*Ugly Delicious*：原本取名為《福桃》〔*Lucky Peach*〕）——這個有波登的祝福，還有奧斯卡獎得主摩根・奈維爾（Morgan Neville）跟我們合作的文化暨料理節目——可以為雜誌輸血並美化雜誌的賣相。我主動表示願意放棄過半的股權，並赦免桃福手中的債權，希望藉此交換未來《福桃》雜誌的債務可以脫離桃福集團的報表。但最終我們沒有能把條件談妥。

如我所說，當《福桃》雜誌爆出破產的消息之後，外界對於其原因的揣測一發不可收拾。同樣的是每種說法都讓我顏面無光。憤怒的寫手與讀者傳了各式各樣的訊息給我，意思全都是我竟然想都不想就讓一堆人沒了工作——他們指控我為了自保而犧牲了《福桃》建立起的社群。我與已故美食評論家強納生・戈爾德（Jonathan Gold）最後的互動——如果那能叫互動的話——是拜讀他筆下對我們洛杉磯餐廳 Majordomo 的負評，文中他挑明了說他很氣我把雜誌給收了。他管我叫「凱撒」。戈爾德跟米漢始終關係很近，於我則既相交為友，也是很有影響力的存在。你知道看著你朋友看不起你的字句被印在紙上，而你卻發現自己再也沒有機會亡羊補牢，那感覺有多差嗎？

我很難過讓自己陷入這樣狗屁倒灶的泥淖，但這個我們滿懷喜悅與興奮之情啓動的企劃，最後確實淪為了讓人一想到就心如刀割的局面，更糟的是還有許多人落井下石地認為這是我的過錯。你們這些渾蛋哪知道我在想什麼，哪知道我心有多痛。你們哪知道徹底迷失自我跟被當成某種惡人在唾棄，是什麼樣的心情。我之所以對《福桃》的收攤默不作聲，是因爲那在當下是人所當爲，更別提我曾以「禁止貶低協議」（non-disparagement agreement）的形式給出過口不出惡言的承諾。我一輩子都很小心眼，但這次我想堂堂正正一回。而你知道什麼東西他媽的讓人感覺很差嗎？堂堂正正。

如果還有誰覺得我不覺得自己對這本雜誌有一分責任，或是有誰覺得《福桃》並不是我核心身分中無法割捨的一部分，那讓我解釋給你聽。直到今天，這都還是記者會問起我的事情。

不然你以爲集團叫桃福，而雜誌叫《福桃》，只是天大的巧合而已嗎？

第17章　兄

又到了韓文課的時間。在韓國文化裡，根據年齡高低並使用恰當的敬語去稱呼家族成員或陌生人，是很重要的事情。男性稱呼家中的哥哥형（hyung；漢字寫作「兄」），稱呼姊姊누나（noona）。兄還有一個廣義的用法，是用來稱呼年長的男性——表示你視對方爲學習的榜樣。

從小我跟哥哥們相處沒有太大問題，但他們年紀跟我差太多了，而且除了在高爾夫球場上長期一起練習以外，我很少想被俊或勇當成照顧的對象。而恰好他們倆也沒有想要照顧我，所以這問題從一開始就不存在。我在廚房裡有專業上的良師益友，但並沒有哪一個於我是「兄」一般的存在。

然後我結識了金墉博士（Dr. Jim Yong Kim）。我們同時出席了一場爲了韓國總統李明博而辦的國宴，爲此歐巴馬主政的白宮找齊了有頭有臉的韓裔美國人。我收到邀請的時候，人在雪梨機場的跑道上。我剛結束旋風式的返美行程返回澳洲，這次是先去哈佛大學的某堂課上演講，然後在美劇《劫後餘生》的紐澳良外景中入鏡。就這樣我帶著原封不動的行李，直接搭上了回華府的班機，然後在那裡收取桃福團隊從紐約快遞過去的燕尾服。

我對於出席的決定感到很慶幸。當天的表演者有賈奈兒・夢內①。我旁邊坐的則是露絲・貝德・金斯堡②*。我當天的女伴是我母親，她對能參與國宴非常興奮，但我想眞正讓她心花怒放的，是看到我穿梭在當代最酷的一批韓裔美國人之間。金博士當過達特茅斯學院③的校長，後來還會高升爲世界銀行的行長。他是布朗大學跟哈佛大學的校友。透過他參與創辦的健康夥伴組織（Partners in Health），金墉博士在愛滋病的防治上推動著轉型工作，同時也在第三世界國家治療傳染病。每回提起他，我都不忘要分享的一項事蹟是他作爲上世紀六〇年代一名身材瘦小的韓裔移民小孩，曾經在愛荷華州馬斯卡廷（Muscatine）就讀高中時靠著努力，讓自己不但成爲了美式足球校隊的四分衛，更身兼籃球校隊裡的先發得分後衛。

我們在白宮的一面之緣後並沒有斷了聯繫——他愛吃這一點幫了不少忙——而每當有機會跟他對談，我都會把自己的問題赤裸裸地攤開。我不需要太多的解釋就能讓金博士明白我個人

①Janelle Monáe（1985-），美國黑人女歌手。

②Ruth Bader Ginsburg（1933-2020），人稱 RBG 的已故美國最高法院大法官。

*你知道面對美國最高法院的女性大法官，怎麼稱呼才不失禮嗎？我肯定是不知道。我原本是叫法官大人，但糾正我的不是別人，正是吉兒・拜登（Jill Biden：現任美國總統拜登的第一夫人）。她告訴我：「應該叫大法官女士」（Madam Justice）。」

③Dartmouth College，常春藤盟校之一。

的困境。他的父親跟我的父親都在韓國長大，而且算是老家相隔頗近的老鄉；我的視角他一下就「瞭」了。他專心聽取著我告訴他在剛剛出現在我後照鏡裡的三十五歲那年，人生都發生了哪些不堪回首的爛事。另外他大概只花了半秒鐘，就理解了我在專業上面臨的挑戰。他雖然人在龐大的官僚體系裡運作，卻還是具體改善了世界各地成千上萬民眾的生活，而我不過幾家餐廳就顧得焦頭爛額，平均每兩個星期就得搞出一場危機。

金博士表示就像人會請訓練師來幫助他們增強體態，他也找了個「訓練師」替他留意工作上的問題。他說我所需要的，是一名「高階主管教練」（executive coach）。他問我是否願意接受他的推薦，由他的一名朋友來擔任我的指導者——不收錢，純粹做善事。

知名勵志講師東尼・羅賓斯（Tony Robbins）那一口白牙的笑臉馬上浮現在我腦海中。也許找個企管教練，眞的能讓公司運作得更加順遂，但一旦我開始接受勵志大師與書籍的指點，桃福會變成一家什麼樣的公司呢？

金博士要我先去搜尋一下馬歇爾・葛史密斯（Marshall Goldsmith），再向他回報。

點進馬歇爾・葛史密斯的網站，就意味著要被正能量轟炸一番*。你眼前出現的第一幅畫面，是一張那老傢伙自己的照片，頂上無毛但笑容滿面，還敞開了雙臂外加一臉「你做到了！你找到我了！」的表情。那乍看之下像是不知道從哪抓來的老人照片，但對不起，那眞的是他本人。網站裡有圖表說明「把正能量往前傳」的概念，有其他的葛史密斯燦笑照片，有一區介紹他出過的各類書籍，像《能看見的愛，就叫工作》（*Work Is Love Made Visible*）與《UP學：所有經理人相見恨晚的一本書》（*What Got You Here Won't Get You There*）都是，還有一則橫幅廣告宣傳著葛史密斯獲管理顧問機構「五十大思想家」（Thinkers50）選入其管理名人堂。

波音公司在其後九一一的低谷期，曾聘請過葛史密斯去指導他們的執行長艾倫，穆拉利（Alan Mulally）。在同一個十年間，穆拉利協助了美國另一家老牌的代表性企業，福特汽車，從汽車產業危機中再起。在衆人眼中，葛史密斯宛若高階主管教練中的麥可・喬登。我讀了網站中「認識作者」（About）部分，其中有一行內容令我格外矚目：我協助人了解我們的信念與我們運作於其中的環境，會如何觸發負面的行爲。」

總結起來我對於接受金墉博士提議的恐懼，跟一開始我對去看治療師有所遲疑的理由並無差異。我不想承認自己的缺陷或軟弱。但我自然不是個比金墉博士更渾然天成的領袖，而他告訴我他個人從教練身上獲益良多。然後我想起了我一輩子狹路相逢過的其它強者，還有我如何會偶爾因爲沒有接受過商業或領導方面的教育，而在他們面前自覺矮上一截。

葛史密斯是金墉博士的人。金墉博士可以把他送到任何人的面前，但他沒有。他選了我。

*去試試看，我在這裡等你們。

好吧，我就試他一試。

相對於多數高管教練都是被叫來處理某位領導者的特定缺陷，馬歇爾・葛史密斯的特色在於他採取比較個人化的策略。他視人爲一個整體，評估他們的價值觀與秉性，然後才對症下藥提出行動的建議。這聽起來跟心理治療有異曲同工之妙。

但不同於我的精神科醫師，葛史密斯感興趣的不只是我的一面之詞，他的團隊還針對我的員工、家人、朋友，進行了三十人次以我爲主題的背景訪查。他們向受訪的每個人保證不會被秋後算帳，要他們暢所欲言。葛史密斯說什麼也不肯透露這些消息來源。至於如何從文稿中抹去任何蛛絲馬跡，更是他經年累月掌握的絕技。這個過程被稱爲「三百六十度回饋」。

馬歇爾跟我第一次見面，是在我把愛徒死訊告知其雙親的同一間會議室裡。馬歇爾冷靜、清晰、和藹、專注。我察覺到一種胸有成竹者走進談判時的自信，就像他知道他掌握了所有的籌碼。此前他與他的團隊花了數日的時間審閱來自與我親近者的評論，並將其整理成讓我好入口的大趨勢。

我們從好的方面入手。他交了一份馬尼拉紙的檔案夾到我手中，裡面滿滿的是資料，然後他留我一人在房間裡。我細細品味了一頁又一頁的內容。那就像是在讓我的心靈做spa。看到最後，我心想馬歇爾的結論該不會是我對自己太苛刻了。我可以引以爲傲的東西也太多了吧。馬歇爾問我有沒有問題。我說沒有。他鼓勵我帶著剛剛所讀到的內容入睡，好爲明早要檢視的批評做準備。

隔天馬歇爾偕助理帶著成山的文件重返。我花了一天多的時間才看完他們的報告。我每一條評語都沒有漏掉。看到最後，他率隊回到房內來提供我脈絡，讓我知道如此壯觀的批判是在什麼樣的背景下指控我。

他一口氣撕掉了OK繃。「這話對新學員說，或許殘酷了點，但你必須要聽：這麼多人明明受不了你，卻還是在你身邊不離不棄了這麼久，我們眞心覺得相當不可思議。」

這位老先生，這位看起來活像是從Gorton④公司的漁夫商標上走下來的老先生，輕鬆寫意地告發了我一手建立的整個體系。這麼些人，全都在爲了一個他們討厭的人犧牲自己。他們不是倚靠了我而成功，他們是克服了我而成功。

「幹，」我終於爆發出來。「所以我壞事做盡嘛。這樣我還有救嗎？這樣我根本不知道該從

④美國的海鮮食品加工公司，產品商標上是一個身穿黃色漁夫帽與雨衣的灰髮男性。

哪裡改起。」

「那就代表我們方向對了，戴夫。」

○

我開始對馬歇爾的指導哲學，發展出一種更具體明確的理解。他比其他教練有一套的，是協助混帳認清自己是個混帳。他為此備齊了一整個彈藥庫的雋語：

「成功之人想晉身偉大的領袖，就要先學會把焦點從己身移往他人。」

「你可以繼續做你已經做了很久的事情，但這樣你就永遠不會成為你想成為的人。」

「想搞死自己簡單，想不搞死自己才難。」

他在發表對你的評估時，你不准反駁。你可以不爽，可以怒罵，但你不能說他說的不對或想要找理由，否則他就會拿出罐子要你捐錢做公益。沒錯，他是那種人生觀正向到爆的高管教練，但馬歇爾同時是個非常誠實的人。他用來支撐其指導的，是事實與資料。在我脆弱的狀態下，接受他的金言玉語就與跟佛陀一起修身無異。

「這屎你得吃下去！」他在我們一次初期訓練中反覆這麼說。他完全複製了拳擊訓練師的口氣與熱力。「屎很好吃！」

「你在鬼扯什麼啦?」我呵呵笑了。

「不准笑。」他話說得嚴厲。馬歇爾告訴我，我的工作既不是做菜，也無關乎檢討營運數據或指揮人力。我的公司是死是活，取決於我吃屎跟覺得屎好吃的能力。「我要看著你把一碗碗的屎給吃下去，課有多久你就吃多久，」他說。「我們多的是時間。」

吃屎代表聆聽。吃屎意味著承認我的錯誤與短處。吃屎意味著面對讓我不舒服的衝突。吃屎意味著要在別人跟我說話時把手機放下。吃屎意味著不准逃避。吃屎意味著心存感激。吃屎意味著在別人沒達到我預期時能控制住自己。吃屎意味著先人後己。

這最後一條細節非常重要。在艾略特醫師面前我逃過一劫，是因為我把自己的「犯罪手法」描述為一種自我毀滅——我的管理風格是很有殺傷力，但我唯一的傷害對象是自己。而如今根據馬歇爾，我是用這套說詞在掩飾自己的各種亂來。在我心目中，任何人離開桃福，就等於離開我，沒有例外。他們在工作上的失敗，就等於對我的背叛。馬歇爾點出了這種想法所掩蓋的醜陋事實。我認為桃福人不是在桃福工作，他們來桃福是為了服侍我。

我一直趾高氣昂地揮舞著我對桃福的投入。友誼可以崩毀、人心可以碎裂、廚師可以哭著下跪：所有的傷害，都是陪葬品，都是為了成就把美食帶給更多人的尊貴追求。我認為我跟桃福中間可以畫上等號，我自認我做每件事都是為了桃福。所以，凡是對我好的，就是對桃福好。

在我們合作的一整年裡，馬歇爾把我管得很緊；他就像是巡邏我情緒的警員。沒辦法約見面的時候，他會打電話給我。他會帶我去研討會，會陪我跟其他他指導過的企業主管吃晚餐。他會拿書給我讀，會問同事我有沒有進步，而如果他聽到了什麼不好的事情，我就得向他交代。我很受教地他給我什麼高見，我都吃得盤底朝天。「我覺得我有在進步了，馬歇爾。」他從來不把我的話當眞。

馬歇爾是那段漆黑中的一道亮光。他不是我唯一的貴人。生命中對我伸出援手的男男女女，大概有一打人，他們都爲我指引了方向——像金墉博士的支持與愛就在他的表現中看得一清二楚。（安）東尼・波登也是其中之一。他處處爲我著想，而我也禮尙往來地成了他忠實的守護者。就像親兄弟一樣。回首前程，於我如兄如姊的人眞的很多。要是還不夠，我在此再度謝過。

○

我跟艾略特醫師說我想要嘗試點新做法。我下定了停藥的決心。一如面對所有事務，艾略特醫師是凡事都要做到滴水不漏的信徒。我們每次都會先行長談過，才對療程進行調整。在這個時間點上，我已經在馬歇爾的幫助下把視野釐清了很多。我已經把自己推出了舒適圈。我要讓自己變健康。

他注意到馬歇爾的課程並沒有打破我對藥物的依賴。

「是啊，但我覺得下一步應該要是停藥。我一直納悶藥物的底下藏著什麼。」

他明白我所說的，但他也點出我身處在一段高度具有壓力與痛苦的階段尾聲。藥物絕對有其貢獻，即便我沒感覺。新的策略給了我一些新的自信，但前方的壓力也會更多。我對艾略特醫師有無比的尊敬，但醫師不都會講一樣的話嗎？他們都會說自己的療程有效，不是嗎？如果自己的「基線」在哪裡我已經不知道了，那我又怎麼能確定用藥仍有其正面的效果？

「你覺得這麼做會危險嗎？」我問。

他告訴我不，這不見得會有危險性，但他也說這有可能會有損於我設定要達成的目標。我用藥已經將近十年了，而此時並不是適合拿來做實驗的時機。我可能會產生戒斷現象，我的情緒可能會盪到谷底。

我覺得自己好像來到了某種東西的邊緣。我即將要成長了，但只要還在用藥，我就無法接觸到那個最棒版本的自己。我需要改變。回首過往，我覺得憂鬱症又耍了我一遍——這一次它讓我誤以爲自己沒事了。

艾略特醫師警告我說我可能會躁症發作。他再次確認了我要這麼做，然後給了我該如何從所有藥物中「斷奶」的指示。

第18章　變了個人

高中時代我就開始喝酒呼麻——不是什麼很誇張強，純度多高的東西。我第一次爛醉是跟一些同學喝廉價的雷鳥啤酒，那年我十四歲，下場非常慘。

我意外吸了苯環利定（PCP；俗稱「天使塵」），是在乞沙比克灣（Chesapeake Bay）的一處屋頂，當時我十八歲。我原以爲抽的是大麻，沒想到抽著抽著，視覺開始出現殘影的尾巴。

只爲了撐過一份份報告，我從大學開始濫用利他能（Ritalin）與右旋安非他命（Dexadrine）。它們讓我覺得自己像是超人。

我哥哥勇叫我不准碰古柯鹼跟海洛英，但我在大四那年墮落了，我買了幾袋blow①。我發現一旦你身上帶著毒品，各種噁心巴拉的人都會不知道從哪裡冒出來。我還覺得毒品會打亂人的味覺。古柯鹼不是我的菜。

我試了兩次acid（迷幻藥），歷經了兩趟糟糕到極點的「旅程」。之後我就立誓不沾這東西了。

我曾經一有機會就使用迷幻蘑菇。我喜歡那種一朵傘蓋能帶來的能量——完整的魔力卻不牽涉到幻覺。

快樂丸、莫莉②、搖頭丸（MDMA）的差別我已經忘了，但曾經有段時間是只要有貨，而我隔天又沒有正事要做，那你都可以算我一份。抗憂鬱藥會讓人嗨完下來的過程非常難受，但爲了嗨，那點代價算不了什麼。

我當年用了很多煩寧（Valium）與肌肉鬆弛劑。波考賽特（Percocet）。克癇平加一杯紅酒。維可汀（Vicodin）配啤酒。毒品配酒，會讓你感覺彷彿一口氣喝下二十五杯酒。不誇張也不懷念地說，我好幾回都應該要暴斃在那兒才對。

有一次我在度假，有人囤了一大堆迷幻蘑菇跟大麻零食。我在那兒不停地吃，不停地吃。我想要登上另一顆行星。我產生了湖泊上掀起海嘯的幻覺。我發誓我看到了天空中掛著兩顆月亮。

有時候人眞的一塌糊塗時，我會令人難以置信地狂暴而外向。我會笑，會社交，會變成完全不同的另外一個人。那恐怕是我這人最有趣的一個版本了。但更常出現的狀況是我

①古柯鹼的俗名。
②molly，粉狀或晶體狀態的搖頭丸。

會陷入令人難以想像的悲傷與被害妄想。我持續使用毒品，是因為我總覺得有朝一日，我可以控制住它們。毒品會移除你的現實感，而我堅信在某個點上，我將可以自行決定要它們帶我到什麼地方*。比方說，那種由大麻跟迷幻蘑菇所誘發的被害妄想就有它的用處，前提是我要能將之控在手中。在沙發上坐著嗨的同時，我會心想所有人都暗自在對我指指點。我覺得自己可以清楚聽到他們的心聲。那就像是我使出了某種奇幻的同理心。只要我能突破這一關，我就能掌握住毒品的力量。就跟喝酒是一個道理。

我現在已經不太喝酒了，但曾經我有酗酒問題。我會為了紓壓而把自己喝到完全麻痺。我不是個邋遢的醉鬼——我頂多是關機然後斷片。有幾回早上，我自己跑去醫院打了點滴，但我其實也喜歡宿醉。當一切都看似持續在變化時，宿醉給人一種穩定而可靠的感受。

我灌了整整十年的酒，每晚喝完再用安必恩（Ambien）或克癇平收尾。那是我不想長大成人的防禦工事。

○

我停藥了一年半。在那一年半的空檔之前與之後，艾略特醫師跟我嘗試了若干種雞尾酒療法來處理我的憤怒問題，也看能否阻斷我的憂鬱。要是照他的意思，我想他會開鋰鹽給我吃，但我真的很怕那會是條不歸路。樂命達（Lamictal）是我們最新嘗試的藥物，而它妨礙了我的睡眠。每樣藥物的引入都必然會伴隨其調整期。

直到今天，我都還不確定該如何去形容抗憂鬱藥作用在我身上的效果。立普能（Lexapro）讓我性慾全消。我換成威博雋（Wellbutrin）。威博雋我在吃的時候都沒有感覺，是等藥一停，躁鬱症一發作，我才明白它平常在幹嘛。

沒有什麼藥能讓我擺脫自殺的念頭。真要說，藥物就像是在一道又一道打在我頭上的巨浪之間，短暫的一口空氣。

艾略特醫師在我告訴他我晚上睡不著之後，開了克癇平來控制我的焦慮。我當時火氣很大。我會氣沖沖地上床，然後氣沖沖地起床。剛開始，克癇平確實為急性焦慮提供了一些舒緩，而我也真的開始體會到休假日有克癇平的好，那是我唯一能強迫自己停下來的辦法。但時間久了，我發現藥物會在我本來可以平靜的時候造成我恐慌症發作。我的不安開始變得頻繁。

* 在你把毒蟲之名釘到我身上之前，請先去讀讀麥可・波倫（Michael Pollan）的《改變你的心智》（*How to Change Your Mind*），看說話較有分量的作者能否能讓你信服（持平而論，波倫完全不推薦我說的那一套）。

我想要的從來都很簡單，就是當個正常人，就是想法可以正常。我不是個天生健談的人。我既不外向也沒有領袖的性向。我是個壁花。從小就是。人生大部分時候，我對自身韓國血統的態度都位於羞恥與害怕中間的某處。我想要做自己，而那也是藥物——不論是非法取得或醫生開給我的——吸引我的原因。

餐廳改變了這一切。開辦桃福餐廳的時候，我殺死了那個像隻縮頭龜，不想冒險的自己。即便是在成蛹之前，開餐廳還比較是紙上談兵的階段，桃福的意義都在於爲我切割出某種形式的自我認同。我就像是拿著桃福，在抗拒杯底茶葉說我被注定了的命運。工作讓我蛻變成不同的人。工作救了我一命。

多年來，我與艾略特醫師把起碼半數的看診時間聚焦在一件事上，那就是我爲什麼無法在廚房裡控制好脾氣。誰犯了點雞毛蒜皮的小錯誤，我都會大爆炸。我會一天到晚失控。而且我說的失控不單單是大吼大叫。老派的主廚都會大吼大叫。恐嚇人只是他們的一種管理策略，怒氣就像有個水龍頭一樣可以說開就開，說關就關。但我呢？我說的失控，完全是字面上的意思。我失去了冷靜，我失去了控制，我失去了意識。

從許多方面來看，氣頭上的我跟吸了毒沒有多不一樣。

我讀到過有人會自殘割腕，我對他們充滿了同情。我自然明白人不能只體驗到眼前的一切，我們還必須要去感受那之外的其他人事物。我會在每次爆炸完後去外頭透透氣，恢復一下理智。但我有偏頭痛的症狀，我會在事發之後很久，依舊感覺到頭痛欲裂。

我也算是個彪形大漢，所以我的失控表現會讓看的人覺得害怕，更會讓控制不住自己的我覺得恐懼。這十分可恥。這不是我們該有的待人之道。每次的熔毀，都有種戒酒失敗的感覺。我會在事後深受自責的折磨，並因此更有壓力不能讓脾氣再度失控。艾略特醫師會跟我說有辦法可以避免脾氣爆發。我一樣樣全都試過了，包括在氣頭上從廚房退開。

我會哀求艾略特醫師給我一個解釋。我需要了解自己出了什麼毛病。我曾直截了當問過自己是否是躁鬱症，對此他的答案會是：「你是出了什麼事才會這樣問我，大衛？」艾略特醫師一向會避免給我明確的診斷結果，因爲他知道我這人疑神疑鬼，萬一他「確診」了我就是哪種病，那我就會把自己泡在資料裡無法自拔，非要把所有能讀的資料都讀完不可。他直到兩年前才向我確認了我確實是躁鬱症患者，外加情緒上有種他稱爲「情感調節異常」（affective dysregulation）的問題*。

實務上這意味著的，就是廚房裡會發生某樣急性的事件，超乎我心智消化的能力。比方說，我們在準備迎接某位評論家的蒞臨。我會向員工說明這場合的重要性，還有我對每個人的期望。然後某人會照樣把事情搞砸。他們會跟丟了一道菜，或是做出非常天兵的判斷。他們是血肉之軀的凡人。但事發當下我只會覺得他們是故意在扯我後腿。

我的內心會解讀他們的行爲是一種漫不經心，而漫不經心的表現在我看來，就是在攻擊我個人，攻擊我的價值觀。我會感覺遭受威脅。我直覺的防禦機制會把旁人愈推愈遠。我會大吼大叫、猛飆髒話。我會想要摧毀他們，但我知道不能那麼做，所以我會轉而去傷害自己。我會用拳頭去搥牆，會腳踢廚櫃，會威脅要尋短。

我知道很多人不會把我的解釋當真，他們會覺得我就是在職場上有情緒管理問題，而以上所說都是在找藉口。我很不想做比喻，但我在想身體臆形症③的患者會不會比較能設身處地理解我的狀況。

看著自己眼前發生的事情，我的解讀就是與其他人不同。要是能看到其他人所看到的風貌，要我做什麼都可以。

艾略特形容這是一種暫時性的身心症。我分辨不出敵友。那就像我眼中的世界換了一個顏色，但我調不回來。這也不只會發生在工作上。我在家中一樣會失控，而這非常恐怖。我失去了一切的現實感，還會希望最壞的事情發生在我最愛的人身上。我的妻子葛蕾絲告訴我說當我生氣的時候，那種沸騰的程度，很難想像那只是單純的情緒問題。那就像我是一隻察覺到危險的動物。葛蕾絲跟我有時會意見不合而吵起來，然後她會對著我懇求，「嘿，我跟你是同一國的。我跟你是同一國的。」我要幾小時後才會把這話聽進去。

我很介意生氣變成了我的名片。在朋友、家人、同事與媒體之間，我的名字已經跟暴怒一詞畫上了等號。我從來沒有爲此感到驕傲，我想讓大家知道我有多努力在與之戰鬥。我已經在壕溝裡，跟我的怒氣進行了多年的長期抗戰。

幾年前我在歐洲的一場活動上做菜。那頓晚餐已經進行了漫長的六個多小時，我們負

* 還是那句話，我不是專家，但根據我讀到的資料跟不同醫師當面對我的說明，情感調節異常或情緒調節異常（emotional dysregulation）通常伴隨著另外一種症狀，比方說創傷後壓力症（PTSD），或是邊緣性人格障礙（BPD）。情感調節障礙呈現在外，會是一種把情境無限上綱到無法挽回之程度，如脫韁野馬般的衝動——通常是表現爲侵略性的語言，或是透過自我傷害，乃至於對財物的破壞——而這種異常幾乎沒有例外，都與患者兒時的經驗有關。

③ Body Dysmorphic Disorder，一種精神性障礙，患者過度關注自己的身體形象，並對當中的缺陷進行誇大的幻想。在多數案例中，患者在意的地方經常是微不足道，甚或根本是無中生有的問題。

責的是最後一道菜。我要做的是一道簡單的匈牙利燉牛肉配飯，但等我們進入擺盤階段時，時間已經過了午夜。廚房裡開始有醉醺醺的記者跑來跑去。大部分主廚都已經收工離開。秩序蕩然無存。

瑞內知道我開始蓄勢待發了，於是便警告起大家。他的表情就像是在說，**大家把爆米花準備好吧，有好戲可看了**。那讓我內心滿是羞愧。我還是沒能控制住自己。

一名記者掀開了我的鍋蓋，自顧自地嘗了匙燉牛肉。我的怒火也跟著掀了鍋。

「誰不是他媽的廚師，誰就給我他媽的滾出廚房，不然就等著他媽的被我扔出去。」我先是這麼大吼，然後把場面弄得難看到不行。

現場陷入一片沉默。那晚剩下的氣氛全都毀了。我也一蹶不振。

〇

我會一天到晚打電話給朋友問這件事情。他們聽我抱怨了不知道多少次，說的都是我無法接受現實，原因是我無論如何，也不覺得自己有資格獲得這樣的好運。曾經我會稱之是一種「冒牌者症候群」，但如今我明白了這更是一種「倖存者的罪惡感」。我身邊死了那

「這該死的是什麼情形？」

麼多人——眞的死了或是在是市場裡陣亡——但我卻仍好端端地在這。那眞的有種在空難中活下來的感受。

幹主廚的想要眞的大放異彩，其機率是天文學等級的低。你可以不同意，但我覺得我的勝算又比其他人更低。在決定開桃福餐廳的時候，我對餐廳經營根本一無所知。但要是我好好去找個餐廳工作，慢慢變成一個比較好的廚師，然後順順地擁有一間屬於自己的廚房，那今天的這一切絕對都不會發生。我百分之百確定這一點。作爲廚師我算是難以想像地大器晚成，但各種時機卻完美地站在我這邊。甚至完美都不足以形容我的機遇。對我來說，希臘諸神可能眞實存在，而且祂們還眞的把我的人生當成某種娛樂在看。惟我這麼說，並不表示我主張「唯我論」④。

在這種極端自我懷疑的瞬間，我會召喚那些與某種熟悉的情緒緊緊綁在一起的記憶，藉此讓自己找回重心。我用飛蠅繩釣到的第一尾長鰭黃鱲鰺。我第一次喝新鮮現擠的柳橙汁。我的兒子出生。每一次的心碎或失望。每一件不容質疑，眞眞實實發生過的事情。

④相對於唯心論認爲萬事萬物都是心靈的反射，唯我論主張「自我」是唯一的存在，外在的世界與他人的心靈狀態，都只是自我意識的反映，我的心靈世界是唯一眞實存在的東西。

關於停藥的事情，我說服自己我準備好了，也說服艾略特醫師我準備好了。就此我直到集團要開 Majordomo，也就是我們在洛杉磯第一家餐廳的前夕，才重新開始服用抗憂鬱藥。我很擔心自己在新餐廳的表現，我想要盡一切努力，去避免無法避免的事情發生。

在此同時，我重新認識了那個體內沒有藥物的自己。

第19章 速食與亞洲反派

桃福麵店的十週年，讓我有點吃驚。那感覺已經不像是我的餐廳。爲了慶祝這個場合，我們深入地窖把創始的菜單挖了出來，然後用二〇〇四年的價格提供給客人。

我不太能好好享受這個當下。所謂回顧，是從道路的終點轉頭回望。但回望是桃福不曾做過的事情。我們一向都是三步併兩步地向前移動，爲的就是讓所有人都不敢安於現狀。詹姆斯・畢爾德基金會於此時將我選入了美國餐飲的名人錄——相當於該基金會授予的終生成就獎。這樣的殊榮，似乎是在說我已經過了最高峰。

對於我們的處境一個比較客氣的看法，是我已經可以放心把旗下各餐廳的運作交給員工。我們已經建立起了自己的聲音與美學，而這並不是很多人能做到的事情。在各種藝術追求中，你都會把青春歲月花在對某種代表性外觀或聲音或手法的追求上。想想那些偉大視覺藝術家。他們全都擁有讓人能一眼就能認出的風格，即使那只佔他們藝術產出的一小部分而已。沃荷①與他的印花。培根②與他的三聯畫。歐姬芙③與她的花朵。昆斯④與他的氣球動物。卡蘿⑤與她的肖像畫。

我們有許多招牌的外觀，我們仍在創作我喜愛的作品。保羅・卡麥可已經接手了我們在中城的 Má Pêche 餐廳，那原本是要讓何田秀一手越式料理的地方。保羅在那兒開始提供訂價九十五美元的品嘗菜單，其靈感來自日式割烹暨他的巴貝多⑥*出身。Ko 在此同時，搬到了一個更大更雅致的空間。

對我來說眞正的問題，在於我可以嗅到空氣中飄散著一股呼之欲出的「桃福倦怠」。我們的影響力，順手就會被一筆勾銷。食物在全美都變得更豬（肉）、更辣、更亮，也更好。我們自然不能把這功勞全部攬到自己身上，但幫著把水門拉開的結果就是我們不再是料理尖端的代表。桃福的複製品在世界各地風生水起。我很想說自己深感榮幸，但山寨品的出現，也代表我們並不是不能抄襲的存在。

我知道改變勢在必行，而且這改變不光是爲了骨氣或雄心。我必須在步步爲營的商業決策框架下去顚覆衆人對於料理的期待。賺到錢跟攪亂一池春水的交會點，究竟在哪兒？

我掙扎著要釐清自己的工作究竟是什麼。我已經無法叫出桃福旗下餐廳裡每一個人的名字。我花了很多時間沉浸於腦海中，思索著身爲廚師，我究竟還有沒有想要告訴世界的事情。而就算我下定決心要回歸廚房，對我們的料理做出全面性的檢討，誰又能說我依舊寶刀未老，誰又能說新就一定等於好？更重要的是有將近十年的時間，我的創意都基本上是靠著燃燒怒火而來。馬歇爾・葛史密斯再三強調的一課就是過去的做法再好用，也只能留在過去，它無法在未來繼續爲我效力。我怕的是少了我最大的支柱，自己該何去何從。我甚至連自己有沒有得到第二次機會，都開始動搖。

我開始無止境地與這牛角尖扭打，直到終於——我不敢相信自己會說出這句話——一場美式足球比賽點燃了火花。

《福桃》雜誌成軍近三年，而我並沒有眞的很注意他們的一舉一動。之前我還會有一搭沒一

---

① Andy Warhol（1928-1987），安迪・沃荷，美國著名普普藝術家。
② Francis Bacon（1909-1992），愛爾蘭畫家，於一九四四到一九八六年間創作了共二十八幅三聯畫。
③ Georgia Totto O'Keeffe（1887-1986），美國藝術家，其畫作爲一九二〇年代美國藝術經典。她長於以混合了抽象與寫實的手法描繪花朵與岩石的紋理。
④ Jeffrey L. Koons（1955- ），美國當代藝術家，被譽爲美國流行文化的象徵。
⑤ Frida Kahlo（1907-1954），芙烈達・卡蘿，知名墨西哥女性畫家。
⑥ Barbadoes，位於委內瑞拉東北方約四百三十四公里處，加勒比海與大西洋交界處的島國，爲西印度群島最東的島嶼，面積約四百三十平方公里，一九六六年獨立，爲大英國協成員。
* 保羅的這套品嘗菜單既新穎，又可口，惟他的努力卻絲毫沒有得到應有的認可。保羅最終會轉臺到雪梨接掌西王母餐廳，並在那兒把他的理想執行得更徹底，只是即便如此，他仍未能得到他作為世界級的一流主廚應獲得的肯定。

搭地給編輯丟些點子，此時連這些都停了。他們確定了不需要我。

然後辦公室裡的某人提議可以寫一篇文章。凱特・克羅斯比（Kat Crosby）是奧本大學的校友，也是美式足球的狂粉。她問我有沒有去現場看過鋼碗杯（Iron Bowl）比賽，我說沒有，然後她就安排了一切。《福桃》團隊正在做一期「吃到飽」的主題，而大學美式足球比賽中那誇張無極限的車尾嘉年華，放進去毫無違和感。

鋼碗杯作爲阿拉巴馬州最大的運動盛會，是放眼大學體育賽事，一年一度的經典世仇交鋒。奧本大學vs.阿拉巴馬大學。兩校的校友會從世界各地飛回來，只爲了參與這場比賽。凱特的朋友裡有一家人在奧本有棟專門爲了比賽日而購置的房子。想也知道，這家人手裡握著最高規格的門票。就這樣，我們於感恩節假期，落腳在了阿拉巴馬州的一處大學城。

在爲期一個週末的過程裡，我們擅闖了一場啤酒桶派對，惹毛了一群大學生，在能力範圍內品嘗了一道又一道的車尾料理。我們吃了奧利奧棒棒糖、核桃法式吐司、鮮蝦美式玉米粥，還有八、九種各式各樣的香腸。我們還在見證了史上前二或前三經典的美式足球賽事後，衝進了場內慶祝*。

那些車尾的食物給人一種扭曲的豐盛快感，但口味倒不是特別好。我們一沒有地方可去了，就去福來雞⑦報到。應在關於我們此行的文章中，是這麼寫的：

給沒吃過的人，他們招牌的雞排鹹中帶點甜，麵包的部分不過分脆，香料表現偏內斂，整體是種不太有記憶點的好吃。滿足感極夠。他們的比司吉是雞肉最好的載體，但你也可以試試把雞肉放在漢堡包上，雖然它軟軟的一壓就扁。事實上，福來雞三明治裡的每樣東西，不論是漢堡包、比司吉，還是鳥，基本上都是相同的質地與口感——這項事實與該公司眾所周知的恐同立場，可以說不謀而合。那是一種有罪的娛樂。

作爲一家公司，福來雞令我看不起，但身爲客戶，我忍不住想把生意給他們做。在我回去跟這些愛歧視人的雞肉商買東西吃時，我很失望地聽說自己是這晚最後一名客人。我看得出我們的三明治在保溫燈下懨懨一息。它們肯定已經在那做了幾小時的燈光浴。我懇求起了店員。

* The Kick Six game，你知道，就是那場計時器上的時間已經歸零了，但奧本大學在對方射門失敗後直接反攻了一百零九碼，最後以再見達陣獲得的六分贏得了比賽。如果你懂我在說什麼，你就會羨慕又嫉妒我能親眼見證這場比賽。

⑦ Chick-fil-A，美國的連鎖雞肉三明治店，公司方面曾因宗教信仰而歧視性別多元。

「拜託，你是想跟我說你不能回後臺，替我們把幾塊雞排丟到油鍋裡炸一炸嗎？我們來的地方吃不到你們家的東西。就這一次，拜託拜託？」

福來雞作爲一家神權統治的機構，店員雖然很有禮貌，但也不能爲了我們破例。她保證他們家的三明治可以放好幾個小時不壞，並說我一定吃不出來。我把還剩下的東西買了買。

悶在袋子裡的那些三明治，肯定變了。在又鹹又油的三溫暖裡待上大半天，什麼脆度都沒有了。它們軟到一壓就扁，但香氣還在，也不會讓人退避三舍。它們比現做的還好吃。

要死了，我心想。他們使用了「沙包之術」⑧。

如果哈利波特裡的霍格華茲是間魔法烹飪學校，那沙包之術就是他們在料理黑魔法課堂上必教的東西。所謂沙包術，是一種讓廚房工作可以變輕鬆一點，但又不會犧牲料理品質的做法。川燙雞肉算是一種沙包術。微波馬鈴薯與帶梗的玉米也是一種。用同一大鍋煮東西還是沙包術。爲慈善活動想出一種可以預先擺好盤的菜色更是沙包術。我愛沙包之術。

我對福來雞三明治又愛又恨的心情，會更上一層樓，是因爲我曾嘗試想用韓式墨西哥捲來打造屬於我的速食帝國。這些邪惡的混蛋精通了我無法掌握的技能。福來雞我鄙視歸鄙視，我很久以來造訪過最不得不佩服的餐廳，卻也同樣是他們。

桃福麵店開幕的同一年，世間還誕生了本質餐廳、Masa餐廳、Shake Shack美式奶昔漢堡店、Franny's披薩餐廳與石倉藍山餐廳（Blue Hill at Stone Barns）——這全都是在接下來的十年間引領紐約風騷的餐廳。但前仆後繼的新東西並沒有動搖我，更絕對沒有嚇到我。我慢慢認爲我們進入了一個過場的階段。那個料理軍武競賽的年代，那個紐約主廚一個個都設法用難度更高的功夫菜去彼此壓制的年代，我們已經走到了終點。

那個四處晃蕩比誰屌大的年代，已經結束了。未來也不是要比誰能搶佔特定的時空。太多人在吃過NOMA之後，都已經明白那些有氣無力的假冒者通通加起來，也永遠不會是正牌的對手。

我從奧本回到紐約後，就對週遭的每個人都說我想要做炸雞三明治。我們最終還是加入了速食的戰局，而既然參了戰，我們就也順便破解了送餐服務的密碼，又一個我試過卻沒有能搞定的領域。

⑧Sandbagging，廚房術語，意思是預先做出料理的半成品，等訂單進來時再進行最後加熱即可出餐。會叫做沙包，是把大量流入的訂單比喻成洪水，而半成品就是可以抵禦這些洪水的「沙包」。

就在慢慢做出點成績，累積出點動能之後，我的想法開始複雜起來，也開始不切實際起來。一天過一天，我開始愈來愈確信我們不會僅止於此。很有可能的狀況是我誇大了自己正體驗到的清晰，只因為我希望張錫鎬最優秀的版本可以是那個停止用藥的自己。

總而言之，我有自信自己已經發現了在轉角後等待著餐飲業的新玩意。我們立即著手去規劃第一大道一六三號的空間——先是桃福麵店，後來變成 Ko 餐廳的舊址——使其回歸其前桃福時代的炸雞店老本行。我沒有告訴團隊同仁的是我也同時在玩另外一手。這門炸雞店生意同時會是一塊用來惡整人的畫布。

我絕對不是第一個睜一隻眼閉一隻眼去光顧福來雞的人。很多看起來人模人樣的傢伙都不惜無視眞相，只為了嘗一口他們家美味的炸雞。我想要把這種現象掉轉個一百八十度，藉此來表明我們在文化上的立場。

我應該沒有把我們的炸雞餐廳說成是某種藝術作品過，但事隔多年後我仔細想想，那其實就是那麼回事。我有此領悟，是因為認識了旅居紐約的泰國現代藝術家里克力・提拉瓦尼（Rirkrit Tiravanija），其最著名的作品是各種互動體驗。他會在藝廊裡烹煮咖哩或泰式炒粿條，時不時會有人誤會他是來做外燴的。里克力告訴我說他選擇泰式炒粿條，是因為那是泰國唯一不源自於中國的麵類菜餚。他選擇用電子炒鍋進行料理，是因為這種鍋跟正宗的炒鍋相比，算是一種廉價的劣質近似品，而他想要藉此去批判亞洲文化的商業化。每個步驟經過刻意安排，都有其想傳達的意義。任何一步，都是爲了將生氣注入被人隨手視爲司空見慣或不値一哂的東西。

我們的計畫是開一家販售美味雞肉三明治的速食餐廳，但如果貼近一點觀察，你會發現亞裔美國生活經驗的剖面。如同里克力，我們的每項選擇都有其深意，頂多是我們不像他會把每樣東西都塑造成完整的藝術展示。店名來的容易：Fuku。這是 Momofuku 的翻玩，也是 fuck-you（幹，去死吧）的諧音哏。誰把我們視爲理所當然，誰嘲笑我們，誰讓我們覺得因爲飲食習慣而被看輕，誰就會被我們罵到。我們一向沒花很多精神在桃福餐廳的裝潢上，少數的巧思都有其涵義，Fuku 更是如此。我們開始在牆上掛起一幅又一幅的裱框電影海報：《金手指》裡的奧德賈伯（Oddjob）、《追殺比爾》中的 GOGO 夕張（女星栗山千明飾演的鏈球鋸少女）、《終極警探》裡的烏利（Uli；電影中的華裔恐怖分子）、《妖魔大鬧唐人街》（*Big Trouble in Little China*）中的劉潘（Lo-Pan；戲裡的千年老妖）、《拳霸天下》（*Bloodsport*）的唐利（Chong Li），還有《第凡內早餐》（*Breakfast at Tiffany's*）裡由米基・魯尼（Mickey Rooney）飾演，女主角的暴牙鄰居國吉先生（Mr. Yunioshi）。這些電影角色的共通點，是他們（幾乎）都是電影史上典型醜陋的亞洲跟班或反派——讓人看了難過又受辱，但不知爲何能在美國文化中歷久不衰的亞裔形象。

後來，我們還從 In-N-Out 漢堡這個西岸的速食界保守派處剽竊了一個創意。在 In-N-

Out，飲料杯與包裝紙上都隱藏著聖經的引語。我上一次去吃的時候，曾發現我的垃圾中印著小小的舊約《那鴻書》第一章第七節，內容寫的是：「耶和華本為善，在患難的日子為人的保障，並且認得那些投靠祂的人。」

我決定了舊約《以西結書》第二十五章第十七節是最適合Fuku的聖經經文。你就算不是聖經學者，也很可能聽過這段聖經。閉上眼睛想像山繆・傑克森飾演的朱爾斯（Jules）在電影《黑色追緝令》中對一群在吃著速食店漢堡，嚇到嘴巴闔不起來的兄弟會年輕人說：「我要用強烈的仇恨與怒火打在你身上，那些想要毒害並毀滅我眾兄弟之人。而當我把復仇降臨在你身上時，你便會知道我的名字是上帝。」

我只跟一個人透露了我見不得光的計畫，那就是瑪格麗特・馬利斯卡（Marguerite Mariscal）。瑪姬（Marge）是在二〇一一年以實習生的身分加入桃福，最終一路平步青雲，成為了我們的執行長。要我把沒有編輯過的瘋狂分享給她，我也很放心。

不同於我們在福來雞那些敬天畏神的對手，我們必須在主日一樣開門做生意，我這麼告訴她。

而且我們得要把一些字的L拿掉。

「我們要這麼做：我們要在所有包裝紙上印上Dericious！（Delicious的L被換成R）。我要讓白人看到，要他們完全受不了把這個字念出來。我們要把主導權搶回來。」

我確信瑪姬暗暗希望著我能在開幕前收回成命。但我只是愈來愈認眞，愈玩愈帶勁。我在西南偏南（SXSW）藝術節上宣布了 Fuku 的開幕訊息，一副好像我們是矽谷的新創公司一樣。我告訴群眾說我要推出一個 beta 測試版的連鎖餐廳來智取福來雞。我談到要打造一個手機 app，談到我等不及跟科技業異業合作，談到我想向第一大道一六三號的元祖炸雞店致敬，但就是隻字不提種族歧視的議題。

等 Fuku 在二〇一五年六月開業後，店外開始繞著街區大排長龍。有數個月的時間，美食媒體在筆下提到了蜂擁而來的消費者，提到了我們的外送服務如何一炮而紅，提到了我們新增的菜色，延長的營業時間，還有我們即將在麥迪遜廣場花園球場（美國職籃紐約尼克隊跟美國職業冰球紐約遊騎兵隊的主場）開設的攤位。

我原本想說要是沒人發現我設下的陷阱，那我應該會存著某種成就感奸笑兩下，但他們還眞一點感覺都沒有，搞得我他媽的氣炸了。我應該要能想到會是這樣的結果，但這也不能完全怪我，畢竟那是納什維爾辣炸雞還沒有爆紅前的時期。

你要知道在一長串跟炸雞有關的文化不公義之舉當中，福來雞也只是微不足道的一例而已。首先，光是賣炸雞這件事情在美國，就是新獲自由的黑奴——其中又以女性黑奴為大宗——在美國南方帶起來的流行風潮。他們鮮少因爲是美國炸雞的始祖而獲得肯定。而我強烈覺得這段歷史應該被提及，即便我們的食譜靈感大多來自亞洲的傳統。我主要參考的是臺灣的豪大大雞排⑨。

我怎麼也沒想到在五年之後，從東岸到西岸的美國人會狂吃起納什維爾辣炸雞——另一個非裔美國人的發明——但一點也不關心這樣的美味有著什麼樣的身世與起源？我哪來的信心覺得這些人會在意我們對於亞裔美國人形象的主張？

有一個，也就只有一個記者曾經在原版的 Fuku 品牌上質疑過我。等熱潮早就塵埃落定後，佘琳娜・戴（Serena Dai，隸屬於《紐約食客》（*Eater NY*））這名聰明過人的華裔美國記者給我發了封突如其來的電郵，想請我說明品牌上的 Dericious！是什麼意思。我解釋了我這麼做的用意，而我想她的態度是同情。

我們開張後過了整整一年，瑪姬跟我在一場盛大運動賽事的 Fuku 攤位上顧著。我長年的等待終於沒有白費。兩名廣為人知的大人物自顧自拿起了我們的三明治，其中一人注意到包裝紙上的錯字，便將之拿給了同行的同事看。

「Dericious！」他們不斷地相互重複著，邊說還邊笑得像小朋友一樣。他們欲罷不能，還用只有近處聽得到的音量模仿起武術大師的低沉嗓音：好 DE-RI-SHUS 喔。」

我抓狂了。我一直想把身為亞裔美國人所體驗到的種族歧視武器化。我一直希望非亞裔的美國人會沒膽把包裝紙上的錯字唸出來，或是沒種看著 Fuku 餐廳牆上的海報笑出來。但他們顯然一點都沒有被嚇倒。

「瑪姬，我錯了。這是一場慘劇。我們得把插頭拔掉。」

至今將近五年過去了，Fuku仍穩紮穩打地發展，愈來愈多體育場館與一座座城市都看得到Fuku的身影。我大致已經把餐廳交給了聰明的商學院畢業生去操盤。我們把印著Dericious的袋子、印有聖經經文的包裝紙，還有亞洲壞蛋的電影海報，通通收了起來。我不後悔做過的一切，我只是希望曾經注意到的人，能夠多一點就好了。

⑨發跡於臺灣臺北士林夜市陽明戲院前的那家豪大大雞排。

間奏　葛蕾絲

我恨夜店。

問題是我編不出理由不去。我一個人坐在沙發上，身邊響起了邀我出去的電話。夜店與我的公寓，相隔只有走路就到得了的距離，而我也沒有別的事情好做。我可以說已經當了好幾個月的和尚——藥停了，酒也戒了。朋友說他有幾個女性友人會一起來。我隨便套上了件襯衫。

但一看到那一大群在外頭等著入場的人潮，一感受到場內那砰砰砰的重低音，後悔的心情就像海浪席捲而來。儘管如此，我還是進去了。我喝了水。我跟邀我前往的朋友互動。我站在那裡，東張西望，一共待了不到一個小時。

朋友早上又傳了一次訊息給我。夜店裡的一個女人，那個我問了她是誰，但最終沒有去找她講話的女人，要跟她的朋友辦場烤肉。

長話短說就是：我到了紐約東村的一處屋頂，看到葛蕾絲跟其他的女性主辦人在那兒手忙腳亂。來的人太多，烤架卻太小。她們烤肉的速度根本跟不上客人吃的速度。這根本是爲我量身訂做，可以英雄救美的機會。我覺得自己就像在全滿的客機上聽到空服員在大喊：「現場有醫師嗎？」

張醫師參上。

我的出手讓這一天從悲劇變成喜劇，最後還留下來幫忙清理。灰頭土臉的女主辦人們很是感激，但有點失落自己什麼也沒來得及吃到。她們餓壞了。

「我在街尾開了家餐廳……」

◌

那次烤肉之後，我去了懷俄明州放鬆了幾週。我壓抑著想要連絡她的衝動，但等從懷俄明回來後，葛蕾絲來電把我約了出去。

我已經接受自己會單身到死的事實。我每次與人交往都是失敗收場，而且問題通常都出在我身上。我覺得自己不是結婚的料，也把這想法對葛蕾絲坦承不諱。我把我招牌的臺詞對她說了一遍：「我沒有想要認眞談戀愛，吧拉吧拉吧拉。」時間久了，我把每一場搞砸的戀愛都詳細跟她說了。她既不曾被嚇到，也不曾檢討我的不是。

我們開始交往，然後有天晚上，崔大衛在跟我們共同的朋友阿薩・阿基拉（Asa

Akira）吃了個晚飯之後，跑來我的公寓。阿薩是世界知名的色情片豔星。崔則是有錢到爆炸而且喜歡到處踩雷的藝術家。葛蕾絲一整晚眼睛都沒有眨一下。她跟著兩位客人有說有笑，我這兩個神經病朋友立刻被她收服了。我們坐成一圈看起了《馬男波傑克》①，一起度過了愉快的一夜。

彼此慢慢變熟後，我感覺到一種平靜。大腦不准我承諾什麼，它說這不會有結果，但我的直覺卻不這麼想。她身上流露著自信與沉著（我第一次也是唯一一次看到她手足無措，就是在屋頂上那晚）。她也討厭夜店。她那天會去也是凹不過朋友。還跟我一樣，她也腳踏兩種文化。

我不是沒交往過其他種族或族裔的女人，但只跟亞裔女性認眞過。我不是沒努力過，但就是甩不開要跟韓裔女性結婚的文化壓力。換成跟其他族裔交往，我腦中都會有一股聲音在碎念著。那股聲音會嘮叨著說我不可能跟對方修成正果，畢竟我家人絕不可能認同一個非韓裔的媳婦。

葛蕾絲是韓裔，但我們不太像是因爲同屬韓裔而在一起。她的魅力全來自於她那顆心、她的包容力，還有她的那種自在與冷靜。這些跟是不是韓裔無關的因子，反而讓我得以更深刻地去享受我們在文化上的聯繫。葛蕾絲跟我不用相互解釋很多事情，畢竟我們共有著韓裔美國孩子的奇特成長經歷。作爲韓國移民的第二代，她自小就得跟著家人，一起在白人佔大多數的西雅圖郊區裡學著適應。

我不相信靈魂伴侶那一套，也不覺得每個人在世上都有屬於自己的另一半，但如果要我想像有誰會與我白頭偕老，我能想到的就只有葛蕾絲。要我想像有誰能讓我再愛幾十載，也只有葛蕾絲。她的意志堅定，而且臨危不亂。她在時尚界力爭上游，但她眞正的志向遠不只是要出人頭地，她想要活出慷慨、豐碩、健康、完滿的人生，而且除了自己，她還想幫助旁人也達到相同的境界。她讓自己身邊圍繞著好人，然後善待他們每一個人。

能夠成爲她如此世界觀的主要受益者，我自認是個幸運兒。在我終於告訴她我打算重新開始服藥時，她對我除了支持還是支持。不論在我躁症發作、在我餐廳開幕、在我順風順水，還是在我飽受負評，乃至於在這過程中的無數高低起落中，她都指引著我，與我攜手奮鬥。

我們分享著一種要照顧彼此、保護彼此的直覺。但毫無爭議的事實是我們的關係始終處於一面倒到令人髮指的不平衡。我拚了命想要讓自己的付出不輸給獲得，我努力想要不把心愛的人當成員工對待。我還在學習要如何接受別人的愛，並相信那份愛不會辜負我。

①*Bolack Horseman*，一共六季的限制級情境動畫悲喜劇。

這肯定是人在一段關係中可以遭遇到，最令人感到挫敗與不安的障礙。想像一下你得日復一日向妻子或丈夫證明你的愛。我說的不光是用嘴巴說「我愛你」，而是你時不時得懇求他們，只爲了將他們從萬丈深淵的邊緣拉回來。我必須要變成一個更好的人。她知道我在努力，而我愛那個願意給我機會的她。

我們結了婚，葛蕾絲產下了一個我們起名爲雨果（Hugo）的男寶寶。曾經有很多年，我都以爲自己沒有做好爲人父的準備，但如今我知道，那只是因爲葛蕾絲還沒有進到我的生命裡面。

第20章　你以為看到的，跟你真正得到的

經過創立 Fuku 餐廳的這一役，我想要顛覆衆人對美國身分想像的胃口只是更被挑起。躁症給了我自由說到做到。

二〇一五年，就在華府的桃福餐廳開幕之後，我在《華盛頓人》（*Washingtonian*）月刊接受了陶德．克里曼（Todd Kliman）的採訪。文章的標題——〈與桃福的張錫鎬的一段漫長而怪誕的對談〉（*A Long Strange Chat With Momofuku's David Chang*）——讓一切似乎已盡在不言中，但一個更好的標題應該是〈想知道躁症長得什麼模樣嗎？讀這篇就對了〉。他們把我們較預期長四十五分鐘的對話整理成逐字稿，發表了出去。那是一篇奇葩。我的躁症讓我嗨到連看了文章的朋友打電話來問我沒事吧，我都不會不好意思。

此時的我，已經來到爲職業生涯定調的關鍵時刻。我處於追求狀態的大腦想一窺宇宙萬物底層的體系，然後將那奧祕帶回到餐室裡。我眞的就是這樣想的。此時的我靈感來得又快又猛，而且東一個西一個，這點連我自己都有所感。但請勿因躁廢言，因爲躁症與否無關乎對錯。大約就在這個時期，我替《連線》（*Wired*）雜誌寫了一篇文章，標題是很粗暴

的〈張錫鎬的美味統一理論〉（*David Chang's Unified Theory of Deliciousness*）。

我歷經了一系列相互重疊的頓悟，其中有些算是我的原創，有些不是，但據我所知，這些觀念從未在料裡的脈絡下被呈現出來過。其中第一條道理就是：創意的最佳型式，永遠是從矛盾中生出。想想莫里茲・柯尼利斯・艾雪①畫作中那什麼地方也通往不了的階梯，以及相互繪製的兩隻人手。抑或是雷內・馬格利特②的〈形象的叛逆〉（*The Treachery of Images*），這幅畫明明畫著一支菸斗，法文副標卻硬是寫著 Ceci n'est pas une pipe——這不是菸斗。

在廚房裡，我們知道的金科玉律是調味要剛好，是不能沒味道，但也不能過鹹。我覺得這說得不對。最好的菜色應該要能同時展現出這兩種極端。你會希望一道菜能先嘗起來太鹹，接著剛剛好，最後又近乎淡而無味。眞正的平衡不是齊頭式的平均，而是兩種力量的勢均力敵。一碗白飯淡而無味，辣椒醬單吃太鹹又太辣。但兩者搭配在一起，那就是天作之合——味蕾會持續在刺激與溫和之間遭到拉扯。我們對於宇宙萬物的理解中，就隱含著這樣的觀念。想像一下陰陽的標誌，那是一種黑與白的均衡，而不是直接把黑跟白混成灰色的圓——那是兩個永恆在朝著彼此轉進的半圓。

回到鹹味的比喻，想像一下你面前有一排水杯，裡面分別裝著從最不鹹到最鹹的鹽水。要是循序漸進地一杯一杯喝，你就能感受到鹹味慢慢提升。但如果你喝到中間停下來，然後開始倒退，之前幾杯的鹹味就會完全消失了。各位可以找時間做做這個實驗。我們自以爲客觀絕對的官能感受，其實牢牢地跟我們的參照座標綁在一起，而這座標從來沒有不移動的時候。

這種視角不斷在遷徙的想法，勾起了我童年的一段回憶。

有天我爸媽給我買了個變形金剛的玩具，一瞬間讓我成爲了整條街上人緣最好的小孩。幾個住附近的小朋友跑來一起玩。等我媽晚飯煮好端出來後，其中一個小男孩聞了一下韓國泡菜，然後趁我媽不在桌邊的時候說：「難怪你們連狗都吃」。他們一起學起了狗叫。

我不知道那個鄰居小孩現在在幹嘛，但如果說現在的他很喜歡泡菜，我一點也不會驚訝。泡菜現在已經隨處可見。我可以去街尾的雜貨店，花十分鐘在那裡糾結該買哪一牌貴得太誇張的精品泡菜。

人類有與生俱來的生物性偏好，但決定我們口味的關鍵，永遠是社會性的因素。文化的制約，足以說服人對跟他們自身主食如出一轍的東西退避三舍。否則就科學上而言，德國酸菜跟韓國泡菜基本上是一樣的東西。這種制約會迫使我們放不下成見，進而使得美味

① Maurits Cornelis Escher（1898-1972），荷蘭平面藝術大家，以錯視作品聞名於世。
② René Magritte（1898-1967），比利時超現實主義畫家。

（與社會）的進化受阻。

我說「我們」，是因爲我也是共犯之一。我曾經不能忍受白人廚師在做韓國泡菜的畫面，但說眞的，我的那種反應是不對的。不然我想怎樣？我們都永遠直直地開著，永遠不換車道，永遠不嘗試新的事物嗎？我寧可看著白人廚師做韓國泡菜，也比看他們對著泡菜吠叫好一萬倍。

我們不一定曾經注意到，但料理一向都是在相互衝撞中進化。換種說法：我從小到大，吃過不下幾百次牧羊人玉米餅（tacos al pastor）。它們在我心目中，一直都是墨西哥市的象徵。直到最近，我才知道用來製作牧羊人玉米餅的那根直立烤肉叉（trompo），是源自黎巴嫩。同樣的料理器材，還給了我們沙威瑪，給了我們土耳其旋轉烤肉（döner kebab），還有希臘旋轉烤肉（gyro）。黎巴嫩移民把垂直肉叉帶到了美洲，而這項技術遇上了新的食材與居民，碰撞出了新的火花。我沒道理爲此大驚小怪。美味是一種迷因，一種文化的最小組成分子。美味的吸引力是普世的，它的傳播不會因爲人爲的邊界或偏見而停歇。

我開始質疑起各種文化眞理的實情。誰有權力決定把價值賦予特定食物？一樣東西可或不可接受的標準在哪？在帕馬森乾酪中會自然出現的MSG，爲什麼會到了中餐廳裡就成了十惡不赦的味精？

讓我再換一種框架來表達這種概念。二〇一〇年的某場湖人隊比賽中有個精彩片段是奧蘭多魔術隊的麥特・巴恩斯（Matt Barnes）與湖人隊的小飛俠柯比・布萊恩（Kobe Bryant）已經互嘴了一整晚。到了第三節，巴恩斯作勢要把球砸到柯比的臉上。以兩人當時的近距離，任何凡人都會被那樣假動作嚇到想閃，但柯比連眼皮都沒有眨一下。有誰想跟你爭辯誰該拿下有史以來最冷血的籃球員頭銜，這段影片可以替你擺平一切。

事隔幾年，網路上挖出了同一個場面的不同視角。從頭頂往下看的拍攝鏡頭，顯示出那顆球距離柯比的臉部並不如千百萬人以爲的那麼近。我們有限的視角，哺育了我們想看到的故事。新視角並沒有影響事實的眞僞，但它凸顯出了我們的信念有多麼脆弱。沒錯，柯比可以躋身史上最無懼，最不爲挑釁所動的運動員，但不，那次的事件並不能證明這一點。

我希望桃福的食物可以扮演那事隔多年第二部影片的角色：讓我們知道自己的信念或許只是角度問題，讓我們知道很多事情可以同時爲眞。

這種種觀念，都在當時剛萌芽於我躁症的土壤中。我在所有願意傾聽的人眼裡，一定就跟個白癡沒兩樣。但我的內心愈來愈篤定。那種種想法都會在五年後，我們在紐約開設第一家可以坐下讓人服務的餐廳時，展現出其代表的意義。

我們不得不擴張營運，是因爲我們拿了外面的錢。我沒辦法用三言兩語解釋我最終爲何同意了引入外部投資，也沒辦法就我爲何要以個人名義擔保貸款給出合理的說法——還記得我做過體檢來證明自己不會在銀行回收貸款前英年早逝嗎？——我頂多只能說我們有這樣的需要。我當時距離通曉企業經營之道，還差得很遠。

但即便是我們拿了錢，也沒太多可以說嘴的成績。我們用了很大一部分錢，替 Ko 在包厘街打造了一個更氣派的新家。我們家的華府餐廳也貴得不像話。我們其餘的錢則拿去支持一些做開心的企劃，比方說當時還活著的《福桃》雜誌。

爲了增加現金流，我同意了在紐約的雀兒喜區開設第二間桃福麵店。這會是我腦殘擴張計畫的第一步。我們會在布魯克林的日落公園開設一間中央廚房，由該中央廚房來負責大多數的食物料理。有輛接駁巴士會在紐約各區之間巡迴，把食材卸貨給各家廚房僅剩最基本設備跟小團隊的桃福麵店，準備料理會變成按數字順序去進行的著色畫；教育訓練會就此標準化，以便隨便誰都可以隨時被丟到任何一間桃福麵店，然後輕輕鬆鬆就把事情學會，以此無限類推。

我欽點了喬許・平斯基（Josh Pinsky）這名來自 Ko，苦幹實幹的廚師，來負責推動這一切的運轉。平斯基明白一間廚房的組織架構面，就跟其創意面一樣不容小覷。他也是個有話直說的傢伙。

開幕前幾個月，我問他興不興奮。他說不。

桃福的每個人，都會告訴你我總把誠實跟透明掛在嘴上。我堅持說我希望同仁們跟我說話可以有來有去。但你去問團隊這是不是事實，他們會說……「不評論」。老實說，我有努力在練習把我不喜歡的答案聽進去，但平斯基給我的回答固然是實話實說，但那其實也是我想要聽到的答案。

把桃福麵店的規模擴大一事，有著各種跟出賣自己或作賤自己有關的包袱。爲此在我內心深處，我尋求著一個出口。我知道平斯基想要當個眞正意義上的主廚，而聽到他說他不想在桃福麵店艦隊當個普通廚師，著實讓我鬆了一口氣。

平斯基告訴我說他最自豪的就是自己是Ko的義大利麵點專家。那是他眞正最愛做的料理。一個靈感瞬間在我腦中成形。開間桃福的義式餐廳？你是在跟我開玩笑嗎？我想不到還有什麼地方比起義式餐廳，更能讓我所有的哲學思考接受現實的檢驗。

很多人已經忘記在不久之前，義式餐點還被晾在一邊，只因它被認定是某種次級的異國料理。而如今，紐約隨便一個路人都能跟你分享他們最喜歡哪一種橄欖油，甚至能如數家珍地點名義大利不同的區域菜系。我對義大利菜的喜歡不輸給任何人，但我也渴望有機會可以狠狠地惡搞義大利菜一下。

我把這件事交給了辦公室去表決。我們應該再開一家桃福麵店，還是進行完全不一樣的新嘗試？團隊的態度非常清楚。他們想要推動創新。

我去家得寶（Home Depot）買了木質銷釘當成擀麵棍，這樣做出來的結果，在多數人眼裡就像是美式雞肉餃子，但對我來說那更像是韓式麵疙瘩。只要切的方式稍作調整，那些麵也不難說是有波浪滾邊的馬法丁（mafaldine）義大利麵。實際嘗過後，我實在不知道該說哪一種基準更有代表性。那全要取決於你用什麼角度去看。

舉例來說，當義大利餐廳拿番茄義大利麵（pasta pomodoro）來索價二十五美元時，很少有老饕會因此望之卻步。我們腦海中會浮現義大利麵條店老闆用他奶奶教他的方法擀麵團的畫面。我們會賦予在義大利種植加工的番茄罐頭很高的價值。我們會想像老練的廚師以完美的時機潑上一杓煮麵水，然後將彈牙的義大利直麵跟番茄醬料攪拌在一起，創造出一道整體感十足的料理。這二十五美元的每一塊錢都花得不冤枉。

今天換成一名中餐廚師用上四倍的食材跟多出三倍的時間去煮一碗麵，再有素養的老饕也頂多願意付八到十美元。錯誤的文化架構告訴我們義大利麵就是比較貴，而中式麵條就是必須廉價。同樣的二分法也存在於幾乎所有的亞洲（或非洲，或拉丁美洲）料理與對應的西方類比物之間。對我來說，種族歧視幾乎是唯一的解釋。千萬別跟我說這價差來自於服務品質與用餐環境。那種狗屁錢，是給覺得吃「非異國」料理比較安全的傢伙去付的。

在Nishi，我們抹去了義大利麵食與一般麵條的外顯隔閡*。我們的客人會點某樣他們吃過不下數百次的義式料理，然後如果一切順利的話，他們會很驚艷地愛上我們的版本，然後才赫然得知那是用聽起來更像港式撈麵，而比較不像番茄培根義大利麵（amatriciana）的食材做成。我想用這樣的「特洛伊木馬」去顛覆民眾的偏見。我想顛覆的不光是他們喜歡的是什麼，更是他們喜歡這樣東西的理由。事實上，我們從來沒有宣傳自己是間義式餐廳。

我們並不想刻意把不同的料理送作堆。那就會變成「融合」料理了。我們想鼓勵的是一種自然而然的匯合，並藉此去預測食物未來的樣貌。我想到了他們在巴西聖保羅市場中販售的各式酥脆餡餃（pastéis），那些是誕生於歐洲、亞洲、南美文化的互動中，恩潘納達③與餃子的混血。我還想起了亞洲與拉丁影響力在洛杉磯混合出的料理。它們全都是順著邏輯，不可能不發生的事情。

那與奇諾跟我在多年前在桃福麵店嘗試的事情，並沒有多麼不同。只是這一次，我們不是在想像讓我的韓國家庭跟奇諾的墨西哥祖先易地而處，這次變成我想像一個來自杜林

* nishi在日文裡是西邊的意思。這名字不論在地理位置上（紐約雀兒喜地區相對於我們其他餐廳的位置）或是在概念上（第一份大刺刺專攻西方料理的桃福菜單），都非常點題。

③ empanada，盛行於拉丁美洲的餡餅。

（Turin）的家庭跟另一個來自首爾的家庭交換處境。韓國人如果用完了醬油，會發生什麼事情呢？他們會勉爲其難，把帕馬森放進食譜中嗎？

在北義大利，他們吃一種叫做名叫 bollito misto 的水煮肉，那可以簡單理解成一道把較韌的肉用高湯小火燉煮，然後切片盛盤的經典料理；在韓國，他們吃一種叫 suyuk 的水煮肉，那可以簡單理解成一道把較韌的肉用高湯燉煮，然後切片盛盤的經典料理。從這兩者中間的哪一個點開始，bollito misto 不再是 bollito misto，suyuk 也不再是 suyuk 了呢？從哪一個點上，會出現一種具有普世吸引力的自然混血呢？

時間久了，我慢慢注意到在桃福那些最具影響力的菜餚，都正好是身處在那個過渡點上的菜餚。過去十年，桃包肉餐廳都供應著一種辣豬肉香腸搭配年糕的菜色。其起源的故事是：賈書亞・麥克法登（Joshua McFadden）作爲我們的一名資深廚師，問了他可不可以做一道波隆那肉醬。我說可以，條件是他只能用韓國的食材。他跟桃包肉餐廳的其他廚師，最終一起做出了一道好吃到不可理喻的菜餚：我嘗了一口，就明白了當中的波隆那元素在哪，但靠著年糕的澱粉與嚼勁，還有好像不用錢的辣椒油，我也聯想到了麻婆豆腐。這道菜綜合了各種文化，但又不只是這些文化的總和。它從熟悉的東西與異國風情在拉鋸的張力中，獲取了磁性——吃的人可以自行決定哪些部分熟悉，哪些部分流露異國風情——但又分別對這兩者有一份堅定的應許。

讓Nishi餐廳破繭而出的那道菜，那道最能總結我們願景的菜餚，是黑胡椒起司義大利麵④：一道有義大利菜之名，但內容物幾乎不含義式食材的菜餚。多年來我們一直在測試實驗室裡把鷹嘴豆發酵成一種我們命名為hozon（日文有「保存」之意）的味噌*。這種鷹嘴豆味噌總能讓我想起起司的風味。我嘗試用hozon味噌取代佩克里諾（pecorino）綿羊起司來製作黑胡椒起司義大利麵，效果好得出奇。錦上添花的是鷹嘴豆在義大利文裡被稱為ceci這點，讓我們得以給這道菜取了一個很酷的名字：ceci e pepe。

Nishi的最終菜單由我親自執筆。乍看之下，那就是典型的桃福餐廳菜單：菜名——材料X、材料Y、材料Z。但仔細一瞧，你會發現當中有細微的差別。菜單的每一部分都有對應的韓文翻譯。而在頁底還有十項註解，它們是讀起來像是某種藝術家宣言的小小提示**：

④ cacio e pepe，直譯為起司與胡椒。

* 我們打造實驗室，一來是為了進行發酵實驗，二來也跟成立Nishi一樣要去搔同一處癢。我們想用產品去顛覆人對於食物價值與料理可能性的認知。我們早期的一項產出是豬肉版本的「鰹節」——也就是作為日本料理中流砥柱的一項基本材料，經乾燥、煙燻、發酵，最後刨成薄片的柴魚。

** 現在重讀這份菜單，我一面覺得餓，一面也想一拳往自己臉上打下去。這段期間我學到最重要的一課，就是多做少說。

1. 乾式熟成，由快樂谷公司出貨的牛後腿眼肉：生牛肉×生牛肉薄片
2. 韓式水冷麵（一）麵跟牛肉（十）桃福特製醃黃瓜
3. 義式熱沾醬×凱薩沙拉×胡志明
4. 我們鼓勵客人連頭跟殼也吃
5. 帕馬森那邊的筆記來自鷹嘴豆保存味噌。（這道菜）不含起司
6. 韓式麵疙瘩×義式馬爾法提綜合乳酪丸子×餅乾桶
7. 雪梨金唐海鮮酒家的XO醬水蜆×麵線×蛤蠣
8. 麻婆豆腐×馬來西亞辣椒板麵×羊排佐薄荷醬
9. 炒碼麵×拉德納的墨西哥辣椒螃蟹義大利麵×吳爺爺
10. 凱西・平斯基的圓環蛋糕 2.0

○

Nishi 餐廳在二〇一六年的第一週開幕時，我們只做過路客的生意。餐廳裡顯得擁擠但充滿生氣。牆上掛著幾幅艾雪的版畫。平斯基跟我不分日夜地出菜跟微調。廚師生涯頭一遭，

我走進了用餐區去「觸及」每桌客人，收集他們的回饋，也爲了賣完的東西跟他們賠不是。躁症讓我非常明顯地更能與人打成一片。

我發了給全公司的電郵，向大家徵求我們潛在的弱點。我希望所有人都能比餐廳評論家搶先一步，尤其是《紐約時報》的彼特・威爾斯（Pete Wells）。

寄信者：david chang
日期：二〇一六年一月三十一日，10:43 AM
主題：名為彼特・威爾斯的恐慌

就是提醒大家一下

Nishi 一開幕，他不僅會來 Nishi 用餐寫評論，他肯定還會去麵店跟菜包肉餐廳。

我推測他會一加一地評論 Nishi 加菜包肉餐廳或麵店或 ma Peche，但這誰也說不準。

我不知道我們是否可以每次都抓到他。想不浪費時間跟精力最好的辦法，就是不要專注在某個人身上，而要去改進跟檢查我們整體的運作。如果我們錯過了他，那就錯過了吧。他吃到的餐點跟其他人不會有什麼不一樣。

所以我們必須再次強調在料理過程跟服務客人時的謙遜。把工作流程中鬆掉了的螺絲鎖緊。把我們之前沒有時間去提升的現有料理加以提升。

讓名為彼特・威爾斯的壓力之火每晚燒著，讓我們為了他把細心優雅的服務分成平均的一份一份。讓廚師們牢牢記住在你必須要通過評論桌考驗的時候，花在每份餐點上那短短的幾秒鐘都會積少成多。讓我們人為增加每個人肩上的壓力感。讓我們把評論員桌被整個餐室觸及的過程練習到像機器人一樣，以便等他終於出現時，沒有人會緊張。

這禮拜，以上提到的所有桃福餐廳都要同仇敵愾，為了對付彼特・威爾斯而在戰略上互通有無：

——各家餐廳會受到的潛在批評或弱點（菜單、設施、音樂、服務、特定菜餚……什麼都行）

——我們該如何矯正這些弊病

——適用個別餐廳的問題清單（所以如果我們真的抓到了他，發現了他，我們就能確保把該盡的人事盡一盡）。比方說，我們會把特別講究的食材跟王牌等級的外場留好。按日把特別講究的食材留起來，是很重要的事情，不論那是一種醬汁，還是某一批麵。

我們要確保他四周的桌子都能被服務得服服貼貼，開開心心。各種設施可以盡皆到位。諸如此類的。我的意思是要有張真正的清單可以用來檢查，並在他出現的時候很快將之掃過一遍，免得漏掉了什麼重點。

且不要讓彼特・威爾斯控制了我們的未來。未來應該由我們自己去寫成。我們或許超越不了他的主觀期待，但只要我們是自己最嚴格的評論者，那我們就不用擔心面對威爾斯提出的任何問題會措手不及。就讓我們用最美味的食物跟最棒的服務，殺他個片甲不留吧。

謝了，大家。有問題請用電郵聯絡我。戴夫。

瑪姬針對 Nishi 的空間不足提出了警訊——座位沒有靠背、椅子沒有坐墊、沒有麵包服務——但我據理認為那是我們一向的風格。還有人提出價格（看起來）過高的問題。我們正在測試一種不收小費的政策來讓每個員工的收入更公平。但即便拿掉了內含小費的收費模式，Nishi的價格比起桃福麵店都還是貴得嚇人。那就是重點所在，我告訴自己，這是家義大利餐廳，我們必須按義大利餐廳的規格去收費。

威爾斯還沒來得及插嘴，Eater網站的萊恩·薩頓（Ryan Sutton）跟《紐約》雜誌的亞當·普拉特（Adam Platt）就在三月的同一週之內把我們批得體無完膚。他們各都只給了Nishi一顆星。一週之後，當時在彭博擔任餐廳評論的泰雅爾·拉奧（Tejal Rao）也附和了前兩者定的調：也是一顆星。餐廳不光是不舒服，而是根本在把人往外推。食物起伏很大，他們說。

寄件者：david chang
收件者：圓桌會議
日期：二〇一六年三月十五日 5:56 PM
主旨：Nishi的評論：eater網站

我會長話短說……但我首先想跟全公司道歉，我讓大家失望了。有我的決定才有今天的Nishi餐廳，而它就是個操之過急，本身有著許多硬體缺陷的企劃。

不論怎麼說，Nishi是間食物很棒、服務很棒，但其他地方包括氣氛、價位與舒適性全都有待加強的餐廳。很遺憾是我沒有能讓各位的努力好好展現在世人眼前。

我們不會慌張，我們會利用未來幾週檢討訂價。要納入考量的事情很多，萊恩・薩頓提出了很多很好的建議，但那都不是速成的特效藥。我們今天會陷入這般田地，就是因為急於決定很多事情，所以由此去我們將會三思而後行，不急於一時。

——我們將會處理用餐區的舒適性與音效問題

——我們會檢討不收小費的政策，還有什麼樣的價格帶更可行

我要特別指出喬許、凱莉與莎拉的執行面表現得很棒。特別是考慮到僅僅三個月之前，我們企劃的還是一家Fuku／麵店。所以我真的要給他們的好表現鼓鼓掌。沒有人

說食物或服務不好，事實上我想這兩方面的表現是一流的。評論家罵的是 Nishi 餐廳的一些屬性愚不可及，而那是我的問題。

總之要說我的話，我可以嘮叨個沒完，但我一定要交代到的，是 eater 網站的薩頓的評論。

我們每天都會進步一點。大小任何建議都歡迎。感謝大家的體諒。戴夫

眞要說句公道話，關於 Nishi 的一些誤判並非出自我手。但話說到底，我們的失敗必須由我概括承受。我已經有段時間沒在紐約開新餐廳，我已經失去了對外溝通理念的自信。「我們可以用有建設性的態度去接受他們的批評。」我當面對每個人說。「但我們不能忘了他們當中最大咖的人還沒有做出評論。我們必須專心拿下最後的大獎。」最後拍板的那句話，終究是威爾斯說了算。我們還有一搏的機會。

《紐約時報》的好評曾經像它推過其他主廚那樣，推過我一把，這是事實，但我爲了追蹤其餐廳評論員的生活與認知而投入的時間，也相當之誇張。有時候你會因此感覺虛無，

感覺挫折，因爲你會意識到用餐者基本不會去質疑在地餐廳評論的權威。這些評論者被推定爲萬無一失，或最最起碼是值得在無法確定時選擇相信的對象。也不知道出於什麼理由，主廚就是有責任要去配合他或她的要求。在伺候威爾斯的時候，我設想了各式各樣的角度：一流的評論員不會只告知讀者食物的好壞。他們還會提供重要的文化批判。所以，他會在何種基礎上評說我們呢？他可以書寫我們的再起，有意無意地暗指他的同儕冤枉了我們。他也可以說我們出賣了自己的靈魂。最早在重要雜誌上爲文評論過桃福的，威爾斯也是其中一員。當桃福麵店開幕時，他定位我在小衆、高聲量、企業亞洲風餐廳嶄露頭角的浪潮裡，是一個拼了命在搞獨立的反差——前者就像在 Megu 跟 Tao 這些你會在三十英尺的佛像下用餐的紐約餐廳。或許他是受到了時代精神的感召。他才剛用一篇前所未見的負評重創了本質餐廳，摧毀了湯馬斯・凱勒。他這要麼是在替誰把凱勒那高高在上的位置騰出來，要麼是打算一鼓作氣把更多大咖拉下馬來。又或者這全都是我想太多了。我在《紐約客》來電時變得格外緊張；他們正在爲了威爾斯的長篇側寫取材，所以想要派個記者陪我給威爾斯的評論開箱。我拒絕了他們的要求。

手機閃爍起來的同時，我人正在 HBO 的辦公室裡頭。我們正在推銷《福桃》，希望將之製作成電視節目來多少爲雜誌社挹注一些現金。我前一晚才替威爾斯的訪問做過事實查核，所以我知道評論要出來了。在桌底，我偷瞄了一眼標題——在桃福的 Nishi 餐廳，張錫鎬的魔法顯出些許疲態。些許疲態是什麼意思？我繼續把螢幕往下滑，專注在不特定的字句上。我最後告退是因爲看到了評價：一顆星。

就跟其他人一樣，威爾斯也說 Nishi 食物沒有好到可以合理化動物性的舒適不足。他形容菜單自說自話得讓人討厭，這話眞的有刺痛到我。就大方向而言，他建議大家或許該慢慢接受一項事實，那就是歷史使命完成了的桃福已然過氣。

在我心裡，他就是在清楚地大喊著一件事情：感謝上帝，桃福的時代終於過去了。

○

Nishi 是我們第一場全面性的敗仗。葛蕾絲在評論出來那晚徹夜未眠，因爲她擔心我會做出什麼傻事。我覺得自己已經那麼努力從洞裡爬出來了。用馬歇爾・葛史密斯的話說，那就是「按部就班的去幹化」。我在 Nishi 的時候個性比較好，比較少發脾氣。我眞的有在努力，我只是還不確定該如何扮演這種不一樣的領導者。我以爲外界會給在找到立足點的我們一次犯錯的機會。我以爲在跟薩頓跟威爾斯說我們在設法處理音量太吵等問題時，自己的所作所爲叫作公開透明，但其實我是在爲可能遭批評的事情消毒。狗急跳牆時，我甚至考慮過稍微把公司財務困境公諸於世，包括我們是如何撥不出預算去盡快做出一些改善——我是如何以個人名義去幫公司借錢周轉，還有我們是如何過一天算一天。

但這些話有誰會信呢？就算信，有誰會覺得這是他們的問題嗎？洋基隊可以說他們有人把手套忘記在家裡了，所以他們一局要多打一個出局數嗎？

我們沒有達標。我氣我自己沒有能超越批判。我還氣那些評論者。什麼叫顯露疲態？你們想要我們怎樣？我們可是在挑戰很難的事情。有疲態的人能挑戰這麼困難的事情嗎？

多年來我面對餐廳事業，抱持的都是大導演柯波拉（Francis Coppola）帶進《現代啓示錄》（*Apocalypse Now*）裡的同一種心境。他是帶著打越戰的狠勁去拍這部越戰電影。我知道那有多不健康。就這一次我沒有拚盡全力，沒有活得我好像隨時可以去死。但果然一產生要活得平衡一點的念頭，我就會一瞬間讓事業陷入險境。

我幾乎就要從很糟糕的一年中重新站起來了，結果 Nishi 遭到的負評讓我重新躺平。我很不想承認，但必須在《紐約客》刊出威爾斯側寫的時候重新歷經一次收到負評的痛苦，讓我的心境灰暗到不行。讓食物評論影響我到那種程度，是讓我很尷尬的事情，但那段日子確實是我數年間最接近自殺的時期。

我希望外界能肯定我們想要面面俱到的努力，但他們都說我們沒有達到一家餐廳該有的表現。公平也好，不公平也罷，沒有人因爲我們的努力而放我們一馬。而我們已經如此努力了這麼久。這對我們的意義大於一切。難道他們看不出來嗎？

第21章　盲點

我當然可以點名評論者對桃福的許多優點視而不見，但相對的，我也不能不花點時間來檢討自身的盲點。像其中最明顯——那大剌剌、刺眼、醜惡，但我卻沒抓到的——的一個盲點，跟我們業內的女性息息相關。

我不打算坐在這裡告訴你們說 #MeToo 運動是如何讓我覺醒於某種隱藏的正義。我也不打算機靈地見風轉舵，跟你們說我們早就看出會有這一天。眞相，至少對我來講，落在這兩者之間的某一點上。

布萊特・安德森（Brett Anderson）發表了他驚天動地的文章在《皮卡尤恩時報》（*Times-Picayune*）上，當中談到了紐奧良主廚約翰・貝許（John Besh），也談到了他餐廳裡那種鋪天蓋地的性騷擾與攻擊性氣氛。在那篇文章問世的數日之後，另一名不同的主廚在我眞心敬佩的餐廳集團中遭到了辭退。

身爲該集團的行政主廚，這名主廚是數家餐廳的負責人。這當中一家餐廳裡的某員工到處以一張女性同事的不雅照片示人。主廚發現了卻知情不報。等照片中的女性當事人自行前往人資申訴，集團進行了全面的調查，並最終開除了主廚跟女員工任職的餐廳總經理。亂分享照片的傢伙也因爲另外的理由遭到解雇。

我的直覺反應是認爲懲罰太重了。停職，我可以理解。但爲了別人拍的一張裸照而開除行政主廚？我知道主廚一刻不得閒。我可以想像當這名男員工把手機上的照片給他看時，他人正在線上忙著。他很可能嚇了一跳。搞不好他還說了一句像是「嘿，老兄，這東西收起來比較好」的話。他有可能在腦中跟自己提醒過這廚師有問題，之後要找時間處理。然後一個又一個不大不小的危機發生，拉走了他的注意力。日子一天天過去，最終他也把這件事忘記了。我不難想像有一樣的事情發生在我的公司裡，某個主廚的身上。

這樣的他眞的應該被開除嗎？我不停拿這問題在腦中翻來覆去地想。我不懂的到底是什麼？

最終我捫心自問，什麼樣的照片會讓我放下手中的一切，立刻把主廚掃地出門，然後通知管理層的每個人要引以爲戒。這麼說或許有點自以爲了不起，但這讓我明白了自己缺少了什麼。萬一我手下某個廚師把他身邊的亞裔同事當材料，搞出了個種族歧視的哏，然後還到處傳呢？萬一我的主廚沒把這當回事，被我發現了呢？我想像起長年的不安全感跟羞辱像洪水一樣淹沒了我這個少數族裔，那種自己員工不把種族歧視當回事，讓我感覺遭到背叛的心情。我會怎麼反應呢？我會爆炸吧。

要我想像那名男性主廚的立場很容易，但同理那名女子卻花了我一番工夫。我花了不計其數的時間去思考專業的廚房，我對自己的同理能力，特別是對其他廚師或主廚的同理心，深深感到自豪。我自認是餐廳這個行業的專家。但即便所有的證據擺在我面前，告訴我這樣的事情是錯的，也告訴我那個餐廳集團這樣下重手才是恰當而負責任的做法，我卻仍在第一時間猶豫了。好一個專家。

○

我貨眞價實地是廚房父權的門面。二〇一三年，《時代雜誌》放了一張我、雷澤比、阿塔拉一身白色廚師服跟笑得臉志得意滿的照片在他們的封面上，然後稱呼我們是「料理諸神」。我完全沒有質疑這一期雜誌關於全球最重要的廚師的報導，會不會也包括一些女性主廚，因爲老實說我壓根沒想到這是個問題*。即便在 #MeToo 運動認眞開始的許多年前，全男性陣容遭到的反彈也來得又急又活該。

在當時，我以爲問題的重點是代表性：美食媒體報導的女性主廚應該要更多一點，就像膚色不同的主廚也應該要多一點。但不，我們在討論的是一樣更棘手的問題。那關乎的不是女性發展的玻璃天花板，或是平等的機會。這關乎的是人在職場上遭到威脅、被扯後腿、被虐待、被羞辱。要承認我花了許久時間才理解這一點，是件令人尷尬的事。

我曾經把馬里歐・巴塔利（Mario Batali）與肯・費里曼（Ken Friedman）當成朋友。如果你想聽故事的話，《Heat》雜誌裡面通通都有。比爾・布福德（Bill Buford）寫了一本廣受好評的書，講的是在巴塔利腳邊學習的過程，書裡也白紙黑字地什麼八卦都有。一路走來，你會發現原來馬里歐會去看服務生的裙底風光，還會把食材一樣樣拿來比作性器官。由於馬里歐的所作所爲都是在衆目睽睽下發生，所以我們很多人會以爲眼前的這些是沒有問題的。

但在那表面下，其實是很糟糕的東西，而我單純地沒能看穿。馬里歐在我面前不停地示範，但我這人就是無知，就是不懂得去質疑。

我考慮過不要在這書裡論及 #MeToo 的問題。事實上，我收到很多同事的強烈建議，希望

* 我也不相信自己竟然沒有在聽到「料理諸神」（Gods of Food）一詞時，當機立斷地喊停。我一定是太開心於不用被稱爲「名人廚師」（celebrity chef）而一時不察。我完全沒有思考到這個封號要比於原本的別名還更加狂妄。

我不要捅這個馬蜂窩。你怎麼說都會有人不買單，他們告訴我，還是保持低調就好。

這樣說可能有點不夠厚道，但我在想隨著 #MeToo 運動聲勢愈來愈強，美國大多數的主廚都開始清理門戶，看看自家後院有沒有什麼沒處理好的錯誤。我懂。恐懼，即便在你知道自己「清清白白」的時候，也仍是一股很強大的行爲動機。

我也不例外。我請了員工去調查我們公司的歷史，比較了我們跟同業的人資政策，並確保我們沒有可供人指摘之處。我獲得了一定程度的安全感。我覺得我們作爲一家公司是令人滿意的，我確定我們可以捍衛自己的紀錄。但我還是想要確保我們在面對任何可能的申訴時，都可以據實給出無可挑剔的答覆，所以我們並沒有停止挖掘。

然後有一天，我打了電話給桃福管理層中的每一個人，告訴他們我錯了。在別人受苦的同時覺得自己很穩當，是醜惡到不能再醜惡的一種沾沾自喜。我滿腦子只知道立於不敗之地，而忘了去思考自己的做法符不符合正義。在我們的餐廳裡，我們從來不以「不會出事就好」爲滿足。「不會出事就好」是哪門子的標準？我們怎麼會想用這種態度去對待自己的同事？

團隊開始把目光焦點從過去轉回到現在，轉移到我們究竟想成爲一家怎樣的公司。全公司的方針變成了把月亮射下來，變成取法乎上，即便那看起來有點好高騖遠。我們必須要放眼自家餐廳跟餐廳產業以外來尋求靈感，而我也很高興看到團隊提出了我一個人不見得能想到的方案。萊絲莉・費瑞爾（Leslie Ferrier）作為我們的人資副總，對全公司發出了一封電郵，藉此導入一條由第三方管理營運的熱線電話。任何透過熱線通報的歧視或騷擾，這個第三方都會聽取並進行調查。這算是一個開端。

但前方還有很長的路要走——這我知道。我還知道跟我曾經以為的不同，我看待餐廳產業的角度，並不代表其眞實的全貌。我每天都會因為跟某名廚師或主廚或記者的對話，而改變了對何謂料理跟從事餐飲業的認知。寫下這些字句的此刻，我也正在重新評估我以為我知道的大小事情。

我正努力著要誠實面對自己過往的缺點，但後見之明是不夠的。我的同理心跟我的覺醒程度，跟我希望的境界根本還差得很遠。我無法保證自己一定會有達到那個境界的一天，也無法保證桃福一定會成為我們努力想成為的那家公司。錯誤與溝通不良永遠不會銷聲匿跡。但只有停止嘗試才是唯一的致命錯誤。

○

你們還記得九〇年代流行過一陣子的「魔術眼睛」3D立體視覺圖嗎？一開始翻過去，你看到的只是一堆沒有意義的圖案，就像是一張張醜到不行的桌布，直到有人告訴你要用「讓眼睛失焦」或之類的做法去看，然後你再試一次，就會突然看到一幅幅 3D 影像浮現出來。重新翻過一遍，原本平凡無奇的紙頁上會赫然跳出恐龍、海盜船，還有在月下嚎叫的狼。一旦你學會了怎麼看，你就永遠會了。你將再也無法看著這樣一張圖，而不看到潛藏在表面圖案下面的眞相。

我知道這種比喻簡化到令人髮指，但我眞的已經盡力了。自從喀答一聲後，我的各種缺陷就開始在我曾經什麼都看不到的地方顯現出來。

即便是這本在更多知識與更佳視角加持下寫成的書中，各種問題也仍使人感覺千瘡百孔。我在很多地方談到過失敗作爲一種學習工作的重要性，但有人願意讓我們一而再再而三地失敗，眞的只能當成一種特權去期待。在我的故事裡出場的傢伙，實在太多了，而你們仍能從我講述那些戰史的過程中，察覺到那種兄弟相處時的興奮感。我在書中提到的藝術家跟作家，幾乎都清一色地是男性，而我用來舉例的電影，也大部分都是全美兄弟會中DVD 圖書館中的定番。那是關於我的眞相，所以我原封不動將之留在這裡，但那並不表示我不希望它們有些並非事實。

承認我的錯誤，或是希望我當年的做法能有些不同，都不等於我「痊癒」了。我依舊時不時會舊疾復發，但我確實有在努力成爲那個我希望成爲的人。我努力想打造的，是一家好過我本人的公司，是一個下一代人面對我們所面對的問題，能提出更好答案的環境。

在餐廳裡工作，身心都會受到侵蝕。我不知道要花多少時間，才能消弭那些傷害，也不知道要多久，才能建立起一個不分性別、種族、族裔、性向、信仰，人人平等的產業。但我相信這一切必須從敢對彼此有一份責任做起。我們必須相互尊重與自重。我知道改善教育與溝通會是成功的鎖鑰。

我眞的很想爲這繫上一只更令人滿意的蝴蝶結，但我也已經意識到那或許只是一種挾著蠻勁的衝動。我怎麼可能在此時此刻錘鍊出一個解決方案？這是誰的錯，我又能如何讓犯錯的人付出代價？想要在解決方案上速成，反映的是一種想要將之拋諸腦後的心態，但其實唯一的解決之道，就是坐下來，慢慢在那當中浸淫著，也讓所有的不快慢慢入味。我必須付出該付的時間成本，去眞正了解我身邊的每一個人，好讓我內建的偏見可以退散。讓我稍微獲得些安慰的是一種念頭：我們身而爲人就是要成長，就是要發問，就是要學著用不同的角度去看事情，就是要培養同理心。至少，那是一種希望。

讓我給你們舉一個例。在《安東尼．波登之廚房機密檔案》中，東尼寫到了在餐廳工作那些非常踰矩的魅力：

在廚房裡，他們就像神。他們打扮得跟海盜一樣……他們喝遍了眼前的每一滴酒，偷遍了沒有被固定好的每一樣東西，幹遍了外場人員、酒吧客人，還有偶爾的訪客。他們的行為開了我的眼界，也超乎了我的想像範圍……我在（麻塞諸塞州的）普羅威斯頓的第一年，目睹了很多惡劣的行為。這些傢伙是犯罪大師，是性行為的運動員……廚師的生活，是充滿了冒險、搶奪、擄掠的搖滾人生，自由自在的他們眼裡完全沒有傳統的道德觀。越線到另一邊，在我看來他媽的爽翻天。

想到我有多喜歡讀他跟許多其他人——大部分是男人——所講述的故事，那些把廚房裡的各種殘忍粗暴給美化了的故事，我就覺得不好意思。但我讀的時候很開心是事實。料理帶出了我最好跟最壞的一面，我想東尼也大抵如此。我嘗試過有所成長，把我那些不堪的劣習削除一些。東尼也在成長。我看著電視上跟生活中的他漸漸成熟。我知道他一想到自己在美化惡質主廚文化上扮演的角色，就覺得痛心疾首，但我們選擇原諒他，因爲我們看得出他在進化。我的希望是我們這一行的人可以都歷經這樣的成長，但不需要爲此離開廚房。

餐廳救過我一命，但餐廳也傷害或背叛過我的許多同儕。我依舊相信我們這一行，可以是一個療癒人的地方——一個人與人可以在身心兩方面都相濡以沫的歸處——但那需要我們的努力就是了。

第22章　龍蝦的啓示

改變是必然的，但成長就不一定了。在我的經驗裡，人要能成長的前提是你要發自內心這麼想。事實上，那代表你得渴望成長到不惜將讓你一路走到這裡的所有東西拋開。

餐廳裡的音樂聲音太大，以前是不會有人抱怨的。大部分的時候，餐廳裡根本不會有什麼音樂。就算有，也全都是古典音樂、爵士樂，或是某種人畜無害的義大利或法國原聲帶，而且聲音小到考驗人的聽覺。

你在廚房裡也基本聽不到音樂。我們開桃福麵店時，奇諾跟我都才二十來歲，音樂對年輕的我們意義重大。那是屬於我們的地方，我們爲什麼不能邊聽音樂邊工作？我們帶來了一臺 iPod 跟 CD 播放器，在 Circuit City 電子商城購置了市面上最粗製濫造的音響，然後把它們設定在最上層的架子上。我們從來沒有在開放式的廚房工作過，所以直到營業的第一晚，我們才赫然意識到你在廚房裡放音樂，整個用餐區也都聽得到。

我們在廚房聽的音樂，就是我們私下聽的那些。人行道樂團（Pavement）、銀猶太人樂團（Silver Jews）、地下絲絨樂團（The Velvet Underground）、優拉糖果樂團（Yo La Tengo）、

GZA（Gary Earl Grice：蓋瑞・艾爾・葛萊斯）、Fugazi樂團、小妖精樂團（Pixiels）、金屬製品樂團（Metallica）、銀河五百樂團（Galaxie 500）、威爾可合唱團（Wilco）。有段時間我們卯起來放鄉村音樂——包括大量的威倫・錢寧斯（Waylon Jennings）。小羊排樂團（Lambchop）的〈你他媽的大好天〉（*Your Fucking Sunny Day*）是對我來說真的很重要的一首歌。那是一首很棒、很放鬆、很快樂的歌，但當我們將之放進播放清單時，我想到或許有人會抱怨歌詞有點褻瀆上帝。我們不斷捫心自問的是，這個可以播嗎？

誰輪到那天在廚房負責控菜，誰就是當晚的DJ。跟一群很酷的東村孩子一起工作的一大好處，就是他們會讓你接觸到音樂上的好料。作爲一個大原則，我們會避免那些大家都已經琅琅上口的作品。我最害怕的就是複製《成名在望》（*Almost Famous*）裡全巴士的人都開始跟著唱〈小小舞者〉①的那一幕。我們放的單曲或專輯，都是那些廣播上不容易聽到的作品，而我們也發現這些樂團對我們的客人具有很大的意義。有回有個傢伙走到在廚房的我面前說：「你在放的是何許人合唱團（The Who）的B面歌曲嗎？我最喜歡的餐廳，也許就是這裡了」。音樂成了天然的篩選器，爲我們過濾出了希望服務的受衆。音樂稱職地從精神面出發，完滿了我們所料理的食物。

我們學著控制音量在符合我們需求的水準。在一天的開始，餐廳裡還空蕩蕩的時候，你不能用音樂去轟炸空間。但隨著用餐區開始填滿了可以吸收音波的人體，你就必須要把聲音調大，否則你會什麼也聽不到。要是有人抱怨太吵，我們的回應永遠都是把聲音調得更大。

把音樂開得很大聲，有防止客人待著不走的效果。這點我是跟麥當勞學的，他們把座位設計成那個樣子，就是要讓人坐久了會腿部血液循環不好。當你的業績取決於想辦法讓客人吃完快滾時，推他們一把眞的有其必要。

你可以把我們當時的很多決定都解讀爲惡意，但我發誓我們都是不得已而爲之。我們對素食者不友善的惡名不脛而走，而天曉得我東扯西扯了一堆，但老實說即便我們有心要配合素食的需求，實務上我們也騰不出時間或空間去進行額外的備料工作。我們開幕時的飲料方案有罐裝啤酒跟一美元一瓶的波蘭礦泉水。我們根本懶得提供你甜點或一杯咖啡。我們需要的是翻桌率，爲此我們並不希望你多花二十分鐘跟朋友多講一個精采的小故事。

①*Tiny Dancer*，艾爾頓・強（Elton John）一九七一年的作品。

從Nishi的負評如潮看來，改造這家餐廳勢在必行。但我聽出那當中的弦外之音，似乎是對桃福全體餐廳的一種控訴。光處理Nishi是不夠的。我們必須要讓世人看到我們有全面進化的能力。

從許多方面來講，桊包肉餐廳都是桃福的靈魂與命脈。最受社會大衆好評的是它，最受評論家青睞的也是它。它改變了餐廳經營的遊戲規則，沒有人想當那個把這一切搞砸的傢伙。但每當桊包肉餐廳陷入相對的低潮，那都是因爲我們怯於改變。而此刻就是那種相對的低潮。

跟自身的傳統對著幹，是我們面臨的新考驗。我一向站在落水狗這一邊，也從來沒想過自己會不是落水狗的一員。而如今，桃福就像是被交易到了衛冕的超級盃冠軍隊。桊包肉餐廳的營運有許多歷久不衰，我們從來沒想過要去質疑的做法，畢竟業績數據並不支持我們爲了改而改。但實際上，獲利並不見得等於正義。

變革急先鋒的重任由瑪姬挑起，外加桃福的總經理亞力克斯・穆紐斯－蘇亞瑞茲（Alex Muñoz-Suarez）。如果說我這幾年學到了什麼教訓，那就是我不能是那個帶頭喊衝啊的人。而雖然在素人的眼裡似乎不是那麼回事，但瑪姬跟亞力克斯確實徹底改變了餐廳。

我們播的歌曲原封不動，但我們降低了音量。我們增加了隔音設備，添購了新的盤子跟餐具，擺出了有靠背的椅子。我們引入了舒適的長椅、換上了壁紙，新建了酒窖。桊單變成了用皮革裝訂。

麥克斯・阮（Max Ng）將接下新主廚之職。麥克斯七年前從新加坡來到美國加入我們。他待過Ko，也待過菜包肉餐廳，但他其實並沒有眞正做好擔任主廚的準備。而那，正是我挑中他的原因。他對我們的做法不陌生，但又沒有對其熟悉到會讓自己陷入某種老朽沉痾的程度。

麥克斯想要摘下米其林的星星。他想要成爲世界五十最佳餐廳的第一名。他想要讚賞，想要獲獎，他不會坐視我們餐廳空間的侷限妨礙了他達成目標。我欣賞想要追求這一切的麥克斯。只因爲一家餐廳看起來沒有世界級景點的架勢，不代表我們就不能懷著雄心去成爲頂尖中的頂尖。

我叫團隊把現行的菜單給扔了，要他們想怎麼做就怎麼做。他們也沒有讓我失望。他們初出茅廬就令人非常驚艷。抹上峇拉煎②後包在香蕉葉裡煮成的鯖魚。佐「培根農場」醬汁的魚子醬麵包。可以想成是魚形日式鬆餅的鯛魚燒，但把餡料從傳統的紅豆換成肥肝。我位於我們發展的走向感到非常振奮。假以時日，我在想，一家偉大餐廳的誕生並非不能

②Belacan，蝦醬底的東南亞調味料。

期待。

威爾斯從挑起《紐約時報》的餐廳評論大樑以後，只來過菜包肉餐廳少少幾次。然後有天晚上，我剛好跑去客串控菜員——我很少這麼心血來潮。結果威爾斯走了進來。他就坐在出菜的菜口邊上。我們明明服務過無數的客人，但就是對那天送給他的餐點特別沒信心。我們徹底改變了餐廳的身分，砍掉了舊版的桃福。我再分不清東南西北，也沒有時間去分清楚。我堅信威爾斯會把我們從三星降為兩星。你可能會覺得那也還好，但如果把他對 Nishi 餐廳的否定考慮進去，那這一次的降級就會讓輿論確信桃福已經過氣。

威爾斯在兩個月後又來光顧了一次，然後給出了他的評論。

三星。

我從來沒有為了能保持現狀而如此開心。從不久前才質疑過我們的作者手中，獲得這篇評論，不啻是對我們努力的一種平反。我撇開了對餐廳評論整體的疑慮，享受起了新時代的第一場勝利，畢竟這是我們把路走對了的第一筆證據。

○

我想要多談一下瑪姬。當 Nishi 初開幕時，瑪格麗特是員工中極少數直言她有所疑慮的人。

自從她在二〇一一年以實習生身分成爲我們的一分子後，她一貫的作風都是針鋒相對跟有話直說。服務不到位有理由嗎？我們為什麼還在用沒有靠背的凳子？為什麼我們不能在料理、服務與開店宗旨上對各家餐廳有不同處理手法的同時，也擁有一個橫跨全集團的願景？

瑪姬不僅在菜包肉餐廳的轉型上出了一份力，她還親自率領了 Nishi 餐廳的救援任務。我們閉店裝修，然後在二〇一七年十月重新開幕，時間正好落在菜包肉餐廳的新評論出爐之前。在 Nishi，瑪姬再一次施展了她的魔法，要知道她是在幾乎毫無資源的狀況下達成了奇蹟。她打造了煥然一新的用餐區，重新構思了我們應該如何與客人溝通。首先，我們開始對外宣稱這是間義大利餐廳。靠著有瑪姬，大家看著我們的菜單終於不會覺得自己在解數學題，而是眞正在上餐廳。在完全沒有要平斯基大改菜單的前提下，Nishi 做到了變得更好，變得更忙。

這一切都證明了一件我早就知道的事情：我是經營桃福的錯誤人選。有種諷刺是我們作爲一家公司要愈來愈有所成長，就恰好需要在心態上愈變愈年輕。在正式宣布前，我已經慢慢把大部分的責任都授權給瑪姬。最後她在三十歲生日的前夕，接棒成爲新的執行長，那年是二〇一九。

我們給她安排了一位高階主管教練來幫助她進入狀況。在一次會議後，教練跟我說把餐廳鑰匙交給一個二十九歲的人，是很大的賭注。她說瑪姬不是很善於溝通，還說她在訓練五、六十歲的人時，那些年長學員的話都比較多。我差點沒爆炸。

哪來的這個一身套裝的老古板覺得自己可以告訴我瑪姬還沒準備好？我之所以選擇瑪姬，正因爲她不是那種老氣橫秋，千篇一律的傢伙。我當場有股衝動，就是立刻把瑪姬從訓練中拉出來。但冷靜下來我沒有這麼做。我在想這對她也好，就讓她實際經歷一下，親眼看看自己將來要面對的是何種假想敵。瑪姬有著我閱歷中最強大的道德羅盤。我找不到理由擔心她會因爲這種不入流的人格評判而退卻或氣餒。

我賭的並不是瑪姬明天就要完美無缺。我希望她去犯錯。我要的不是一個自以爲什麼都見識過，什麼都做過了的執行長。我要的是一個一心想把事做對，也一心想被證明自己錯了的人才。

龍蝦可以長生不死，是一種源遠流長的迷思。

很多人這麼誤會，是因爲龍蝦從來不會看起來老態龍鍾。即便年齡漸長，龍蝦也不會停止成長或繁殖。牠們可以長回斷肢。龍蝦的個頭沒有上限。直到下鍋被吃掉的那天，牠們都不會放慢腳步。

龍蝦的成長是靠脫殼。牠們脫掉舊殼，底下就會露出新生的軟殼，而軟殼最終會在牠們身上成長硬化。等到一切程序走完後，牠們將出落成一隻跟過往完全不同的龍蝦。那是個極其費力而且危險的過程。脫殼會耗盡牠們大量的精力，讓牠們在流程中處於不設防的脆弱狀態。

想知道龍蝦唯一要死了的跡象嗎？

停止脫殼。

我是在開開心心地要了很多龍蝦的命之後，才悟出這層道理。一瞬間，龍蝦成了桃福餐廳非正式的吉祥物。自此我們再也不懼怕那把自己打碎然後重新黏回去的艱苦過程。那種從建立到毀滅到重建的循環，不是什麼需要克服的障礙。龍蝦不想脫殼，就等於人類只求安逸度日，拒絕成長或自省。

我沒辦法告訴你如此執著於成長健不健康、正不正常，但我確知成長讓桃福成為一個很不好混的職場，特別是因為成長在我們的定義下，並不限於某種財務預測表上一根直直的箭頭。有時我們對於學習與進步的執念，反而會有損於我們的獲利。瑪姬站在我這一邊。她懂，但那畢竟不是個每個人都能當下了悟的道理。

不久前在 Fuku 的董事會上，有人直言我是他們見過最糟糕的商人。

Fuku 理應是我們可以複製的速食概念店，但我卻提議要增加菜色來讓菜單更多元；我的說法，無異於速食生意應該變慢。我知道這聽起來有多蠢，但我看得很清楚的一點是一家QSR③餐廳要成功，其關鍵就在於以客爲尊。客人上門是想看到他們的食物的料理過程。但我說的不光是他們想看到食物從蒸氣鍋桌中被舀出來。別那麼瞧不起人。

沒有人欣賞我的建議。我既已讓自己在Fuku被一群商學院菁英包圍著，他們要學位有學位，要實績有實績。所以我聽了他們的。

另一方面，當我們有機會在時代華納中心的三樓開一家只能立食的小餐廳，在走廊尾端跟湯瑪斯・凱勒的Bouchon法式甜點店遙遙相望時，我立誓一定要跟哈佛商學院的研究建議反其道而行。我們會開一家全尺寸的桃福麵店在隔壁，以此作爲我們主要的營收來源，然後再利用旁邊只有郵票大小的立錐之地，在一樣我們沒做過的東西上賭一把。

在當時，我們還一面在忙著籌備第二季的《美食不美》，而我們在研究的其中一個主題，就是我提及過的：垂直肉叉與其在世界各地的不同應用，從沙威瑪與希臘旋轉烤肉到牧羊人玉米餅。似乎每當這種別出心裁的肉料理裝置降臨在某片土地，某種飲食傳統就會應運而生。而這所有的傳統殊途同歸之處，就是人類想把肉用某種麵包捲起來的普世衝動。

我們當時曾花了番功夫，研發了自家的薄麵包食譜，其大致根據的是中國菜與韓國菜的傳統——我們準備了一種發酵麵糰，一有人點就擀成薄麵包，放到鐵板上煎烤，並根據中文的用法稱呼這薄麵包是「餅」（bing）。在賣場裡做隨點隨烤的麵餅，是一種與傳統理性背道而馳的點子，而那也正是我與之一見鍾情的原因。就這樣在桃福麵包吧④，我們提供一種混血的成品：客製化的餅包韓國烤肉，其中韓國烤肉的製作就用上了肉叉。

來自廚房的反彈來得又強又急。

我們做不出那麼多麵包！

「這個嘛，」我說，「我們盡力就是了。」然後我要他們嘗試在肉叉上放義式熟肉腸（mortadella）。

那看起來蠢斃了。肥油全都跑出來了！

首先，蠢或不蠢我一點都不在乎。再者，桃福各餐廳裡的豬油還會少嗎？我們幹嘛不拿一些醃製成義式豬油膏（lardo），然後將之塗抹在厚厚的義式熟肉腸片之間呢？我們眞這麼做了，好吃到不像話。

我希望桃福麵包吧能成爲一種徹底反常識的存在。我希望這裡能成爲社畜的避風港，讓他們在屬於上流社會的購物中心裡有個落腳處。食物的訂價走平價取向——平價到全公司的人都覺得這樣不聰明。但既然這在我們的能力範圍內，那我們爲什麼不做呢？比什麼

③quick-service restaurant，也就是快餐店。

④Bāng Bar，빵（bāng）是韓文「麵包」的意思。

都重要的是我希望誰都能在那裡用餐。我們在這裡對賓至如歸的強調，勝過桃福的其他任何一家餐廳。只要你在麵包吧排隊，我們就會使盡渾身解數，用各種小點心給你墊胃。在肉叉下烤著的馬鈴薯。粥品。一點小心意加上一點也不隨便的盛盤與餐具，讓在等候的您能好好撐過去。我告訴團隊說若我們有朝一日遭到抗議，我會很開心，我就是想聽到有人不滿我們把太多的藍領階層，吸引進一個光鮮亮麗的購物園區。

○

我們近期召開了第一場全公司的幹部會議。在經過一段快速的擴張期後，我們需要稍微放慢腳步，好讓整間公司有機會可以多一點感覺像是生命共同體，少一點感覺像是諸侯割據。爲此我們聯繫了每家餐廳的經理人與領導幹部，用飛機把他們送到紐澤西州的阿斯伯里帕克（Asbury Park），然後在那裡進行了爲期兩天的意見交換與團隊建立。有此發想的是總部的團隊，落實執行的也是總部團隊，我只是盡一己之力在現場擔綱激勵講者的人設。

在致詞歡迎同仁時，我談到了示弱是如何比追求完美更重要。我堅持比較好的做法，是承認自己不知道所有的答案。求助一點問題都沒有。我還指出成功久了爲什麼是一個問題：比方說，成功過的你可能會發現自己怯於又得在供餐時間忙進忙出一整晚，但你有辦法跳脫出來，看見自己有客人要招呼是多幸福的一件事嗎？你能不忘初衷，用那種覺得每一個客人都可以成就我們也可以判我們死刑的心情去服務他們嗎？

瑪姬談到我們要提防無動於衷，並擁抱同理心，須知同理心已成爲我們的座右銘。她引用了尼爾・楊（Neil Young）與他的《鐵鏽永不沉睡》（*Rust Never Sleeps*）專輯。那是一張現場錄製的演唱會專輯，當中他逼著樂團成員一定要每晚做點不一樣的東西，免得表演變得一成不變。瑪姬論及了生活的平衡與「保留一點游回岸邊的力氣」*。在講到團隊文化的重要性時，她引用了職業美式足球 NFL 的傳奇教頭比爾・華許（Bill Walsh）的名言：「不用去管分數」。只要我們做好分內之事然後相信彼此，成功就會自然而然降臨。她發放了印有桃福哲學的小冊子，外加大衛・佛斯特・華萊斯（David Foster Wallace）的《這是戰爭》（*This is War*）全文，那是這名已故作家的著名畢業典禮致詞，內容講到我們該如何去指認出自身的內在偏見，也挑戰這些偏見。

在這爲期兩天的閉關中，我們打了保齡球、唱了卡拉 OK、在海灘營火邊圍了爐、在

---

* 這句臺詞出自我們動輒就會談到的電影《千鈞一髮》（*Gattaca*），詳見附錄的守則三十三。

比賽中切磋了彼此的電鍋料理，還一起參與了登山紀錄片《垂直九十度的熱血人生》（*The Dawn Wall*）的試映。

來參加研習的桃福幹部會如何看待他們聽到的東西，我們不得而知。我的希望是他們能把所有內容內化，然後將之轉譯爲具體持續的行動。我希望他們明白不是每樣改變都可以一蹴可及。我們憧憬的公司還只處在理論的階段，但我們總是要有一個開端。

第23章 大舉西遷

滿四十歲後，葛蕾絲跟我討論起搬到西岸的可能性。我們的計畫是先租個地方，花兩個月適應一下，然後再開始找永久的家。我們盤算著洛杉磯會是個比較適合成家的地方。對我來講，搬家具有不下於其他人生決定的重大意義。那對我來說會是一次努力，我想藉此擁抱新的挑戰與新的城市，那會是我健康大計畫的一環，而不是在逃避在東岸受到的傷害。我會收拾起近期那些災難留下的碎片，嘗試創造出新的東西。

我也會試著幫助別人一起成長。一名主廚要眞正偉大，看的是他們能教出多少「畢業生」在地位跟成就上青出於藍。在培養人才把我比下去的工作上，我始終做得不夠好。跟許多主廚一樣，我也很愛抱怨這年頭找不到好的廚師，也愛說年輕人不夠有上進心。私底下，我稱之爲「千禧世代的通病」。

但近期我開始換了一種看法。我開始認爲有很大一部分在我身邊工作的人，是想要出人頭地的，問題只在於他們不得其法。所以如果他們到不了想到的地方，那不是他們的失敗，而是我的。這種態度上的進步，並不能改善我在廚房裡一看哪裡不順眼就爆炸的毛病，但或許可以讓我在沒被腦充血扯後腿時成爲一名更好的老師。

所以雖然我不是沒想過生意不做了，專心拍電視，賣掉桃福，徹底去做跟開新餐廳無關的事情，但最終我還是在料理之路上堅持了下來。我重新開始服藥，爲的是不讓我的許多開關在穿上主廚白袍的過程中被觸動。在Nishi，我參與了菜單的開發，但我已經多年未於廚房中扮演日常的角色。這是客觀的情勢所致。

也許是Nishi的出師不利讓人記憶猶新吧，我們宣布進軍洛杉磯的消息沒有第一時間引起美食媒體的太多關心。在我心目中，Majordomo感覺像是我們背水一戰的據點。大約在我們開幕的六個月前，員工跟我把自己關在了洛杉磯韓國城的嵐酒店（LINE Hotel）裡。洛伊・崔（Roy Choi）剛收掉了他在那裡的餐廳，把地方出借給我們進行你姑且可以稱之爲研發的工作。實際發生的狀況更像新兵訓練。

要在我們都不熟的地方跟一群形同是陌生人的廚房員工開餐廳，讓我們戒愼恐懼。我上次直接跟主廚朱德・帕拉－西柯斯（Jude Parra-Sickels）合作，已經要回溯至二〇〇六年了。我跟我們的行政主廚馬克・強森（Marc Johnson）是朋友，但我們從沒有一起做過菜。我們的總經理克莉斯汀・拉魯考（Christine Larroucau）是桃福的新人。我跟我們的首席侍酒師理查・哈爾葛里夫（Richard Hargreave）在桃福的幾家餐廳中合作過，但也就僅此而已了。

我們第一個月幾乎都沒有下廚。我們把大多時間花在交談上。這家餐廳五年後的願景是什麼？如果餐廳成功，大家喜歡它的點會在哪裡？萬一失敗，它做不起來的原因又是什麼？外界的批評會是什麼？我們一而再，再而三地進行了這些討論。這當中有要認識的歷史教訓，有回家功課，有關於烹飪理論與價值的探討。你相信的是什麼？跟你為什麼如此相信？

這段時間是無價之寶。因爲有這段時間，我才得以去分享我的想法跟我希望員工能有的想法。我知道建立企業文化重於一切，也知道我們必須持續去灌溉它，保護它免於負面影響，並且帶著它與時俱進。那就像是做麵包用的老麵，你不照顧好它，酵母就會死亡。

在開幕的一、兩週前，我注意到一名新的二廚在給備料弄標籤的時候有點邋裡邋遢。我跟他說膠帶不需要那麼多，還有雖然只是給他的廚站看，但字跡還是要寫清楚一點。

「沒問題，主廚，我只是以爲我們還沒要開始認眞。」

我來了個世紀大爆炸。不管我們開幕了沒有，那都不是重點，我們沒有認真以外的模式。你不他媽尊重你的廚站，就是不尊重自己，就是他媽不尊重你的同事。

我氣到發抖。等終於冷靜下來到可以用正常音量說話後，我叫所有人放下手邊在做的事情。我發表了半小時的長篇大論，講的全都是做事要謹愼小心，要顧全大局。可惜我的目的不是叫大家少用點膠帶，否則成效眞是無懈可擊。但終究我還是付出了士氣跟信任的代價。光譜的其中一端若是建設性的批評，那另外一端自然就是那個了。破壞性的批評。

我一直最害怕的就是這個瞬間。不論我在馬歇爾・葛史密斯與艾略特醫師的陪伴下達成了何種進展，那些東西都發生在眞空中。如果眞心想成爲一個更好的領導者，我就必須在衆目睽睽下，在要開餐廳的極端壓力下處理好自己的脾氣。

開關是無所不在的。餐廳生命週期的頭一年，是無止盡的混亂，尤其是關乎人事調度這一塊。人才來來去去在你想要打造一支穩定勁旅的同時。沒有主廚不懂那種感覺：花費了大量時間與金錢去培養出一個新人，結果卻只是眼睜睜看著他們在可以獨當一面的前夕放棄。

我們開幕一天後，一名廚師解釋說他跟他太太討論了很久。他靠廚師的薪水沒辦法養家活口，而情況短時間內也看不到轉機。他的計畫是轉換跑道，去讀個社區大學，找份足以糊口的普通工作。

這位廚師當年三十出頭。我把對這一行有興趣的年輕人趕去讀大學的次數，多到我都數不清。但這傢伙已經在許多全美最頂級的餐廳中打滾了近十年。他是我們的資產，甚至對整個餐廳產業都是寶貴的人才。更重要的是，他跟我說過他熱愛做菜。

要是在過去，我會直接把他當成死人，不會有機會讓他說完，「我很感激您給我這樣的機會」。但我當時已開始嘗試用不同的角度看事情。他只是在告訴我說他需要一樣我沒有能趕緊提供給他的東西。

我提議如果他願意的話，我可以擔任他一對一的人生導師。我們去餐室坐了下來，在一張紙上規劃了他的各個目標。我跟他說他還年輕，人生要冒險此其時也，不建議他打安全牌。我表示願意代他跟他的妻子溝通我的立場。我還告訴他這一行確實沒有保障。

他隔天還是回到了餐廳。他跟太太的決定是上午在餐廳工作，晚上去學校念書。這是最好的狀況，所以拿來當指標多少有點不具參考性。一個比較好的測試是瑞奇跟麥克斯。

瑞奇跟麥克斯還沒開始在 Majordomo 工作就已經是朋友了，而當他們告訴我們說他們要離職去追逐長年的夢想時，兩人在桃福的年資還不到六個月。

「我們要去開一間深夜餐車來服務下班的廚師。」

一聽到他們的計畫，我一點想幫他們的意思都沒有，至少不是用他們希望的方式幫。我陪他們分析了餐車計畫的財務面，但他們一點都沒有要打退堂鼓的意思。

「聽著，只要你們待滿一年，我就當你們後盾。」我說。「你們可以一邊在這裡兼職，一邊去籌備餐車。你們可以用我們的供應商，也可以把產品儲存在這裡，在這裡備料。你們可以把餐車開在餐廳旁邊，我們會幫你們拉客人。跟錢有關的部分我不用參與其中。」

他們在考慮的時候，我不耐煩了起來。我這輩子都沒這麼慷慨過。明知道他們翅膀硬了就會走，我在這兩個兔崽子身上的投資卻不減反增。我很氣他們搞不清楚我的提案多有價值。

幾週之後兩人宣布了他們不留下來。

他們拒絕了我伸出的援手。

我給他們的臨別贈言是：「看來我不進餐車市場都不行了。」我是在嚇唬他們，但這並不是句玩笑話。眞的想闖出點名堂，他們就得預設有上百家像我這樣的對手在虎視眈眈地看著他們。我要他們知道現在我們是對手了，而他們唯一的勝算就是比我更拚。「你們每賺走我的一塊錢業績，我就會更拼命讓你們沒有立錐之地。」如果是以前，我還眞的會說到做到，去開家餐車，賣得比這兩個臭小子便宜，然後撐得比他們久。我想這也是我的一種進步吧。

至於 Majordomo 的菜單，我跟所有人說那會像是家韓裔美國人開的芝樂坊餐廳①。那兒會有碩大的菜單跟碩大的分量。那兒會很好玩，你會吃到很多你不確定是什麼，也搞不清楚是哪國菜的食物。我們會克制自我，不會憑著一股衝動就長篇大論地介紹餐點的發想過程，就像我們在 Nishi 那樣。這並不代表要創造出一種新的餐飲哲學來迎合洛杉磯，是一件不需要絞盡腦汁去思索與規劃的事情，只不過即便我們準確抓到了加州的味蕾，也不會拿那背後的艱辛去煩你。

開始動工後，菜單上只有兩樣東西是我確定我們會放的。這兩道都是很搶戲的牛肋排大菜。第一道是取材自先農壇（Sun Nong Dan）的韓式牛肋骨煲湯（kalbijjim），話說先農壇作爲洛城老店，專攻的就是沸滾冒泡的辣燉牛小排鍋，上頭還撒上小山一般的熔化起司。另外一道是整副煙燻牛肋排盛盤，靈感來自肉品大師亞當・派瑞・蘭（Adam Perry Lang），簡稱 APL。我第一次品嘗 APL 的煙燻肋排時，他只是簡簡單單地在一張野餐桌上把肉切片後上桌。沒有配菜，沒有醬汁。有的只是肉跟一點點鹽巴。我當下的反應是這些肋排不論開什麼價錢，我都不會嫌貴。那是宴會等級的料理——是我會專程前去吃的東西*。在

①Cheesecake Factory，一九七八年創立的著名加州美式餐廳。

*能讓我有這種評價的菜餚少之又少，其中北京烤鴨是我清單上的榜首。

Majordomo，我們的特色是用我母親的韓式烤肉醃料去幫 APL 的肋排調味。

我一心一意想著的餐廳定位是吃飯慶祝的地方。要讓天使之城的居民不怯步於擁擠的交通而來到我們餐廳用餐，我唯一想得到的理由就是他們要覺得來 Majormodo 用餐是特別的。在餐廳的開幕夜，我提案在院子裡烤一整隻動物。

Majordomo 的團隊將首次爲兩百名掏錢上門的客人下廚。他們要忙的事情已經夠多了。「我們外頭的空間那麼大」跟「這樣的驚喜多勁爆啊」是我爲這個愚蠢又整人的想法所提出的理由。我們甚至連露天在戶外烹煮需要哪些證照都沒有概念。團隊唉聲四起。

我注意到隨著開幕夜逐漸逼近，大夥開始放心了起來，而放心做事就順，順就代表效率變高。這並不難理解。他們眼中的當務之急是把菜單顧好，把服務打理好，以便等時候到了一切都能按部就班，不要出什麼亂子。爲此我丟出了新點子。我跟所有人說原本的計畫是安排客人入座在廚房櫃檯邊上，但現在要改成讓櫃檯化身貨眞價實的菜包肉吧檯。客人會將排起隊來，以自助的方式夾取豬的上肩肉跟各式配料。這將成爲後勤上的災難一場。

我眞正要的不是一隻烤山羊或豬肉自助餐，我眞正的目的是要讓團隊去擁抱那種準備說周全也周全，說心虛也心虛的矛盾感覺。我朝他們撒出天馬行空的點子，是希望他們可以處變不驚。他們將在同一時間既放鬆，也緊繃。

我知道我聽起來像是小丑在叫囂混亂是爲了大家好，但我發誓我說的句句屬實。當客人走進一個興奮像是一種能量，滿到簡直要爆炸的室內時，他們不自覺會一起感受到。有時你就是得窮盡各種辦法，爲餐廳注入那股生命力。

我在第一天用餐時間要開始前，取消了戶外烤肉跟自助餐的計畫，但那股精神並沒有不見。比方說，我們在Majordomo一道最受歡迎的菜是全雞雙吃。我們會先把一大鍋的全雞端到桌上，供客人欣賞，然後把雞帶回廚房去大卸八塊，將之變成賞心悅目的一盤米飯上有雞胸肉切片跟舀在雞肉上的兩款不同醬汁。等客人享用完雞肉飯，我們會再捧上用雞骨架熬成的雞湯。那超好吃的。

在餐廳開幕後，我有事得回紐約幾個禮拜。這段時間每天晚上，我都會看domo團隊從洛杉磯傳過來的報告，其中一篇是這麼寫的：

> 我們最近開始用「展示雞」的這招來加快全雞兩吃的出餐速度。這意思是每天從第一隻雞開始，我們就通常會一次煮兩隻，然後其中一隻是專門用來給人看的。這麼一來，我們就可以一邊把那隻不用見客的雞給處理好，一邊好整以暇地讓客人看雞看個過癮。這麼做，可以縮短客人從看到雞到吃到飯的時間。晚上收工那多出來的一隻雞，也會經過拆解加入隔日的高湯，一如我們把雞骨架拿去煮飯後雞湯的慣例。

在每天的供餐時間身經百戰後，他們已經可以精進流程，用「貍貓換太子」的方式讓同仁們的工作輕鬆一點。這一招很聰明，也是同業的慣例。客人不會知道他們看到跟吃到的，其實不是同一隻雞。

我寫信給朱德跟Domo的其他成員說我們會等我回去後再進行討論，聰明如他們知道那就是我要他們不准再「偷雞摸狗」的意思。

但這其實跟道不道德沒有關係。我並不介意他們唬弄食客。我在意的是這種範例傳達出的身教。我擔心的是負責把替身雞帶進餐室去走秀的服務生，會養成什麼心態。我害怕我們的企業文化會陷入停滯。這道菜的本意就是道功夫菜，就是需要前後場的合作無間。難，所以可貴。如果想要行「沙包之術」來囤積這道人氣菜色，想要事半功倍把力氣省回來，他們必須從別的地方下手。

◌

雨果理應要生在洛杉磯，但最終他成了個紐約寶寶。在歷經了懷孕期間的一點併發症之後，葛蕾絲覺得離她在紐約的醫生近一點比較安心。那不是我們原本的打算，但我們最終返回了東岸，在那兒我們有公寓，有朋友圈。終於有一次我無法只爲了工作好就硬幹，我是個有家室要考慮的人了。

雨果是我的圖騰。我看著他，就感覺踏實。我的兒子。我所知最純粹的愛，我最大的責任。我擔心著自己能不能提供他足夠的摩擦，讓他長成一個強大而自信的個體。我的直覺是替他擋掉人生哪怕任何一丁點可能的痛苦，但我知道他需要的是去感受心碎跟遭拒的傷害。他需要跌倒，只有跌倒才能讓他學會怎麼爬起。他註定人生會比我來得順遂，而這讓我覺得很緊張。

我工作的時候也時時想著雨果。我納悶著當個好父親跟當個好領導者，是不是道理相通的事情。每天在桃福，我都得抗拒一種誘惑是想要告訴員工如何少受點挫折或痛楚，但我知道安逸不會讓他們進步。

Majordomo 開幕一年後，我有一些員工開始難以為繼。那家餐廳宛若一頭野獸。那是我們生意最忙的其中一家餐廳，也是桃福集團在西岸的初試啼聲。不論是創意或是營運，員工的負擔都很重。那倒不是說我們遇到什麼慘狀，那裡的團隊靠著他們過人的才華與責任感，不會讓事情出大紕漏。但就某種角度來看，那也正是問題所在。

比方說，主廚們想要多點時間跟家人相處。我簡單算了一下，然夠跟他們說他們可以靠一招省下每週大概五十多個小時，那就是去訓練人代替他們控菜。有些人可能不知道，控菜員就相當於廚房內的塔臺管制員，負責調節飛機的起降。他們會追蹤所有進到廚房的點菜單，協調不同廚站的運作。通常負責控菜的不是行政主廚，就是其中一名二廚，但我現在覺得那完全是一種時間的浪費。確實，在規模不大的品嘗菜單餐廳裡，主廚可以站在廚房中心眼觀四面。但在像 Majordomo 這種規模的餐廳，我更想看到主廚們在廚房裡巡視指導年輕廚師，確保品質萬無一失。我並不想看著他們在控菜站蹲點。

控菜是很累，而且沒什麼成就感的工作，主廚擁抱這項工作，只因爲那是他們知道自己可以掌控的事情。這是很經典的行爲模式。你被放到一個領導位置上，然後突然間你就巴住了你原本最憎恨的工作——文書、控菜、庫存管理——只因爲你愈做愈上手，並從中得到了某種安全感。

我提議說只要他們能放自己一馬，專注在大局上，那他們就有辦法每晚都回家。我建議他們可以嘗試給一些年輕廚師機會，讓後進每晚分攤兩個小時。或是訓練一些外場人員來控菜。再不然就直接從外面請人。

幾個禮拜後我問他們進展如何。

「我們試過了，行不通。」

我問他們試了幾次。一次。

一開始，我簡直要瘋了。我給了他們看似可以得到更多個人時間的捷徑，但在我看來，他們卻隨隨便便就放棄了。我樂見他們能取得生活的平衡，也覺得自己指了一條明路讓他們去找到這種平衡。但事實是他們唯一的罪孽，就是想要咬牙堅持把事情做對。要說這是一種失敗，那也是我身爲領導人的失敗。是我強人所難，逼他們在兩難中硬走出一條路來。

另外一個例子是在 Majordomo 開幕後，我欽點了朴恩智（Eunjo Park；音譯）擔任我們下一家餐廳 Kāwi 的主廚。我們要把新餐廳開在哈德遜城市廣場（Hudson Yards）——那是紐約一處大家都又期待又怕受傷害的超大新開發案。那是個巨大的賣場，也是——你應該可以在那兒察覺到這個賣點——任何人想尋覓有趣用餐體驗時的終極場域。

小智是進了桃福大門一名才華洋溢、個性堅毅、誠實而且溫暖的新秀廚師。她那張誇張至極的履歷讀起來，就像是會讓美食家死而無憾的待辦清單。桃福內部沒有人不服她。但她此前從沒以臺柱主廚的身分，挑起一間餐廳的大梁。她甚至連二廚都沒有當過。不論用任何傳統的標準去掂量，她都還稚嫩到不足以主掌一家餐廳。儘管如此，我仍確信她有朝一日會成爲舉足輕重的主廚，並只要水到渠成，就能憑一己之力改變「在美國烹煮韓國料理」的意義。

桃福一個非常刺眼的矛盾處，始終在於我明明是韓裔的身分，但餐廳卻都取的是日文名字，提供的也都是至少在名義上，日本色彩比韓國色彩濃厚的食物（我之所以能全身而退，是因爲美國人大多懶得去計較各種亞洲文化的不同）。我對日本的偏好，至少有部分來自於我前面提到過，基本上以日本人自居而長大的外公。另外一點就是韓國文化有種傾向，是對外界的詮釋充滿了疑懼，而日本人則做得到心無罣礙，對各種外來影響來者不拒。我作爲一個韓裔美國人，對我的母國文化來講也多多少少算是個外人，但即便如此，我都還是不斷得去壓抑自己想出手去捍衛韓國傳統的衝動。

多年前，有個朋友邀請我去參加東京一場由某韓國主廚假私廚餐廳所舉辦的餐會。那名主廚姓誰名啥，我已經不記得了，但我怎麼也忘不了她用芹菜做的韓式泡菜*。我恨那玩意兒。那東西是那麼好吃，又是那麼觸犯了我身爲傳統主義者的忌諱。連著好幾天，我都對那頓飯念念不忘，也對那名主廚拿韓國料理大搞創意的自由度念念不忘。她想要在韓國做那樣的事情，門都沒有。但在日本，她想怎麼去探索自身料理的可能性，都沒人攔著她。我開始明白了扯我們後腿，不讓我們在料理境界上有所進步的，經常是我們以守護傳統之名所奉爲圭臬的路障——那些沒來由的路障會開口便是，你怎麼可以用那種東西做韓國泡菜**。

我料理生涯泰半的時間，都在避免被認爲我在惡搞韓國食物。多年來在桃福，我們都把一切的韓國色彩埋藏在其他的元素或僞裝之下。料理雖然讓我得以去進行我在現實中不敢去進行的戰鬥，讓我去探索我在現實中沒膽去探索的主題，但我總是克服不了我自小對韓國料理懷有的自卑與焦慮。

慢慢地我比較敢於去探索我的文化根源。畢竟如果你能在美國雜貨店的架上買到苦椒醬口味的洋芋片，那也許讓我這個韓國僑胞去做做韓國菜，也就沒什麼大不了了。最近這幾年，我已經開始感覺到一股急迫性，我想要看看桃福可以拿韓國料理做到什麼程度。

我們固然並不提供飯饌②或石鍋拌飯或韓式豆腐煲等盛名在外的代表性韓國料理，但Majormodo其實是我們迄今最「韓國」的桃福餐廳。菜單上的韓國菜名比之前都多，服務中的韓國精神比以往都強，設計上的韓國元素比之前都明顯。我們的目標是持續不斷地硬著頭皮去質疑文化的眞相，具體而言就是怎樣的餐廳能叫做韓國餐廳。我視我們在做的事情是某種形式的挪用，其中在挪用文化的人是我，一個亞裔美國男人。

在Kāwi，我希望小智可以進一步把這種理念發揚光大。在距離開幕還有一年多時，我把她送到了洛杉磯，讓她跟我與葛蕾絲同住了幾個禮拜。她在洛杉磯的每一天，我都給她同一項功課：將某道傳統韓國料理做出一個她的版本。

＊多年來，可以回溯到我創立桃福之前的時代，我都保持著手寫札記，把每一次去餐廳吃飯都詳細記錄下來的習慣。這些紀錄被我存放在菜包肉餐廳的地下室。在珊迪颶風期間，地下室淹水讓我失去了這所有的紀錄，也讓我失去了所有收藏的珍本食譜。

＊＊我覺得少數族裔主廚在美國會覺得文化挪用很討厭，是因為我們感覺有義務要肩負這些莫名其妙被指定給我們的處方，而白人主廚卻可以想幹嘛就幹嘛。我們有規定要遵守，他們卻不用。大部分時候他們根本懶得去學什麼規則。我決定自己要玩跟他們一樣的遊戲。

②반찬（Banchan），指韓國料理會附的一碟碟小菜。

她端到桌上的東西，一樣樣都太過修飾了。太歐洲，也太技術本位。小智從骨子裡知道要如何料理這些食物，但她拿出的是被多年訓練與習慣養成所過濾過的成品。被我問起她想用食物傳遞什麼訊息，她說她想要改變人的成見。她想要把她從小所吃食物所帶給她的喜悅，捕捉下來。但這些訊息並沒有在她的菜盤上呈現出來。我知道這聽起來很像是我躁症發作。既然我知道她錯在哪裡，幹嘛不直接告訴她該怎麼做呢？

找到一種觀點，然後透過料理去表達這種觀點，是幾近不可能的任務。我已經能預見包括小智在內的所有年輕桃福主廚，將會如何的遍體鱗傷。我已經能看見他們與我也曾肉搏過的問題扭打，而我恨不得想要出手替他們承擔。

接下來的十二個月，小智過得十分掙扎。那是一段由淚水、失眠、一敗塗地的測試晚餐、整張菜單報廢所交織出的歲月。日復一日，她日復一日地成長。終於等到 Kāwi 開幕的那一天，我爲她與她的團隊感到欣喜若狂，但當然這完全不是戰鬥的結束。她仍在追尋自我。媽的，我眞是以她爲榮。

第24章　新局

在開始寫這本書時，我對「回憶錄」一詞過敏到會死，我堅持認為我人生的細節並不能解釋我這個人或桃福這個餐廳品牌。我說服了自己沉潛一年，然後繳出一份第三人稱的散文集、一款對心理健康的深入思辨，還有一篇以廚藝為題的廣泛導言。當然，出版社一開始一定會抗拒，但他們終究會回心轉意。

我之所以對寫回憶錄裹足不前，只要是因為我感覺時間還沒到。關於各種答案，我還沒能胸有成竹。但無論如何我們還是來到了這裡：我的編輯表達了疑慮，主要是我還沒回答各位恐怕從十五章之前就開始醞釀的狐疑。

「戴夫不是想自殺嗎，那事兒怎麼樣了？」

在某種意義上，我確實殺死了自己。我殺死了那個柔弱而怕死的自己。我思索了我必有一死的事實，得出的結論是既然最壞就是死而已，而人本來就難逃一死，那麼我就應該要無所畏懼，不怕痛、不怕辛苦、不怕尷尬、不怕失敗，也不怕破產。只要沒有傷害到誰，那我想幹嘛就幹嘛。這本書一開始，我提到過我覺得薛西弗斯的神話是一個很有啓發性的故事。那是一個我顯然取材自卡繆的觀念。在諸神的眼中，薛西弗斯無止盡地把巨石推上山，是在接受懲罰。但一旦接受了他的命運無法改變，而認命地反覆這樣的工作，薛西弗斯便能抗拒諸神加諸於他的看法，進而獲得快樂。那不是在旁人眼裡的快樂——而只是他自身的快樂。換句話說，我們或許無法拒絕自身的禍福與命運，但我們可以拒絕用被規定的方法去面對命運。每天醒著，我們都有機會殺死世界看我們的眼光，帶著臉上燦爛的笑容把大石頭推上山。人生在世，我們不用活得好像對不起誰。

但那不是你要問的事情，對吧？你想問的是我是不是還想著自殺。嗯，我已經不會時時想著自殺的事情，即便有時想起，我也比較常把自殺當成一個學術問題在分析，而不是懷著一股想尋短的情緒。

我想到的是若非我從一開始就抱著爛命一條的想法，我迄今的成就都不可能成眞——我的成就與我們的憂鬱，完全像一體兩面地綁在了一起。我害怕自殺會帶走更多我的英雄。我想著我會不會有一天倦了，不想再推著大石頭上山。我一面大聲問朋友我們是不是被推銷了一款虛假的幸福觀，一面擔心我這麼告訴自己，只是爲了給自己一個可以不開心的藉口。

「拜託，戴夫。」你會說。「你到底有什麼好憂鬱的？」

沒有。我沒有什麼好憂鬱的。跟我熟識的人就知道，要把我跟人聚餐或打鬧耍寶時臉上的笑容跟我的憂鬱症聯想在一起，是一件很困難的事情。你們都知道我多愛家人、多愛我的工作，多愛跟我一起工作的同仁，但只要你跟憂鬱症奮戰過，或是認識跟憂鬱症奮戰過的人，你就會知道想解決這個問題，有錢沒用，有名沒用，邏輯正確也沒有用。圍繞著自殺與心理疾病那甩不掉的汙名，讓我確信沒有太多人眞正了解這個問題。但這不怪他們——沒有親身經歷過的人，是不會懂的。惟總而言之，有種道德至上的觀念認爲自殺是邪惡的，而憂鬱則是某種人格的失敗。太多人以爲抗憂鬱藥跟自殺防治熱線跟不分對象的溫情是憂鬱的解藥——就像他們以爲把火車站漆成沉靜的顏色可以讓人不跳軌。你會跟癌症病人說快打電話給某支專線，因爲那樣就可以痊癒了嗎，你會嗎？

爲了對抗憂鬱症，你需要旁人的協助。吃藥，當然，但人才是眞正的關鍵。你不可能孤軍奮戰。我很幸運能遇到艾略特醫師。光是常態性地跟他對話，就給了我活下去的勇氣。即便是感覺沒有必要或感覺像例行公事的時候，我也沒有中止與他的交談。他帶出了我最會想、最體貼的一面。跟他對話的那個我，正是那個早上等不及睜開雙眼，什麼挑戰將迎面而來都無所畏懼的我。不能二十四小時保持那種狀態，於我是一種遺憾。

我能認識葛蕾絲，是一種難以言喻的幸運。此刻的我，很努力地不想讓工作成爲我們之間的藉口或緩衝。但多年以來，我一直都把工作當成逃避的利器。我承擔了多不勝數的責任，應許了許多的承諾。拼命工作創造出了我專屬的重力。我愈是花時間工作，就愈能感覺到腳踏實地。即便是放假時也不例外。離開辦公室對我來說，眞正的意思往往是要去替二十個朋友做晚飯。我相當認眞地養成了飛蠅釣的習慣，那對我來說一點也不放鬆，而更像是一種另類的工作。閱讀或看電影時的我也會過度投入角色，再怎麼慘不忍睹的故事情節，都能讓我鑽牛角尖。

以上種種都回歸到一個問題，亦即憂鬱究竟是不是一個你可以光靠咬牙就控制住的毛病。我的答案是否定的，我不覺得你可以用意志力克服憂鬱，但我確實相信面對與處理憂鬱症，是你沒有選擇的選擇。你必須打起精神，日復一日地站出來，把生活過下去。你要對你被預設的參數說不。再舉一個有點鬧的比喻，我總覺得憂鬱症患者就像是《星際大戰》裡的絕地武士。棄明投暗總是比較輕鬆——而且往往也比較酷。

想成爲絕地武士唯一的辦法，就是不畏艱難，對你墮落的本能說不。

狀況好的時候，這場戰鬥會推著你進入你原本完全不會有的人生體驗。你會找到活下去的意義，即便那個意義只是堅持下去。

○

我上一次見到東尼・波登，是二〇一七年春天。當時我們很久沒好好聊聊了，就算偶爾講上話也很少深入。他老愛拿我不把巴西柔術當回事的事情損我。他對待巴西柔術就跟他對待每種興趣一樣，全力以赴而毫無保留*。每當我知道他人在市內，我都要克制自己想打擾他的衝動。我從不想占用他與女兒相處的寶貴時間。但那年春天我破了例。在Nishi出師不利與《福桃》草草收攤後，我想不到還有誰能理解我身陷的暗處。

我提議約在「競技場」，那是在他位於哥倫布圓環的公寓附近，我以前常跟本質餐廳跟瓊恩－喬治餐廳同事去光顧的酒館。我早到去佔位，希望鎖定某張靠裡面的桌子。那地方滿滿的是打好玩的壘球聯盟球員，他們在那兒喝著便宜的啤酒

我跟吧檯後的老太太打了聲招呼，她看起來像是管事的。

「我知道這樣有點麻煩妳，但我想要找張有點隱私的桌子，貴一點也沒關係。」我的口氣有點不好意思。

「窗邊有兩個位子。」她答道。

「我不知道該怎麼跟妳解釋，但我那個朋友在一堆陌生人中會覺得被打擾。」我沒有放棄。

* 我為自己短暫的巴西柔術生涯畫上句點，是因為擒抱造詣可媲美廚藝的亞力克斯．阿塔拉掐住我，用的還是我自己的手臂。

她抬起頭來，頂著臉上一個大問號看著我。「你是說東尼嗎？他是我們的常客啊。他通常都坐吧檯。」

東尼跟我一喝就是四小時。慢慢有點醉意後，我們招喚了空降的酥炸墨西哥辣椒鑲起司、雞柳條、咖哩薯條，還有莫札瑞拉起司棒。可能還有炸魷魚圈。

「天啊，噁心死了。」我一邊說，一邊端詳著眼前的杯盤狼藉，那包括沾了醬的餐巾跟剩一半的開胃菜。

「你需要的是來根菸，朋友。」

他又開始抽菸了。菸我幾年前就基本戒了，但他抽我會陪他抽。在外頭的人行道上，他提議我們換個地方續攤。

「你想不想去安靜一點的地方吃個甜點？」

一轉眼我們已經來到時代華納中心裡，紅屋牛排館（Porterhouse）的一張長椅上。他交通方便的愛店。東尼點了兩人份的肋眼，跟一瓶無懈可擊的勃根地紅酒。開胃前菜是一片說它是牛排也不為過的培根。薯條則是搭配蘋果泥享用。

飯飽加上有點酒醉的我們在晚餐後各奔東西——他要打包行李，準備踏上下一段新的旅途，我要回到在市中心的公寓。在計程車上，我在腦中回放了這一晚的經歷。我有好多問題請教他。我嘰哩呱啦講了一大堆，但我想解釋的事情都解釋清楚了嗎？他說我應該去做的那件事，是什麼來著？他是那麼有智慧。我擔心自己是不是白白浪費了寶貴的東尼時間。

在返家的車行過程中，我收到了一封電郵：

寄件者：安東尼・波登
日期：二〇一七年四月二十日星期四 8:02 PM
主旨：

當個傻子吧。

為了愛。

為了你自己。

任何你覺得有一絲絲可能讓你快樂的事情。即使只是一下子。

不論要付出什麼代價，也不論理性怎麼勸阻你。

很高興見到你。

東尼

東尼去世的隔天②，我們發現葛蕾絲懷孕了。我人一場糊塗。我試著在那瞬間感受到歡愉，但我必須說我錯過了機會，沒能體會到人生頭一回成爲準爸媽該懷有的喜悅。

之後我們用FaceTime視訊了雙方爸媽。我知道老人家會很樂於知道他們傳宗接代的需求獲得了滿足，但就在眼淚與上氣不接下氣的哭喊嗚咽之間，我意識到自己正親眼見證一種形式我從未見過的喜悅。我也跟著哭了。這近似我從爲人下廚的過程所獲得的感受，但是是一刀未剪的純粹版本，而且又與餐廳沒有一絲半縷的牽扯。一定要說，桃福反而阻礙了我獲致這種感受。

那是我與家人一輩子的剪不斷理還亂之中，一次短暫的低盪，但那瞬間將永世留存於我的腦海中，成爲幸福的寫照。

看了近二十年的治療師會讓你明白一件事情，那就是所有的事情都可以回溯到你的父母親。這些年來，我會滔滔不絕地與艾略特醫師討論各種事情，只要能不用提到杯底的茶葉、我父親、那場卡丁車意外就好。但自從重新開始服藥跟開始寫這本書之後，我就被逼著要去反思那一切。

在我兒子出世前的那段時間裡，我告訴自己是時候放下一些過往的包袱了，是時候停止對我的過往那麼生氣，或是對我所恨的人那麼生氣了。我不知道該如何對怒火、對憎恨、對自己的欠缺安全感，或是對我的整體的愛計較放手。我在如此之長的歲月裡倚賴著這些特質，它們已經反過來定義了我。聽來有點荒唐，但我怕我要是眞學會了原諒，人就會化爲一縷輕煙消亡。

爲了兒子，我開始彌補過去的錯誤，一個接著一個與人融冰。有時我得與曾經是朋友的人進行情緒十分激動的大和解，有時我只是在輕描淡寫的對話中重啓了與老同事的連

②安東尼・波登在二〇一八年六月八日於法國飯店房間中自殺身亡，享年六十一歲。

繫。但在這些過程中，我一點也感受不到憤怒或憎恨從我心中流失。

然後，當雨果出生時，我突然意識到在這九個月當中，我不知不覺地完成了自己的目標。我不氣了。那就像是一種物理治療。你原本不覺得那些蠢爆了的復健可以管什麼用，直到某天你突然站了起來，一點都不覺得痛了。

雨果第一次生病，我馬上就感受到為人父母者的本能，我要為了孩子的健康無所不用其極。我們帶他上了醫院，結果那裡滿滿的是狀況比雨果嚴重的孩子。但我還是克制不住內心唯一的想法：我希望他們通通消失。

雨果沒事。幾個禮拜後，我們幫他辦了「百日」（백일；baek-il）——韓國有個傳統是慶祝嬰兒出生滿一百天，並順道祝福孩子未來能繼續平平安安。其他亞洲國家也有慶祝自家孩子滿百日的習俗，但我認為韓國人把這件事看得特別重，畢竟歷史上的我們歷經過飢荒，歷經過掙扎。葛蕾絲跟我與我爸媽共進了晚餐。看著桌子另一邊的父親，我意識到自己小時候弄斷腿時，父親就是我此刻的年紀。我在腦海中重演了那一幕。木製的推車、陡峭的山坡、我的左腿、黃色的沙發、赭色的藥膏。

我們整整撐了五天，都沒上醫院。

我一直將這合理化成我爸帶小孩的風格。他是想讓我變得強悍，或至少那是我盼望的眞相。晚餐上我跟他提了我在寫這本書。我解釋說我無意沉浸在兒時的記憶，但大腿骨的事件我必須向他問清。

「我不懂您爲什麼沒有馬上帶我去醫院。您當時在想什麼？」

此時我爸已經八十了，回答問題都得慢個一拍。但那晚他的回應相當直接：「我不知道我在想什麼。」他告訴我說他請教了好幾名教會成員，結果他們推薦了他一名專科醫師。我指出我們教區有一半的人都是醫生，結果他帶斷腿的我去看了針灸師父。

葛蕾絲在桌底下握著我的手。

「我不知道發生了什麼。」他說。「我就是笨吧。我就是笨。」

想替父親說話的母親打斷了他，她解釋說他只是用他唯一懂的辦法在養我——他自己就是那樣被養大的。

我衷心相信我爸在晚年，是有努力想要成爲一個更好、更貼心，更溫暖的人。我試著要肯定他，而且我想肯定的不只是那個他努力想成爲的人，我還想肯定他是如何把我養育成人。他如果眞的是我理想中的父親，今天的我就不會是這樣的自己。

只是如今即便我也身爲人父了，我還是看得到我們父子間橫著一道鴻溝。

金墉博士跟我說過，他說從戰爭中活下來是什麼感受，我永遠不會懂。他說得沒錯。我永遠無法體會那些形塑我雙親的人生經驗，我永遠不懂英文一個字也不會就來到美國是什麼感覺，我不懂他們肯定歷經過的種族歧視，我不懂什麼樣的暴力會讓他們寧願離鄉背井，我不懂他們傾慕祖國的鄉愁。亞洲爸媽希望孩子去讀那些一番兩瞪眼，沒有模糊空間的數學或科學，希望孩子去把高爾夫球打好，就是這個原因。他們不要孩子去學文科的英文、哲學、政治，或是料理——因爲這些東西都很主觀，都可以從你身邊被奪走。我既然可以停止憤怒，也許我也可以開始理解爸。

哥哥姊姊都說爸跟我一模一樣。

結語

我每兩天就打一通電話給克里斯，為的是跟他討論何謂立體派，還有我覺得這風格有多能套在我為桃福餐廳構想的設計上。最終克里斯實在是配合我配合到煩了，便找了藝評家傑瑞・索茲（Jerry Saltz）來上我的 podcast 節目。索茲才剛因為他在《紐約》雜誌上的評論拿下了普立茲獎，而他也同意了在節目上受訪來滿足我對藝術評論的業餘興趣。我的人生變得多麼誇張，這又是一例。

說起藝術我是個菜鳥。有種人會一看到羅斯科①畫作上的大色塊就翻起白眼，我以前也是其中之一。我第一次看到馬塞爾・杜象（Marcel Duchamp）的「噴泉」——放在底座上的陶瓷小便斗——對那是什麼東西完全沒有概念。

我對立體派的興趣相對較新，契機是我想了解為什麼這些乖僻扭曲的肖像會這麼值錢。事實證明它們價值連城。立體派的畫家打破了所有透視法跟構圖的規則，不為什麼，只因

①Mark Rothko（1903-1970），美國抽象畫畫家。

爲他們可以。那種事情現實中辦不到，藝術中就辦得到。在畫布上，你可以同時用多個角度去描繪同一個主體。你可以畫出你感受到什麼，而不用侷限在你看見了什麼。矛盾的力量再次發威。幹——難怪大家喜歡這玩意兒。

傑瑞磨利了我的領悟。那些畫作之所以價值不菲，是因爲沒有人這樣做過。這種「新意」或許無法被我這種人接收到，但在畫作橫空出世的當年，它們肯定給了世人一種發現新大陸之感。同理可證的還有羅斯科與抽象表現主義者。還有杜象。他的「現成物」（Rreadymades）系列，包括當中的「噴泉」，都代表劃時代的不朽宣言：「你往裡頭尿尿的這東西是藝術，因爲我是藝術家，我說了算。」

我陷入了回憶，我想起了那一晚在有東尼的舞臺上，自己是如何批評過灣區的餐廳。雖然我話可能說的重了些，但聽衆仍正確地接收到了我的訊息，我說「把無花果往盤子上一擺」，確實就是在指控由艾莉絲・華特斯所啓動之運動。事實上，我心目中的加州料理確實更像是一種生活方式，而不是一種料理哲學。如我所說，我愛艾莉絲，但我無法摸著良心將她放入阿德里亞兄弟、布魯門索、阿杜里斯、璜・馬里・阿爾札克（Juan Mari Arzak）、帕薩、加尼葉之列，視她爲帶領當代美食界前進的先驅。她不是那種拿得出超酷、超強廚藝的主廚。她做的事情太過理所當然，難言有何新意。加州的食材自然沒得挑剔。新鮮的食材自然不應過度料理。像 Chez Panisse 這樣兼具強大理念跟絕佳食物的舒適餐廳，自然是人用餐時的首選。但那又如何？

只是話說回來，一瞬間我頓悟了一件事情：這些事實之所以顯而易見，還是因為艾莉絲。她是美國百年來最激進，最有自信的美國主廚。她在高檔餐廳中把無花果往盤子上一擺，然後撂話說：「這就是料理，因為我是主廚，我說了算。」

我想不通這一點，眞的已經是那麼久以前的事了嗎？

星期天只要我跟葛蕾絲人在洛杉磯，我們都會驅車去好萊塢大道旁的農夫市集去吃點普普薩②，順便買點水果。要說我經手過最棒的蔬果，那肯定就是我每天在加州看到的農產品。外傳的一切都是眞的——它們眞的滋味豐富、滿坑滿谷、個頭碩大，而且極其多樣。有回我光在一個攤位上，就狂掃了上百美元的水蜜桃跟油桃。看著我兩手快要抱不住狼狽模樣，在一旁看著的葛蕾絲既覺得好笑又有點尷尬。

「你拿這麼多水果要幹嘛？」

②Pupusa，包餡玉米煎餅，為薩爾瓦多的國民小吃。

三十三條成為主廚的守則

不得不成爲主廚的人，會覺得那些有選擇但還想在廚房裡工作的人，簡直是瘋了。但任何小有成就的主廚——且不論那成就是多麼的虛幻——都難免會被問起同一個問題：我要如何成爲一名主廚？

爲了回答這個問題，我在規格上抄襲了偉大的傑瑞．索茲，他曾在《紐約》雜誌上發表過一篇精彩的文章叫《如何成爲一名藝術家》。效法傑瑞給有志成爲藝術家之人的三十三條原則，我也在下方提供了有志成爲主廚者的三十三條守則。或者我應該說，那是給有志成爲優秀主廚者三十三條守則。想成爲爛主廚不需要遵守什麼規則。

我已經在前面介紹過部分的規則內容，但複習一下也不算浪費時間。或者如果你前面三百八十頁左右只是走馬看花，那就先恭喜你了。我關於餐廳產業所有獨特的觀察跟實用的建議，盡在其中。

我曾短暫考慮過讓一群知名主廚來替我的清單背書，但最終還是決定不要硬把自己的觀點套在朋友身上。由此延伸出去，請各位謹記這三十三條都是極其主觀的規則，而且幾乎每條我都曾一度破過例。那也是必經歷程的一部分。

第①部

你喜歡洗碗嗎？

起手式的重要問題。

守則1 主廚的工作不全都是做菜

在你爲了追夢而輟學，或在你爲了成爲主廚而提出離職通知要跳出舒適圈之前，你應該要知道在等待著自己的是什麼。且讓我們一起來回答看看下列的問題：

你喜歡洗碗嗎？還有拖地板呢？倒垃圾呢？卸貨開箱呢？整理冰箱呢？這些東西佔了廚師工作的九成。喜歡這些絕對有助於你的廚師生涯。

你飢渴嗎？不好意思——我問的不是你餓不餓，想不想吃東西？我問的是你是不是願意比身邊的人都更拚。努力在廚房裡具有扭轉乾坤的強大力量。只要咬牙撐過去，你就能克服天分、經驗與出身不如人的缺陷。

你是劇場中的替補演員，或是高中校隊中的板凳球員嗎？太好了，因爲你會需要習慣成為團隊的一員，但不是永遠都能成為眾人的焦點。

你容易嫉妒朋友嗎？不要自欺欺人，因為一旦當起廚師，你將這輩子第一次知道人可以「害怕錯過」到什麼程度，你的家常便飯會是沒有星期五、六晚上，沒有生日、沒有時間參加婚禮、沒有任何「晚上不用工作」才能做的事情。

你打算靠廚師的薪水過著優渥愜意的生活嗎？希望你沒有這種妄想。（這一點也可以當作你找工作時的標準，請找把一切都賭在料理上的人當你的老闆。）

你能靠餐飲以外的工作養活自己嗎？

做料理是你僅存的希望了嗎？

你還沒被我嚇跑嗎？

那我們繼續吧。

守則2 不要上廚藝學校

理論上，廚藝學校挺好。它們提供了課程、有經驗的老師，還有媒合就職的機會。頂著美國烹飪學院的學位，可以替你推開飯店附設餐廳或企業廚房的大門，讓你在當中舒舒服服地求取發展，還有不錯的薪水加福利可領。

但你想做的是獨當一面的主廚，沒錯吧？

就餐廳實務而言，廚藝學校呈現給你的場景跟眞正的餐廳廚房是兩碼子事。在現實裡，你不會在不算忙的午餐時段看到一個廚站由五個人負責，也遇不到寬宏大量的用餐者。搞清楚：廚藝學校是門生意，他們賣的產品就是一種你念完他們學校就能貨眞價實成爲廚師的幻想。他們獵食你，是因爲你不明白所有的廚藝都可以免費習得（詳見守則九）。在我於法式廚藝學院共三十五人的畢業班當中，我只能想到一、兩個人還跟我一樣以料理爲生。醫學院的失敗率要是也這麼高，那國會聽證會就有得開了。

守則3 去學莎士比亞比較好

就算你百分之百確定自己想當主廚，我也還是會鼓勵你去念大學，不要去念廚藝學校。廚藝只能造就廚師。如果你想當的是主廚，那光有廚藝是遠遠不夠的。

去念大學，然後主修工程、化學、微生物學、歷史、哲學或文學。這些東西不管你當不當主廚，都派得上用場。去學亞洲、歐洲、非洲與拉丁美洲的歷史，並特別留意文化在世界各地的演化方式。去搞懂麥第奇家族①、鄂圖曼土耳其人、成吉思汗、阿茲特克人、

①Medicis，從十五到十八世紀中期，義大利佛羅倫斯勢力龐大的名門望族，也被譽爲文藝復興之父。

賈德・戴蒙②、達爾文的演化論。我大學主修的是宗教，所以學過薄伽梵譚③，而那改變了我的一生，就像研讀理則學（邏輯）跟歌德爾④的不完備原理也是。去參加辯論社。去練鋼琴。替大學校刊寫文章。對你的同學懷抱興趣，去探索他們背後的故事。

在熱鬧滾滾的美食之都如奧斯汀、休士頓、洛杉磯、芝加哥、舊金山或紐約選一間學費親民的州立大學，然後在當地的餐廳或酒吧找份工作，一個月排個二十小時的班，而且不要只在廚房裡忙，也去嘗試一下跑堂或服務生的工作。你將可藉此體會到餐旅業運作的氣氛與節奏。更重要的是半工半讀可以測試你說到做到的能力。更別說要當成退路的話，大學學歷可比廚藝學校文憑強多了。

守則4 在人力所及範圍內多看看這世界

跟爸媽去度假。打包行囊隻身上路。還是大學生的話，出國念書。已經成爲廚師的話，跟你說個好消息：你在任何地方都可以工作。不要讓語言障礙成爲你的藉口。你不需要隨身口譯，也能了解主廚對你比著在水槽裡堆著的髒碗盤，是想讓你去幹嘛。你或許得委屈住在水管很不可靠的陋室。但那不就是年輕該做的事嗎？我在日本打工時住的是遊民的收容所。那是我唯一負擔得起的地方。

你必須要在人群的包圍下去理解料理爲什麼會生成那副模樣。盡可能有什麼吃什麼。

來者不拒——不光是食物，就連出現在你眼前的各種美麗、心痛、財富、貧窮、掙扎、種族歧視、歷史與藝術，也要囫圇下肚。那將能讓你對人更有同理心，而同理心正是主廚手中最強大的利器。

守則5 為了你想要的工作而戰

說起挑選工作的地點，請把目標設爲那種可以推著你超越自身廚藝水準與舒適圈的餐廳。要是有幸獲得面試機會，請提早到。事前好好沖個澡，讓自己看起來人模人樣。把所有裝備帶齊，說不定他們會要你立刻開始實習。

只要你確信某家餐廳是你該去的地方，那麼即便他們說不缺人，你也不應該輕言放棄。對年輕時的麥格納斯・尼爾森（Magnus Nilsson）而言，帕斯卡・巴爾博在巴黎拉斯特蘭斯餐廳的小小廚房，就是這樣的地方：米其林三星（如今莫名其妙被降爲二星）、具有高度影響力的風格，不乏能人的廚師陣容。一天早上，麥格納斯不請自來地上門要工作。而就跟

② Jared Diamond（1937-），演化歷史學者，著有曾獲普立茲獎的《槍炮、病菌與鋼鐵》一書。
③ *Bhagavad Gita*，印度教經典。
④ Kurt Gödel（1906-1978），數學家、邏輯學家及哲學家。

他之前的幾百人一樣，他也被打了回票。吃了閉門羹的麥格納斯做何反應呢？他開始每天早上都去報到，並終於在幾個月後得到了機會。有時候你之所以不得其門而入，是因為你沒有把腳用力卡進去。

第②部 所有我喜歡的歌手都沒有天生的好歌喉

不用擔心你欠缺天分或廚藝。你眞正需要的那樣東西叫韌性。

守則6 凡事豫則立

餐廳往往會提供你所有工作所需的裝備，但誰要是眞的空著手來上班，那就是傻子。只有準備好自己稱手的工具，才能顯示出你是認眞來工作，也才能讓你產生跟這份工作同進退之感。關於工具，你可以從以下準備起：

- 麥克筆、鉛筆、原子筆。
- 筆記本。

● 藍色膠帶，標籤用。

● 主廚刀、鋸齒刀、削皮刀、切菜刀、剁刀，還有對應每種刀的刀套。

● 磨刀石跟磨刀棒。每輪用餐時間前後都要磨一次刀。

● 曲頸抹刀、蛋糕測試針、麵團刮板。

● 昆茲⑤湯匙、魚丸塑形用湯匙⑥、有篩孔的湯匙。而且你要知道正確的湯匙握法（像拿鉛筆或畫筆那樣，不要像三歲小孩乞食那樣）。

● 計算機與電子秤。

● 胡椒粒研磨罐（我目前找到最好用的，其實是土耳其咖啡磨豆機）

● 安舒疼（止痛藥）、繃帶、燒燙傷軟膏（請醫師幫你開銀磺胺燒傷乳膏的處方籤）、醫用膠帶、紗布。

● 公司補充醫藥箱的時候，順手抓兩盒 Paid-Aid，那基本上就是含有咖啡因的泰諾止痛劑。

● 鞋子。我從來不是木屐派。懷利推坑了我鐵頭靴，好穿、防滑，可避免被東西砸傷腳趾，還有些許修飾身高的效果。

---

⑤得名於葛雷·昆茲。重視細節的他爲湯匙訂定了特殊的規格。

⑥ quenelle spoon，quenelle 是法國料理中混以麵包屑與雞蛋做的蛋狀魚丸或肉丸，有專門適合塑形的湯匙。

● 帽子。

● 身為分線廚師免不了的油汙會讓戴隱形眼鏡跟一般眼鏡變成噩夢一場。雷射手術可以考慮一下。

● 防汗的腕帶，即便聽起來有點扯。

● 筷子或鑷子，我個人是死忠的筷子派。

● 毛巾不一定要自備，但餐廳內的乾淨毛巾有機會就要囤。還有你藏毛巾的地方不要忘記。

守則7 所有工作都是備料工作，包括準備好你自己

Mise en place 最最字面的意義，指的是你想在用餐時段內讓廚站順利運作，需要準備好的所有食材——生蛋白質、蔬菜、醬料基底、調味料、肥肉，還有你負責菜餚內所會用到的一切，包括每一樣東西的備分。還有備分的備分。但備料也可以廣義地從備「料」延伸為「備」料，成為一種（包括整個生活在內）都要準備好的概念。

為了達到這個目的：晚上多少要睡一點。可以接受運動的話要養成運動習慣（特別要保護好你的背部。想在這一行長長久久幹下去的話，背部健康說多重要就有多重要）。還有要在供餐時段前把廁所上好。只要客人在用餐區坐定，你就不要妄想可以離開線上了。算是饒過自己，不要讓自己在晚餐高峰時段產生便意，那很痛苦的。讓生理時鐘固定下來，

那沒有你想像中的困難。

眞正困難的是避開那些眞正危險的習慣。你會無時無刻不被各種自尋死路的紓壓手段包圍，而且你也幾乎一定會時不時無法對它們說不。不要醉醺醺或還在嗨就來上班。設好底線，不然就要以身體的長期健康爲念。你身邊隨時隨地都會有人抽菸，而你抽段時間也無妨——我發現香菸會讓人對鹽跟酸變得稍爲不敏感一點，而這點其實對人待在職業廚房裡，是有幫助的——但顧及抽菸長久是會要命的，所以某個點上你還是戒掉爲宜。

守則8 與時間發展新的關係

要比誰都早上班。這不僅是因爲這能表現出你的工作態度，更是因爲你在廚房裡本就分秒必爭，尤其在新人階段，時間永遠都不夠用。手機留在更衣室。用餐時間一旦開始了，就不要再去看時鐘。除了分與秒，其他的時間單位通通忘掉。從用餐時段開始到最後一桌客人服務完，你都只應該想著自己要多久才能完成眼前的這道餐點，還有你是否有跟團隊同步。

忽視時鐘還有另外一個好處，是可以避免你成爲那個十點一到就開始隨便做做的王八蛋。你必須把每桌客人都當成你的家人，不能因爲今夜很漫長，或你都已經開始收拾廚站了，才有雙人座的客人在餐廳打烊前的五分鐘姍姍來遲，就在服務上有任何不一樣。你的大腦或許會反射性認定他們一定是養尊處優，不在乎讓辛苦的廚房工作人員多做一會兒，也不在乎讓別人晚點才能用啤酒犒賞自己的那種人。但別忘了你根本不知道他們是誰，來自何處，又爲什麼這麼晚了才能找地方塡飽肚子。你對他們一無所知，你必須凡事往好處想。你要告訴自己，我是所有客人今天最後一餐的首選。

守則9 從做中學

有事要做一概自願，不用管自己會不會，反正先舉手就對了。在克拉夫特工作的時候，有天馬可・卡諾拉從控菜口叫我，說他需要 gremolata⑦。我二話不說馬上點頭如搗蒜說：「是，主廚」。等我衝回廚站，才赫然想到自己對 gremolata 的材料與做法，基本沒概念。我把尷尬吞到了肚子裡，跑回廚房去跟主持要食譜。他並沒有不高興。他反而欣賞我的衝勁跟那種「我可以的」的態度（雖然我其實是不可以）。易地而處，我也肯定我的廚師能有這種態度。

爲了可以從做中學，請你上早班，因爲不光是晚餐所需，而是大部分備料都在早上完成。你的目標是從頭到尾學會菜單上的每一道菜，是摸清一家餐廳的裡裡外外。

守則10 把員工餐做到最好

有天下午，我走進了克拉夫特的廚房，發現我們的二廚阿克塔・納瓦伯在做印度咖哩餃。那一幕著實有點奇特。我們之前完全沒有提供過跟印度沾上一點邊的餐點。「主廚，今天的菜單上有印度咖哩餃嗎？」我問。他告訴我這些餃子不是拿來賣的，是給我們自己吃的。

阿克塔提早上班，就是來做員工餐。我認識的主廚，沒有一個不把員工餐看得其重無比。畢竟要是連一起工作的夥伴都不在乎了，你又怎麼會在乎走進餐聽的陌生人？但好的員工餐，其意義不只在於傳達對同仁的尊重與愛。員工餐還是一個非常棒的創意出口。底層的員工想要表現自我，就在此一舉了；有人想練習把邊料跟剩菜變成美味料理，這也是個機會。

守則11 路挑難的走

你在地下室備著料，然後你突然意會到條條大路通羅馬，手邊的工作有不只一種辦法可以完成，包括有種辦法還比正規的做法快得多。很有可能就算你抄了捷徑，也沒有人看得出來。但你還是選擇了最辛苦的做法。爲什麼？因爲你意識到如果偷工減料，你騙到的不是客人，也不是主廚。你騙到的是自己。你從自己手中騙走了練習的機會，騙走了建立起

⑦搭配肉類用的義式綜合香草調味料，成分是切碎的歐芹、大蒜、檸檬皮。

「幹，拚了」心境的良機，而那種心境正是你的存亡所繫。

一九八六年，在美國職籃 NBA 如日中天的大鳥博德（Larry Bird）決定要整場比賽都用左手。最終那場比賽他用非慣用的左手得到了四十七分，並創下了大三元⑧。為什麼？因為他想要挑戰自己。如果你對所屬廚站的作業已經駕輕就熟，那要不要讓事情困難一點就看你自己了。不要嫉妒你已經當上二廚的朋友，不要想著自己怎麼還困在冷盤區。冷盤區才是最酷的工作，而且可以教會你最多的技術。你圖的是在廚藝上登峰造極，而不光是在職場上爬階梯。

守則12 成為堆沙包的大師

我在克拉夫特的另一個故事：餐廳裡來了一名評論家。當時適逢春天，來者點了一道蘆筍的菜色。問題是我們做不出來。從果菜市場進貨的蘆筍來晚了，我們來不及在用餐時段前削好。湯姆・柯里奇歐（Tom Colicchio）沉著地進了廚房，把巨大了蘆筍箱搬到了流理臺上，然後一鼓作氣且胸有成竹地讓整箱蘆筍通過了帶鋸機，得到了完成完美備料的蘆筍莖。

我最喜歡的主廚故事都跟堆沙包脫不了關係——所謂堆沙包，就是用讓人既讚嘆又搖頭的小聰明，換取在廚房裡事半功倍的暗黑之術。我稱之為「暗黑之術」是因為那不是你會想養成習慣的做法。不得已時偶一爲之，代表你成功破解了系統。一天到晚用，代表你習慣偷雞摸狗。

我知道這話聽起來跟前一條守則相互矛盾，所以請容我介紹……

守則13 擁抱矛盾

如本書稍早討論過的，我堅信最偉大的創意形式，都誕生自矛盾。在你身爲廚師或主廚的角色中，有時你必須要刻意讓事情難做。也有些時候你會想追求快跟輕鬆。你的挑戰就在於如何同時兼顧二者。這是種不斷在變動的目標。隨著事業蒸蒸日上，你會添購新設備，給自己跟員工更好的待遇，並盡量讓工作變得輕鬆寫意。但別忘了你餐廳之所以生氣盎然，靠的是掙扎求生的過程。所以你每讓一件事變容易，就要讓一件事變困難。你必須把靠各種便利設備省下來的時間，拿去重新投資到新方向的開拓上。

順帶一提同樣的道理，也適用於菜餚上。在我心目中，所謂完美的料理不是各種味道達到完美平衡的作品，而應該是一道同時間既太鹹又不夠鹹的料理。這種組合，也是一種平衡。朝著這種矛盾挺進，你就能做出既美味又出人意表的東西。

⑧一場比賽裡在籃板、助攻、籃板這三項進攻紀錄上都達到雙位數，稱爲大三元。

守則14 陷入草叢時，先停一下

我不算是海灘男孩，但就我所了解當你被大浪捲出海時，正確的游法應該是先與海岸保持平行。與潮浪硬碰硬，只會耗盡你的體力，加速你溺斃。同理也適用於當你在廚房中面對堆積如山的訂單，備料愈來愈少，你感覺情況愈來愈失控時——這種應接不暇的處境，我們在餐廳裡的術語是「陷入草叢」。

你的生存本能會要你更快、更拚、更亂。有個道理可能需要你用許多年的時間去悟出，但其實當你陷入草叢時，你唯一能自救的辦法就是先停一下。退開一步、深呼吸、評估局勢、重新組織你的思緒與廚站。等恢復冷靜後再重新投入工作。這完全違反你的各種預設心理，但這才是生存的至理。

守則15 每天都可以想要放棄

廚房裡不會有你渴望的正增強，相反地你只要一搞砸，就會有人大聲地提醒你。這份工作會在某天突然變得輕鬆就手，但在那之前，你完全不會感覺到自己有一丁點進步。每次用餐時段搞得像災難一場，你那種不想幹了的想法都非常正常。

重點在隔天一早要讓自己振作起來。

我發現最有前途的廚師，都是那些對自己最嚴厲的廚師。訣竅就在於讓挫折感為自己所用。身爲廚師的每一天，都是新的起點。前一回怎麼砸鍋，都不要再往心裡去。昨天的錯誤就留在昨天。下定決心今天要更好就是。你只要知道再過三、四個月，你就會移動到不同的線上，到時一切又會重新感覺難如登天。

說到移動，你在餐廳裡當廚師有這麼個基本的路徑圖：你一開始會是徹底的廢物、同事的累贅。最終你會學習成長，在團隊中變得不可或缺。等新一代的年輕廚師進來，你將訓練他們到可以取代你的程度，然後就是你前進到下一階段的時候了。你跟餐廳已經相互付出，兩不相欠。

你在替人打工的時候要非常注意自己學習的進度。就像有廚師（像我）會因爲沒能待滿一年而失敗，也會有廚師待到忘了走。在某個點上，離巢是必須的。

第③部

暢所欲言

你已經自立門戶成爲獨當一面的主廚，接下來就是要成一家之言。

守則16 當母體裡的錯誤

整體而言，演員可以概分爲幾個不同陣營。喜劇演員、戲劇演員、即興演出的專業戶、方法派的演員，還有死忠的劇場派演員。同樣的區分也可以套用在料理上。耐性過人的廚師會選擇「職人」（Shokunin）之道——專心一意投入在既有風格或技術的精進砥礪上。不少人在餐廳業界闖出名堂，靠的都是模仿別人或是把現有風格做到極致。我不想貶低這種做法，但我認爲這年頭想在這一行更快嶄露頭角，應該是要給人他們沒有看過的東西。

二十年前我給了他們拉麵。當時的拉麵是我所鍾愛，而大部分美國人還不當回事的東西。但如果是今天要創業，我會搬到中國的湖南省，或去鑽研印度喀拉拉邦的料理，再不然就是去思考賣場等委靡不振的用餐區，從它們提供的可能性出發。你該鎖定的是每一樣被看扁爲廉價，或是被認爲不酷而遭到忽視的東西。酷，是你的大敵。

不論你怎麼決定，都一定要做功課。即便戲劇上的即興演出相當於廚藝中的創意料理，最頂尖的創意主廚也絕對會是那些嚴肅研究過表演技術的即興演員。不論你的志趣是什麼，都讓自己沉浸其中。不要成爲那種去西班牙聖塞巴斯提安（San Sebastian）度了一個長週末，回來後就覺得自己可以開一家全市第一竹籤點心⑨店的主廚。那樣很難看，而且做出的東西保證平凡無奇。

守則17 不要帶著成見去思考

天才不會犯錯。他就算犯錯，也是出於選擇，也是通往新發現的門徑。

——詹姆斯・喬伊斯《尤里西斯》

讓我用我在本書反覆提到的一樣東西說起：創意有好有壞，但不分好壞的創意都值得追尋。有時候你確信某個點子一定行不通，但最後卻意外發現其效果超乎預期。我可以跟你保證的是只要你把點子盡可能帶到最遠，盡可能用各種辦法去抵達終點，某個點上你一定會學到某樣東西而覺得不虛此行。我見過太多年輕主廚還沒有先看到事情的結果，就否定了某種想法的可能性。每一盤菜跟每一次供餐，都是一次蒐集資料的機會。不利用其學到什麼絕對是錯誤一場。

守則18 裝上護欄

可以在天馬行空毫無遮攔的的狀況下去發揮創意，絕對比在有限制的狀況下去這麼做要難得多。譬如聽到我說「幫我做點好吃的」，你的大腦會同時朝五百種不同的方向奔馳。反之

⑨ Pintxo，西班牙北部巴斯克地區的小分量特色美食，亦稱 pincho，取其竹籤之意，聖塞巴斯提安四處有專門店林立。

若聽到我說，「幫我做點好吃的胡蘿蔔料理」，你的任務就瞬時清楚多了。

把你所相信的原則定義清楚，用它們來導引你的廚房。NOMA剛開幕時，瑞內・雷澤比為那會是家什麼樣的餐廳設下了特定的限制：食材必須要超級在地，而橫跨一切的宗旨必須是開箱北歐傳統，然後將之發揚光大。從那之後，NOMA也不是沒移動過其營運標竿，但上述這兩樣初衷仍不啻是其成功的關鍵。

還有種值得一試的做法，是為你的職業生涯定義好宏觀的尺規。分別設想最好跟最壞的狀況去代表完全的成功跟不可挽回的失敗。把前者當成目標，同時不要讓自己摔落到後者以下，至於中間那一段則完全不要去想。

守則19 抄可以，但不要偷

你可以透過複製他人的料理來在技術、歷史、食材與創意上獲益良多。你可以抄，應該抄，應該試著去了解你喜歡的食物究竟為什麼特別。然後你要三思後再跨出下一步。

在桃福的公司史上，我們提供過靈感直接來自其他主廚的餐點。我們每次這麼做，都會特地在菜單上標明這道菜的淵源。我可以自信滿滿地說不論對原版的料理，或是對我們致敬的主廚，我們都沒有做對不起他們的事情。如果你百分百確定他人的創意在你自家餐廳訴說的故事裡不可或缺，那把來源引用清楚就是了。同時不論在任何狀況下，你都不該端出沒有比原作更上層樓的餐點。不要偷工減料，不要做灌水的版本。可以讓餐點變好的話，不妨注入你的觀點，但光撒上起司並不能讓東西從別人的變成你的。

守則20 當個教主

不論你是想要讓更多生意上門，還是要爲自家餐廳募資，你都需要忠誠的追隨者。我說的不是粉絲；我說的是你的信徒。

你需要用料理感動吃的人，讓他們願意在空蕩蕩的用餐區裡支持你。你需要讓餐廳股東願意拿錢出來，卻不期待回收。你必須用信念的力量去消滅批判者。永遠不要在恐懼中下廚，也不要從願景中退縮。

在跟我相處了一段時間後，一名記者曾如此評論過我經營桃福的方式，「我第一次看到有人對一件事認眞到這種程度」。這是你必須時時刻刻傳達給人的印象。不論是評論家還是消費者，所有人都能有感於你用拿命在拚的態度去面對工作。他們會覺得那種感覺很陌生，但又很吸引人。

由此，最重要的是你必須比誰都更相信自己。你要以教主之姿建立一種信仰，你必須證明自己願意爲了實踐願景而做到超乎所有人的程度。你不自己先灌一大口，誰會跟著你把酷愛吞下肚⑩。

第④部 基本動作

我們的存在是爲了滋養人。試著不要在這過程中便宜了鯊魚。

守則21 面對各種無聊的渾事，你必須親力親為、冷暖自知

不錯的主廚能把第二語言說得還算流利。傑出的主廚至少要會二十種語言。精確地說，他們要通曉必要的黑話跟官腔去跟以下的牛鬼蛇神打交道：州政府的酒類管理局、社區委員會、房東、勞動法規、人力資源部、電力公司、餐廳材料行、建管處、衛生局、消防隊、洗衣店、垃圾處理問題、公司會計、冷暖空調、金融與借貸、辦公室設備、薪資給付、收銀系統。

很多這些方言怎麼講，我都快忘光了，但重點是想要生存，你就必須懂得這種種可怕的廢話，否則你難免會被人耍著玩。埋首在細節中，是無可取代的修行。

守則22 該花的錢就要花

律師、會計師、建築事務所，該請的都請一請。可以的話，設備盡量不要買二手的。在預

算內把東西買到最新最好，並在企業成長的過程中累積硬體的質與量。你為了不被本錢更粗的對手甩開所做的努力，客人是能感受到的（這當中有凡事靠自己的意涵，但詳情我就留給各位自行體悟了）。

讓餐廳盡可能保持簡簡單單，還有另外一個理由。我開的第一家桃福只用了最起碼的裝潢跟沒有靠背的椅子，不提供咖啡，也沒有甜點。這除了是因為我負擔不起這些東西，也是因為我希望讓人感受到一家快節奏食堂的能量。我想衝翻桌率，但不想讓人覺得我們在趕人，關鍵就在於如何把能量導向你希望的方向。再多的華麗裝潢，都無法與興高采烈的用餐氛圍匹敵。

守則23 你是自己最好的公關

別把錢浪費在請公關公司，尤其在起步階段。這年頭的美食媒體多得跟什麼一樣，你不需要花錢請人寫你的報導。你只需要有要說的話。把原本要花在公關公司上的錢，拿來多請個廚師、幫員工加薪，或購置需要的設備。這些投資的報酬率會好得多。

---

⑩ Kool-aid，一種可沖泡的果汁粉。一九七八年十一月十八日在南亞蓋亞那的瓊斯鎮，邪教「人民聖殿教」（Peoples Temple）的九百名信徒在教主吉姆・瓊斯（Jim Jones）的率領下，吞了摻了氰化物等毒藥的果汁粉集體自殺。

但，戴夫，我不知道怎麼跟媒體對話。請幫幫我。

我承認不是每個人都有這種天分——我剛開始跟記者打交道也是亂七八糟——所以以下是我學會的一些基本原則：

- 保持透明。多數記者都沒有傻到會察覺不出你在唬弄他們，而且就算你騙得過他們，騙自己也沒有意義。一招更好的做法是：堅守自己的道德羅盤、全力以赴把工作做好，然後實話實說。
- 記好「別講出去」這幾個字的力量。就算要實話實說，你也不會希望自己說的每句話都被印成白紙黑字。當我發現我可以在某個消息前面加上「別講出去」，而記者也會照辦時，我的生命突然變得很不一樣。突然間我發現我可以跟作者開誠布公地對談，我可以分享自己的計劃、目標與看法，而不用擔心他們會向讀者爆我的料。這讓我可以極端有效率地表達自我，但又不用掀開全部的底牌。希望某事不要曝光時，跟記者明說就是了。
- 讓表現說話。記者每週會收到不下幾百封電郵，內容往往是宣布菜單異動、特殊活動，不然就是有其他的新鮮玩意要人敬請期待。與其浪費時間塞爆記者的信箱，不如把時間跟資源拿去產出令人無法忽視的表現。只要你做得夠好，那每個光顧你餐廳的客人都會是你的免費公關。當然啦，這談何容易。

● 當個好讀者。我很驚訝的一件事是有些主廚對那些在報導他們餐廳的人所知甚少。評論者在他們的眼中是敵人，但又不去設法知己知彼，好百戰不殆。他們不知道評論者的長相，不清楚評論者的想法、口味、交友與還評過哪些餐廳。你會嚇一跳有多少評論者不吃雞蛋！這些情報都在文章裡唾手可得，就看你去不去讀（有提到你跟沒提到你的每篇文章）。做功課。苦讀。準備好自己。

● 你永遠想不到城堡的鑰匙會握在誰的手裡。你難免會覺得以自己的身分地位，不應該隨便對被派來訪問你的年輕實習生開金口，更別說某個部落客才五十人追蹤。但其實只要他們誠心誠意來與你接洽，你都絕不該笨到或傲慢到將他們拒於門外。說不定哪個被你打發掉的優秀青年，將來會成爲媒體大亨而跟你唱一輩子的反調。

守則24 永遠要做最壞的打算

在餐廳這一行裡，讓「親友試菜」的晚宴是你在開門收錢之前，可以在好說話的食客面前練手的機會。既然是吃免錢，你的賓客都有食物跟服務不會完美的心理準備。

當然在實務上，親友宴往往是一團亂。因爲不用付錢，所以你的親友會短短一夜把你吃乾抹淨。你會任由他們這麼做，因爲那就是試菜的目的。

聰明的餐廳經營者會視親友試菜是跟一群不會一回家就上 Yelp 網站出征你的客人，一起測試最壞狀況的機會。

在桃福餐廳的親友試菜宴上，典型的戲碼是飯吃到一半停電。或是瓦斯沒了。或是收銀系統故障。又或者一行六人的 VIP 會在餐廳最忙碌的時刻跑來，而且當然沒有預約。用餐區會有客人突然告知服務生說他第四道菜後就不能吃乳製品了。這完全沒有道理可言，但餐廳只能照辦。

另外一桌可能會把菜退回，並抱怨說調味太重，雖然怎麼看都像是他們自己不小心撒了太多鹽。廚房對此也無能為力，因為客人永遠是對的。

餐廳經理與主廚會像無頭蒼蠅跑來跑去，對事情為什麼會他媽亂成這樣一頭霧水。一百次裡有九十九次，是我在幕後搞的鬼。我要看看他們在壓力下的表現。我想知道能處變不驚的還剩下誰。

我們只有這一次機會可以在有安全網的狀況下挑戰自我極限。不用白不用，是吧？

守則25 知曉自身的弱點

你不可能在所有事情上都贏過別人。這一點早認清早好，早認清才有時間調整適應。主廚大都是控制狂，他們會忍不住要在每個決定上都插一手。但如果想要打造出可長可久的事業，你就必須要學著退開跟授權。在體壇，最好的選手退休後往往是最差的教練。同理也適用廚師與主廚。聰明人會坦承自己的弱點，即便只是在內心對自己承認，沒有告訴別人。用人不疑，雇用了員工就要相信員工。不要因爲他們在某些方面勝過你就感覺受威脅。員工有幹勁對你有好沒壞。他們也許不會每一次都做跟你一樣的決定，但那於你其實是塞翁失馬，焉知非福。你要打造的是最好的團隊，而沒有一隻團隊會需要十個四分衛。你需要的是各有所長的不同球員。

守則26 速食店的經理都可以控制脾氣，你沒理由不行

我近期在機場頓悟了一件事情。我排著長長的隊伍要買麥當勞早餐。我看著累壞了的旅客前仆後繼點餐，而麥當勞的員工則努力跟上人龍的節奏。現場慢慢地浮現出張力。廚師開始失控。雖然這只是家麥當勞，但地表任何一名廚師都能一眼看出那就是員工們將「陷入草叢」的廚房即景。

我觀察起店內的經理，我期待的是能目睹他爆氣。但他沒有。他保持著冷靜。他放慢了速度，重整了隊伍。他不是第一次遇到這種情形，也知道該如何脫離險境。

怒氣是交織在廚房質地中的一種傳統。像我這樣的廚師一路上來，都身處於大吼大叫屬於可接受溝通方式的環境中。廚房工作的需求帶出了我內心醜陋的一面，而我已經花了

大半個二十年去矯正這一點。但看著麥當勞經理冷靜地讓局面轉危為安，我又再想起自己還有很大的進步空間。外界可能認為高級料理的廚房高速食店一等，但我真心認為那可能是誤會一場。

第⑤部

歡迎光臨永無止盡的追尋

你克服了萬難才成為主廚。但你還不知道後頭有什麼在等著。

守則27 生於憂患，死於安樂

你好不容易才用身為主廚的表現，在市場大餅中為自己切出一小塊肯定。也許你拿到了米其林一星或兩星。也許你贏得了詹姆斯・畢爾德獎。廚師絡繹不絕地跑來要為你工作。老饕圍繞著街區大排長龍。你接下來可以躺著幹了，是吧？

錯。你進入的是主廚生涯中最凶險的階段。如果你跟員工都帶著所有肯定與讚美都實至名歸的心情在工作，那你們就完了。理所當然跟志得意滿的心態，是你的大敵，那就相當於富二代的掙扎。你身上的那種氣息，客人是聞得到的，而且相信我，他們只要一嗅到味道，就會一溜煙消失。一旦感覺到工作變容易了，你的任務就是找出新的挑戰。那不是爲了某種清教徒式的自虐，而是因爲只有如此，你才能長久生存下去。你哪一日不再犯錯，也就哪一日不再成長。不能以錯誤爲師才會是你唯一的錯誤。

比起我剛創辦桃福的時候，現在的我也沒有覺得比較安穩，但也正是因爲如此，我才有稍微的自信敢說自己的方向沒錯。

守則28 以前的十八般武藝，將來已無用武之地

你作爲廚師愈是成功，就愈會被迫與你的強項漸行漸遠。這得從你第一次被拔擢爲二廚或行政主廚時說起。你原本是廚房裡手腳最俐落、最嫻熟的廚師，然後突然之間，你的日常就變成了一堆跟下廚無關的新工作。你開始管理庫存，訓練人才，設計菜單、接受訪問。我見過這層體會壓垮了無數的年輕主廚，他們原以爲自己達到了某個巔峰，卻只是發現他們一路以來磨練出的手藝再也無用武之地。他們必須發展出一套完全不同的身手。你拿過的獎、得到過的好評、還有過去的豐功偉業，都沒辦法端給客人吃。

多少算是一種安慰吧，你可以將之想成是在打電動。久而久之，你會需要學習新的招式，打更棘手的魔王，深入更有挑戰性的關卡。難度升高是理所當然，不然繼續打就不會好玩，也不會有成就感。一天到晚重複一樣的關卡，豈不是很無聊嗎？

守則29 每道菜都是一個犯罪現場

在你作爲主廚後起之秀所必須習得的新技術當中，最主要的就是溝通。你可不能再繼續單槍匹馬，一個人搞定一切。大家對你的期待是要把你的理念與技法傳遞給他們，特別是在你一天天離廚房愈來愈遠的時候。

一旦你學會了當個好的溝通者，其他不懂得溝通的人就會成爲你的詛咒，而那就意味著你必須發展出一種與溝通相輔相成的技能：鑑識科學。近期某晚在我們開在哈德遜城市廣場的韓國餐廳 Kāwi 裡，我品嘗了一道菜是薄切滷牛腩，結果我發現它鹹到難以下嚥。我前去廚房一探究竟。沒有人能告訴我發生了什麼事情。我們試吃了醬汁，感覺沒有問題。我問擺盤的廚師有沒有另外加鹽。她說沒有。深入案情之後，浮上檯面的事實是牛腩原本就調味過重。前一晚備料的二廚做成了鹽要比食譜上多的判斷。他覺得滷牛腩調味這麼淡很怪，所以就自作主張把整批肉都加了鹽，但沒有告知任何人。

問題是我們沒在牛腩裡放鹽，是故意的，因爲我們知道醬汁就夠鹹了。二廚的用心，不是沒有可能讓這道菜出落得更好，但前提是他必須讓團隊知曉他的判斷。抽絲剝繭去回推案情，是確認出問題癥結的唯一途徑，而這個案子的關鍵不出人意外地，正是溝通上有了斷點。

守則30 生命若是自然紀錄片，那我們就是那群角馬

在字面意義上，廚師的存在就是要以廚藝滋養衆人。但作爲一種比喻，我們還有一種身分是獵物，而獵殺我們的掠食者有房東、事業夥伴、投資人與品牌。整體而言，做餐廳的人都不怎麼懂做生意的方方面面。就像在水坑邊的角馬，你必須要時時刻刻保持高度警戒，就怕有獅子在長草裡伺機而動。你要做功課，要搞懂那些設計來混淆你的行話跟法律用語——獲利分配的「瀑布」模式與「按比例」、特別股東的「超級投票權」——要學會投資策略。在與人合作前一定要完成「盡職調查」。看他們是否有具說服力的實績。一項交易如果好得不像話，那就是有詐。任何你紅了才找上門的人，都不能相信。還有我必須很遺憾地說長期而言，主廚間的合作幾乎都以失敗作收。

生意人都會跟你說要在制高點上與人談判，但我們鮮少能處於那樣的優勢。你唯一的選擇就是假設每個人都想讓你萬劫不復。想從老謀深算的人手中拿錢，他們會擺出讓人看了一頭霧水的合約。兩個大原則是：（一）想要勝券在握，你必須擁有自己的房地產（二）你絕不可能把你的餐廳推銷出去，除非你有可以規模化的東西。

以上種種思考都爲身爲主廚之人點出了一個存在性的大哉問。我就問：你能舉出有哪個主廚做到退休嗎？

衆多主廚都已經大發利市地轉型爲餐廳經營者，不然就是斜槓進入了媒體、消費性產

品、速食，或其他跟食品相關的業界。但我說不出有哪個主廚是在廚房裡退休的。這一行單純沒有給我們這樣的餘裕。我希望這點有朝一日能有所改變。但在那之前，在你把頭洗下去之前，弄清楚現實是一定要的。

守則31 莫忘初衷

主廚是三百六十五行裡最蠢的一行，但也是世上最棒的工作。

不要因爲我一直用負面的東西嚇唬你，就以爲我不熱愛自己的廚師工作，也請不要對這份工作的優點視而不見。餵飽人是美好之舉。靠著廚藝，你可以帶人跨越時空。通過你，喜事得以獲得慶祝，苦日子可以得到慰藉。你讓務農的、養牛養羊的，還有匠人們的努力有了出頭的一天。做菜就是在說故事，人與人因爲你而產生連結，溝通的藩籬因爲你而被打破。你是藝術家。謹記這點。

守則32 善用夥伴系統

近期有幾部紀錄片，講的都是攀岩。奧斯卡獎得主《赤手登峰》(*Free Solo*) 裡的主人翁是艾力克斯・霍諾德（Alex Honnold），他單槍匹馬，一條繩子都沒綁地爬上了優勝美地國家公園裡那片三千英尺高的「酋長岩」（El Capitan）。霍諾德以他的壯舉，成爲了目光的焦點，但我卻是湯米・考德威爾（Tommy Caldwell）派的。

在霍諾德赤手空拳爬上酋長岩之前，他的攀岩同好湯米・考德威爾跟凱文・約格森（Kevin Jorgeson）先共同史無前例地以另外一條（黎明之牆）路線，成功自由攀爬上了酋長岩。你可以在《垂直九十度的熱血人生》中看到他們為期三週的完整攀爬過程，我這邊就跟大家說一下與本書有關的重點。半路上，約格森的身子一度被卡住了，無法完成攀爬過程中最困難的一段。他要考德威爾別管他，一個人繼續爬，但當考德威爾來到了最後衝刺階段，換成他停下了腳步。他說什麼也不想丟著朋友自己抵達終點。他回頭往下爬，花了幾天時間協助約格森脫困，然後才兩人一起攀上了巔峰。

這是為何？用紀錄片裡的話說就是，「我想不到有比一個人登頂更壞的結果。」

多數人會覺得考德威爾這麼做，是一種無私的行為。但我會說他其實沒有別的選擇。他將多年來積攢的悲劇與心痛，灌注在了這次看似不可能的挑戰中。爬上酋長岩會豎立他的地位，成為他的救贖。但隨著目標近在眼前，他才意會到隻身一人站上山巔，毫無意義可言。

我愈是了解這個世界，就愈懂得謙卑。太多的成功取決於我們無法控制的因素——我們生於何處、我們的種族、我們的雙親、我們沿途獲得的幫助，還有我們某一瞬間身處的時空。命運操縱在我們手中的程度，並不如驕傲的我們想像中多。沒有哪場勝利可以一個人搞定。

慢慢功成名就，你就會明白唯一一條談得上有價值的路，就是在眼看要登頂前停下腳步，確保你不會在山頂上孑然一身。

守則33 保留游回岸邊的力氣

最後讓我用電影哏作結。《千鈞一髮》這部科幻片，曾經是我動力的來源。我在伊森・霍克飾演的文生身上看到了自己。文生自小就被告知他不如在基因工程中誕生的弟弟安東優秀。兩人都還是孩子的時候，文生只贏過弟弟唯一一次，那次他們比的是誰能游到離岸邊更遠的海上。在電影的那幕高潮中，文生在重賽中第二次擊敗了不服氣的弟弟。灰頭土臉的安東問文生他哪來的力氣，小時候問一次，長大後又問了一次。

「我就是這樣做的，安東。」文生說。「我從來不為回程保留。」

那句臺詞我每聽一次，就起雞皮疙瘩一次。對於杯底的茶葉從未預示過成功的我，我自然而然認同起文生的觀念，那就是只要你孤注一擲地去努力，你就可以克服任何朝你而來的阻礙。有好些年，我都是懷著這樣的心態在經營桃福。只要手腳都還能動，我就頭也不回地拼命向前游。就算要滅頂，我也要先把所有人甩在身後。

我確信這就是我的成功之道。我知道若我哪怕保留了一點點的力量沒有全部使出來，桃福絕對無法活到現在。但近來我慢慢體會到了拼命三郎式工作帶來的影響。我的生命已經不只屬於我。我有老婆、孩子、朋友、同事，而我想看到他們笑逐顏開。我不要他們爲了我或桃福犧牲一切，而想做到這點，我就必須調整自己的觀點。

沒過勞死算是我走運。我覺得自己眞的是很有福氣，才能在改變不算太晚之前意識到自己的目光短淺。我給各位的建議是要留好能游回岸邊的力氣，也要在心態上隨時願意改變看法。如今以四十二歲的年紀，我確信自己已經把這一行裡所有的答案摸清。但如果我眞能以應有的方式生活下去，那麼或許有朝一日回首前程，我將爲自己此刻的短視與愚昧感到無地自容。我打算在十年後重新翻開這書，也準備好了要在那瞬間一陣瑟縮，就像看到照片中頭髮被剪壞的自己一般。對於那天的到來，我衷心期待。

後記

這本書原定要在二〇二〇年五月十九日出版，但那天來了又走，什麼都沒有發生。

在兩個月之前的三月十四日，全體桃福餐廳陷入一片黑暗。事實上不只我們。新冠肺炎疫情讓幾乎所有的獨立餐廳都陷入了生存之戰。多到令人腿軟的餐廳從業人員被迫只能待業，主廚看著自己一生的志業在一瞬間被抹煞。而這還沒算進迄今被病毒奪走的數百萬份其他工作跟數十萬條性命

然後在五月二十五日，喬治・佛洛伊德在明尼亞波利斯死於警察之手，在全球範圍內觸發了反對系統性種族歧視與警察暴力的社會運動。

過去幾個月的大小事件，爲這個國家的主流觀點與輕重緩急，打上了個大大的問號。但容我把事情說清楚：改變的需求，早在這任何一件事情發生之前，就已經迫在眉睫。而且如果你問我，我會說許多改變原本就已經蓄勢待發——至少就餐廳業而言可以這麼說；差別只在於許多事情發生後，這世界將改變進程從原本的十到十五年，一口氣濃縮到短短幾個月。

但這並不表示我已經到達了終點。差遠了。這只不過是開端而已。而雖然這幾個月發生的事情已經讓我們對社會有了令人難以置信的痛苦體悟，我們仍得緊握住希望。雖然看似異想天開，但我相信我們可以打造出一個新版的、更好的世界。在那個世界裡，將沒有人得無助地去面對今天荼毒我們的弊病——不論那是天災抑或人禍。

惟我們必須從錯誤中學習。若想在腳步上跟上變化如此之快的世界，我們就必須要將過往牢牢握在手中。就精神上而言，我讓這本書保持著數月前交稿給出版社時的模樣。我眞心覺得你們可以懷著跟讀某分羅馬帝國的歷史文本，看著當中各種光怪陸離一樣的心情，來讀這本書。過去二十年，在餐飲界不斷成長與擴張版圖——也讓我的事業搭上順風車——的同時，我們都是罪人，我們都無一倖免地買單了各種關於自身的炒作。我希望這本書能有助於我們看清有哪些蠢事被我們太當回事，又有哪些重要議題亟需我們更多的關注。

所以接下來呢？下個版本的美國仍舊撲朔迷離，而這點使人既興奮，又不得不敬畏三分。我面對此一未知的態度，一如既往，都是要先把極端值定義出來，好作爲標註成敗的參數。所以，即便得冒著有可能看起來一副白痴樣的風險，我也想沒有根據地挑選前方的某一點——就說二〇三五年好了——描繪一下兩個版本，可能的未來世界。

二〇三五：最壞的狀況

- 斷層兩側的美國依舊分裂。政治仍舊阻礙著我們推動理應無關政治立場的議題：環保、公衛，還有更是不在話下，體制性的種族歧視。社群媒體加深了這些隔閡，讓和解近乎天方夜譚。
- 氣候變遷持續加速。行爲或結構上的普遍改變無處可見，數十億人深陷極度的危險，溫度上升、大旱、野火與各種極端氣候類型都構成嚴重威脅。
- 我們以爲川普是爛總統的下限，但他或許只是揭開了序幕，後續的狀況或許還能更壁壘分明。搞不好他還可以東山再起。
- 在新冠肺炎（與接續的其他疫情）過後，絕大多數獨立餐廳都被放生而只能自生自滅。速食得以勝出。繼續緬懷著上餐廳吃飯的往日情懷，會讓你化身走不出悲情的貓王歌迷，被叫去一旁涼快。
- 僅存領時薪的餐廳員工——尤其是那些書面紀錄查無此人的勞工——在薪資福利或工作穩定性上都沒有什麼進步。小費仍在餐旅從業人員中方興未艾，底薪仍低到難以讓人維持生計。
- 我們流失了大量了家庭式餐廳，也一併流失了由這類餐廳所保存的知識。更重要的是，非白人視角的新人機會還是少得可憐。由此餐飲業與美食媒體中不再百家爭鳴，各種聲音明顯愈變愈狹隘。

- 機器人與專做外送的幽靈廚房稱霸了餐飲市場。名人主廚已死，廚師淪爲社會位階的最底層。
- 心理健康在世界各角落惡化，但無人體認到這是個公衛問題。

二〇三五：最好的狀況

- 外星人終於出現。要不就是其他重大國際事件，終於喚醒了我們同屬一個人類。我們重新開始共同打造事物，包括一種愈多元愈強大的美國國籍。
- 我們看到微小的行動匯聚成既深且廣的改革，影響所及包括警方執法、獄政系統、選民權利、移民、醫療、教育、環境，對外援助，乃至於各式各樣的關鍵議題。
- 農牧業的創新與食物生產的進步，配合上民眾飲食習慣的廣泛改變，成功阻卻了氣候變遷。肉類再度成爲一種值得慶幸、值得珍惜、值得善用到最大程度的食材。
- 在新冠肺炎疫情過後，政府體認到餐飲業存在的重要性，開始協助獨立餐廳從疫情造成的財務慘況中脫困。餐廳自身也沒閒著，業者開始轉型，開始拓展收入來源，由此從業人員的薪資與保障都得以更上層樓。

- 財務上比較篤定，代表餐廳面對「最佳名單」、獎項與評論有更大的自由空間，而這也讓它們蛻變爲手藝與創意表達的集散地。
- 新餐廳的成立代表新聲音的竄起。尊卑有序的階級不再成立。新的餐廳業是看績效的菁英制世界，意思是對傳統上較難取得資本與機會的一群，現在也能站上平等的起點。這麼一來，文化知識在更大範圍內被傳承了下來。
- 在家做飯跟種植食物的人口變多。
- 我們在一般廚師跟主廚的率領下，走出了新冠肺炎的疫情，這包括他們餵養了有需要的人，還運用他們的專業，幫助世界安全地適應了新的局面。我們目睹了主廚作爲一種名人的消亡，因爲料理獲得了全行業的地位提昇。找到廚師工作，現在完全可以跟當上醫生或軟體工程師平起平坐。
- 心理健康不再是社會大眾陌生的議題，相關的治療也徹徹底底擺脫了汙名。爲了心理健康的問題去求診，無異於家常便飯的感冒看醫生。

這些只是我的一廂情願，我明白不是每個人的重要性排名都會與我所見略同，而這也因爲如此，你應該要花時間去思考自己想看到什麼樣的未來。除此之外，我能給你的唯一建言就只剩：把最理想的情境當瞄準的目標，把最壞的情境當成你要拚了命去避免的狀況。

——華府，二〇二〇年六月

致謝

老實說，想把所有我們欠一份情的人都列在這裡，眞的辦不到，所以我們想就簡單謝過我們的家人與朋友，感謝他們對這本書（以及對我們整體的生活）難以計數的付出，特別是張家的每一分子、克拉克森・波特出版社的各個團隊、我們的多媒體品牌 Majordomo Media、版權代理 InkWell Management 公司，乃至於從過去與現在，桃福大家庭的所有成員。

但話說回來，凡事都有例外：如果這本書讓你們看得開心，讓你們覺得這當中有一以貫之的某道足跡，那無疑是因爲有克理斯・應（應德剛）在帶著我們前進。

吃顆桃子：廚界異類的料理哲學與人生獨白
EAT A PEACH

作者　張錫鎬
翻譯　鄭煥昇
主編　邱子秦
設計　謝捲子
排版　張家榕
發行人　林聖修

出版　啓明出版事業股份有限公司
地址　台北市敦化南路二段 57 號 12 樓之 1
電話　02-2708-8351
傳真　03-516-7251
網站　www.chimingpublishing.com
服務信箱　service@chimingpublishing.com

法律顧問　北辰著作權事務所
印刷　漾格科技股份有限公司

總經銷　紅螞蟻圖書有限公司
地址　台北市內湖區舊宗路二段 121 巷 19 號
電話　02-2795-3656
傳真　02-2795-4100

初版　2021 年 10 月 8 日
ISBN　978-986-06812-2-2
定價　新台幣 380 元

吃顆桃子：廚界異類的料理哲學與人生獨白 / 張錫鎬（David Chang）作；
鄭煥昇譯 . -- 初版 . -- 臺北市：
啓明出版事業股份有限公司，2021.10
424 面 ; 14.8×21 公分
譯自 : Eat a Peach
ISBN 978-986-06812-2-2（平裝）

1. 回憶錄

785.28　　110014202